Dortmunder Beiträge und Erforschung des Munterrichts
Band 21

Herausgegeben von
S. Hußmann,
M. Nührenbörger,
S. Prediger,
C. Selter,
Dortmund, Deutschland

Eines der zentralen Anliegen der Entwicklung und Erforschung des Mathematik-unterrichts stellt die Verbindung von konstruktiven Entwicklungsarbeiten und rekonstruktiven empirischen Analysen der Besonderheiten, Voraussetzungen und Strukturen von Lehr- und Lernprozessen dar. Dieses Wechselspiel findet Ausdruck in der sorgsamen Konzeption von mathematischen Aufgabenformaten und Unterrichtsszenarien und der genauen Analyse dadurch initiierter Lernprozesse.

Die Reihe „Dortmunder Beiträge zur Entwicklung und Erforschung des Mathematikunterrichts" trägt dazu bei, ausgewählte Themen und Charakteristika des Lehrens und Lernens von Mathematik – von der Kita bis zur Hochschule – unter theoretisch vielfältigen Perspektiven besser zu verstehen.

Herausgegeben von
Prof. Dr. Stephan Hußmann,
Prof. Dr. Marcus Nührenbörger,
Prof. Dr. Susanne Prediger,
Prof. Dr. Christoph Selter,
Technische Universität Dortmund, Deutschland

Uta Häsel-Weide

Vom Zählen
zum Rechnen

Struktur-fokussierende Deutungen
in kooperativen Lernumgebungen

Mit einem Geleitwort von
Prof. Dr. Marcus Nührenbörger

 Springer Spektrum

Uta Häsel-Weide
Universität Siegen
Deutschland

Habilitationsschrift, Technische Universität Dortmund, 2014

Dortmunder Beiträge zur Entwicklung und Erforschung des Mathematikunterrichts
ISBN 978-3-658-10693-5   ISBN 978-3-658-10694-2 (eBook)
DOI 10.1007/978-3-658-10694-2

Die Deutsche Nationalbibliothek verzeichnet diese Publikation in der Deutschen Nationalbi-
bliografie; detaillierte bibliografische Daten sind im Internet über http://dnb.d-nb.de abrufbar.

Springer Spektrum
© Springer Fachmedien Wiesbaden 2016

Springer Fachmedien Wiesbaden ist Teil der Fachverlagsgruppe Springer Science+Business Media
(www.springer.com)

Geleitwort

Eine, wenn nicht die zentrale Aufgabe des mathematischen Anfangsunterrichts in der Grundschule ist es, dass Kinder Zahlen nicht allein als Zählzahlen verwenden und verstehen, sondern die Beziehungsvielfalt der Zahlen erkunden und nutzen lernen. Daher werden im frühen Mathematikunterricht sowohl Zählfähigkeiten der Kinder aufgegriffen als auch mit Blick auf mathematische Muster und Strukturen erweitert. Vielen Kindern gelingt dieser Spagat zwischen Erweiterung des bestehenden Faktenwissens und Aufbau neuer Einsichten im Laufe des ersten Schuljahres: Sie nutzen ihre Zählkompetenzen und nehmen zugleich numerische Zusammenhänge bewusst in den Blick, um sie beim Rechnen aufzugreifen. Manche Kinder aber bleiben dem Zählen eng verhaftet: Sie bearbeiten mathematische Aufgabenstellungen mit Hilfe von Zählstrategien. Dies ist insofern nicht verwunderlich, da das zählende Rechnen eine bedeutsame Phase in der frühen, insbesondere vorschulischen Entwicklung numerischer Kompetenzen besitzt. Auch können gerade im 1. Schuljahr viele Aufgaben sicher und schnell zählend berechnet werden. Ein Erfolg allein auf der Grundlage des Zählens ist aber trügerisch: Die Verfestigung des zählenden Rechnens führt in der Regel zu eingeschränkten mathematischen Einsichten und langfristig zu Schwierigkeiten im Fach Mathematik.

Wie aber können Ablöseprozesse vom zählenden Rechnen initiiert werden? Inwiefern können sich Kinder mit verfestigten Zählstrategien im Laufe der ersten zwei Schuljahre auf die Erkundung mathematischer Zusammenhänge einlassen und ihre Erkenntnisse beim Rechnen nutzen?

Uta Häsel-Weide wendet sich genau diesen höchst relevanten Fragestellungen zu. In besonderer und neuartiger Weise hebt sie die Bedeutung der Entwicklung von ihr so genannter *struktur-fokussierender Deutungen* für die Ablösung vom verfestigten zählenden Rechnen hervor. Dazu arbeitet sie Verstehensprozesse bei Kindern auf, die sich in Unterrichtsgesprächen zwischen Kindern und im Gespräch mit der Lehrkraft zeigen. Mit der Einbettung in das Unterrichtsgeschehen und der Konzentration auf Lerngespräche öffnet die Autorin den Blick auf das Potential von interaktiven und kooperativen Lernprozessen. Sie verbindet sozusagen individuelle Fördermaßnahmen im Fach Mathematik mit sozialen Begegnungen von Kindern

Entwicklungsprozesse von struktur-fokussierenden Deutungen bei Kindern, die verfestigt zählen, zeigen sich nicht immer sofort in mathematisch umfassenden Beschreibungen und Erklärungen oder in deutlichen Handlungsprozessen. Sie sind oftmals nur dem kundigen Betrachter in sporadischen Äußerungen und Herangehensweisen, in lokalen Abweichungen vom Zählen sichtbar. In der Arbeit werden hierzu rekonstruierte Deutungen von Kindern präsentiert. Die dargestellten Lernprozesse der Kinder verdeutlichen, wie die auf das Fach Mathematik bezogene Verständigung über subjektive Vorstellungen und Lösungswege den Kindern neue Gelegenheiten und Anstöße bieten kann, von routinierten Zählprozeduren abzuweichen und alternative, eben struktur-fokussierende Deutungen einzunehmen. Deutlich stellt die Autorin Chancen und Hürden der im Rahmen des ZebrA-Projekts (Zusammenhänge erkennen und beschreiben – rechnen ohne Abzählen) entwickelten Förderung heraus.

Die Arbeit lässt sich im Kern dem Bereich des „Design Science" zuordnen: Einerseits werden auf der Grundlage fachlicher und fachdidaktischer Analysen diskursive Lernumgebungen mit dem Fokus auf die Initiierung der Entwicklung struktur-fokussierender Deutung entwickelt, die im Laufe ihrer Genese verschiedene Erprobungszyklen durchlaufen haben. Andererseits rücken die individuellen und interaktiven Lernprozesse, die zur Ablösung vom zählenden Rechnen beitragen, in den Fokus der rekonstruktiven Analysen. Diese tragen letztlich dazu bei, das Konstrukt der Entwicklung struktur-fokussierender Deutungen als theoretisches Konzept näher zu verstehen.

Insgesamt zeichnet die Lektüre der Arbeit ein komplexes Bild über den arithmetischen Kontext der Ablösung vom zählenden Rechnen: Es werden die gegenwärtigen Ansätze der mathematikdidaktischen Forschung im Feld der Lernschwierigkeiten ebenso wie Perspektiven auf fachlich substantielle Lernangebote zur mathematischen Förderung aufgezeigt. Die Arbeit weist deutlich nach, dass fördernde Lernumgebungen Angebote zum aktiven Entdecken und interaktiven Erörtern mathematischer Zusammenhänge bieten müssen. Zudem wird der Blick des Lesers auf die spannenden und diffizilen Konstruktionsprozesse mathematischen Wissens bei Lernenden gelenkt, die trotz gleicher Lernumgebungen sehr unterschiedlich verlaufen.

In diesem Sinne ist die Arbeit gleichermaßen fundamental wie auch wegweisend für die Auseinandersetzung mit dem Themenkomplex der Förderung von Kindern mit mathematischen Lernschwierigkeiten und für mathematikdidaktische Forschungen im Kontext von Inklusion.

Marcus Nührenbörger

Vorwort

Die vorliegende Habilitationsschrift ist Produkt meiner mehrjährigen Forschungstätigkeit an der TU Dortmund im Rahmen des Projekts ZebrA (Zusammenhänge erkennen und besprechen – Rechnen ohne Abzählen). Mit Ausnahme eines Kapitels handelt es sich um bisher unveröffentlichte theoretische Erörterungen und empirische Analysen.

Maßgeblich beigetragen zum Gelingen dieser Arbeit sowie an anderer Stelle veröffentlichter Beiträge hat die ausgezeichnete Anlage des Forschungsprojekts ZebrA. Die produktive Zusammenarbeit mit den Projektbeteiligten – die kompetente Leitung von Prof. Dr. Elisabeth Moser Opitz und Prof. Dr. Marcus Nührenbörger, die kollegiale Zusammenarbeit mit Claudia Wittich, die Offenheit und das Engagement der beteiligten Lehrkräfte und vor allem die Ideen, Äußerungen und Dokumente der Schülerinnen und Schüler – waren entscheidend für das Entstehen dieser Arbeit.

Insbesondere danke ich Prof. Dr. Marcus Nührenbörger für die langjährige Begleitung auf meinem wissenschaftlichen Weg, gemeinsame Forschungs- und Publikationstätigkeiten und für das Finden einer guten Balance zwischen Fördern und Fordern. Dem gesamten IEEM, besonders der AG Nührenbörger, sei gedankt für viele Diskussionen und gemeinsame Analysen, eine anregende Forschungskultur und ein stets zugewandtes Miteinander.

Das Entstehen der Arbeit wurde ermöglicht durch die guten Bedingungen an „meinen" beiden Fakultäten Mathematik und Rehabilitationswissenschaften an der TU Dortmund. Die Unterstützung und den Rat von Prof. Franz B. Wember in vielfältigen Fragen von Forschung und Lehre habe ich immer sehr geschätzt.

Prof. Dr. Jens Holger Lorenz und Prof. Dr. Jörg Voigt erstellten die externen Gutachten zur Arbeit; die Fakultät Mathematik und der Dekan Prof. Dr. Stefan Turek gaben mir die Möglichkeit, meine Zeit an der TU Dortmund mit der Habilitation abzuschließen. Dafür bedanke ich mich sehr.

Einen nicht zu unterschätzenden Anteil an der Entstehung und Fertigstellung dieser Schrift hatte mein Mann Stefan Weide. Er gab mir nicht nur den letzten Anstoß, mich für diese Form der Veröffentlichung zu entscheiden, sondern unterstützte mich auf vielfältige Weise auf dem gesamten Weg dahin.

Uta Häsel-Weide

Inhaltsverzeichnis

1   Einleitung

Anlässlich des zehnten Geburtstags seiner Schwes-
ter klappt Malte nacheinander jeden Finger seiner
Hand aus und zählt dabei mit angestrengtem Ge-
sicht bis zehn. Danach zeigt er simultan vier Fin-
ger seiner linken Hand ähnlich wie im nebenste-
henden Bild und sagt: „Und ich bin vier".

Kai löst im Rahmen des Mathematikunter-
richts die Aufgabe 18 – 10 = indem er zunächst
die schwarz gefärbten Punkte auf einem Zwanzi-

gerpunktfeld einzeln nachzählt, dann beginnend mit
dem „achtzehnten" Punkt zehn Punkte abzählt,
jeden einzelnen mit dem Bleistift tippt und als der
auf dem „neunten" Punkt „landet" das Ergebnis
mit neun bestimmt.

Beide Kinder zählen und zeigen, doch würden die Kompetenzen der Kinder unterschiedlich beschrieben werden. Während es sich um ein altersentsprechendes Vorgehen handelt, wenn sich ein Kind im Kindergartenalter eine Menge von zehn zählend erschließen kann, wird von einem Grundschulkind erwartet, zehn Punkte in einem Zwanzigerpunktfeld quasi-simultan zu erfassen und sich die Aufgabe 18 – 10 = z. B. durch Abdecken der oberen Punktereihe darzustellen und die Aufgabe nicht-zählend zu lösen. Bei der Verwendung von Zählstrategien spielen das Alter sowie Häufigkeit und Art und Weise des Verwendens zählender Prozesse eine Rolle. Zählen ist einerseits ein entwicklungsgemäßer Zugang zur Mathematik, andererseits weist verfestigtes zählendes Rechnen auf grundlegende Schwierigkeiten beim Mathematiklernen hin.

Die allmähliche Ablösung vom zählenden Rechnen stellt einen entscheidenden Schritt für ein langfristig erfolgreiches Mathematiklernen dar. Allerdings reicht es in der Regel nicht aus, Kinder lediglich dazu aufzufordern, nicht mehr zu zählen oder ihre Finger nicht weiter zum Zählen zu nutzen. Die Kinder müssen alternative Strategien zum Zählen (in Einerschritten) aufbauen, welche auf einem fundierten Verständnis von Zahlen und Operationen fußen sowie die Beziehungen zwischen diesen in den Blick nehmen. Kai kann die Aufgabe 18 – 10 = nur dann mit einer alternativen Strategie zum Abzählen von Einzelelementen lösen, wenn er die Zahl 18 einerseits als zerlegbar in Teilmengen und diese Teile-Ganzes-Beziehung andererseits im Hinblick auf die Operation „Subtraktion" deuten kann also: $18 - 10 = (10 + 8) - 10 = 8 + (10 - 10) = 8$ oder $18 - 10 = (10 + 8) - (8 + 2) = 10 + (8 - 8) - 2 = 10 - 2 = 8$. Wie das

Beispiel zeigt, ist nicht-zählendendes Rechnen untrennbar verbunden mit dem Nutzen mathematischer Beziehungen, hier dem Zerlegen von Zahlen und dem (zunächst impliziten) Nutzen von Rechengesetzen.

Um sich somit vom zählenden Rechnen zu lösen, ist es notwendig mathematische Strukturen zu erkennen – Kinder müssen eine struktur-fokussierende Sicht auf die mathematischen Zeichen einnehmen. Dies ist nicht weiter verwunderlich, gelten doch Muster und Strukturen als Wesen der Mathematik (Wittmann & Müller, 2008). Doch was sind bei der Ablösung vom zählenden Rechnen die entscheidenden Muster und Strukturen und wie können Kinder angeregt werden, diese in den Blick zu nehmen?

Blickt man auf Malte und Kai, so scheint Malte ein Bild zur Zahl „vier" verfügbar zu haben. Doch kann er dieses Fingerbild in Relation zu anderen Fingerbildern deuten? Inwieweit sieht er, dass ein Finger weniger gestreckt ist als bei der vollen Hand mit fünf Fingern? Ist ihm deutlich, dass vier Finger auch als zweimal zwei Finger interpretiert werden können? Dies ist im Alter von vier Jahren noch nicht zu erwarten, aber zu Schulbeginn sind das entscheidende Fragen, die einen Umgang mit Anschauungsmitteln prägen sollten.

Kai scheint hingegen die Punkte im Zwanzigerpunktfeld als Einzelelemente wahrzunehmen, ohne die dem Feld zugrunde liegende Struktur zu nutzen. Er gliedert die Anzahl nicht in Teilmengen, die er quasi-simultan erfassen kann. Sowohl zur Bestimmung der Anzahl als auch zur Ausführung der Operation nutzt Kai das Zählen. Zählen scheint somit für ihn einerseits Mittel zur Bestimmung von Anzahlen und andererseits die beim Rechnen präferierte Vorgehensweise zu sein. Auf dem Weg zur Ausbildung alternativer Strategien könnte für Kai ein erster Schritt sein, die Zahl 18 in der Struktur des Zwanzigerfeldes zu deuten und zu erkennen, dass die Anzahl von 18 Punkten in zehn und acht Punkte zerlegt werden kann (auch hierzu gibt es mehrere Möglichkeiten). Zudem muss die Operation Subtraktion als Handlung erfahren und dargestellt werden, um so eine einseitige Interpretation als Rückwärtszählen in Einerschritten abzulösen.

Forschungsgegenstand der Arbeit

In dieser Arbeit wird thematisiert, wie eine Förderung im Mathematikunterricht so gestaltet werden kann, dass Kinder struktur-fokussierend auf Zahlen und Aufgaben blicken und sich in einem Erkennen und Nutzen von Strukturen vom zählenden Rechnen ablösen. Das Forschungsinteresse liegt auf der Entwicklung von Lernumgebungen zur Ablösung vom zählenden Rechnen für den zentralen Ort der mathematischen Förderung - dem regulären Mathematikunterricht. Auf diese Weise soll ein Beitrag zur Weiterentwicklung des Mathematikunterrichts geleistet werden.

Neben diesem konstruktiven Interesse liegt ein zweiter, zentraler Forschungsschwerpunkt auf der Analyse der Deutungen von zählend rechnenden

Kindern bzw. von Kindern im Ablöseprozess. Im Fokus steht die Frage, welche Deutungen von mathematischen Mustern zählend rechnende Kinder vornehmen, wie Beziehungen zwischen Zahlen und Aufgaben gedeutet werden, wie die Deutung in der Interaktion mit anderen Kindern konstituiert wird und sich ausdifferenziert oder verändert. Der Blick soll einerseits darauf gerichtet werden, (struktur-fokussierende) Deutungen (zählend rechnender) Kinder in Bezug auf konkrete Aufgabenstellungen genauer zu erfassen und zu charakterisieren. Andererseits wird über die Rekonstruktion der Deutungen eine mögliche Ausdifferenzierung oder Veränderung beim und durch den Umgang mit den Förderbausteinen nachgezeichnet. Dabei soll das theoretische Konstrukt der „struktur-fokussierenden Deutung" ausgeschärft werden.

Aufbau der Arbeit

Grundlage für die Entwicklung und dann auch die Erforschung von Lernumgebungen ist eine theoretische Fundierung und Analyse des Gegenstandes. Dazu wird diskutiert, inwieweit Zählen und zählendes Rechnen einen entwicklungsgemäßen Zugang zur Mathematik darstellen und wie verfestigtes zählendes Rechnen davon abgrenzend charakterisiert werden kann. Zudem wird der Zusammenhang zwischen zählendem Rechnen und mathematischen Lernschwächen diskutiert sowie fachdidaktische Überlegungen und empirische Ergebnisse in Hinblick auf eine Förderung der Ablösung vom zählenden Rechnen dargestellt (Kap. 2).

Ein zweiter theoretischer Grundstein für die Entwicklung der Lernumgebungen ist die Auseinandersetzung mit Chancen der Interaktion und Kooperation im Mathematikunterricht. Empirische Studien zeigen, dass bestimmte Formen kooperativen Lernens im Mathematikunterricht erfolgsversprechend sind. Was genau unter Interaktion und Kooperation verstanden wird und welche Formen kooperativen Lernens warum hilfreich beim Mathematiklernen sind, ist Gegenstand von Kapitel 3.

In Kapitel 4 wird das Forschungsinteresse konkretisiert, die für die empirische Arbeit handlungsleitenden Fragen gestellt, das qualitative Design der vorliegenden Studie sowie die Einbindung in das Gesamtprojekt »Zusammenhänge erkennen und besprechen – Rechnen ohne Abzählen« (ZebrA) aufgezeigt. Im Kern sollen kooperative Lernumgebungen zur unterrichtsintegrierten Förderung entwickelt und die (struktur-fokussierenden) Deutungen zählend rechnender Kinder bei der (kooperativen) Arbeit mit den Lernumgebungen analysiert werden. Dazu werden fünf Kinderpaare bei der Auseinandersetzung mit den Förderbausteinen videographiert.

Die bei der Konstruktion der Lernumgebungen handlungsleitenden Design-Prinzipien zur Entwicklung der Förderbausteine werden in Kap. 5 erläutert. Zudem werden Aufgaben dargestellt, an denen die Umsetzung exemplarisch aufgezeigt und begründet wird. Neben einem Überblick über die Förderbausteine, werden auch Leitfäden für die durchführenden Lehrkräfte beispielhaft vorgestellt.

In den Kapiteln 6, 7 und 8 werden die Deutungen der zählend rechnenden Kinder und ihrer Partner in der Interaktion rekonstruiert und unter unterschiedlichen Fragestellungen analysiert. Zunächst werden die Chancen in die Umsetzung als kooperatives Lernen betrachtet und die sich in der Interaktion entwickelnden (struktur-fokussierenden) Deutungen untersucht. Querschnittlich werden in Kapitel 7 die Deutungen zählend rechnender Kinder analysiert und untersucht inwieweit Strukturen zwischen Zahlen und Aufgaben im letzten Drittel der Förderung eingenommen werden. Als dritter Analyseschwerpunkt werden die Deutungen der zählend rechnenden Schülerin Mary längsschnittlich betrachtet (Kap. 8). Alle drei Blickrichtungen schließen mit einer Zusammenfassung und Konsequenzen für Unterricht und Forschung in Bezug auf das jeweilige Forschungsinteresse.

Den Abschluss der Arbeit bildet die Zusammenfassung der zentralen Ergebnisse der konstruktiven und rekonstruktiven Fragestellung sowie ein Fazit zur unterrichtsintegrierten, kooperativ organisierten Förderung der Ablösung vom zählenden Rechnen (Kap. 9).

2 Zählendes Rechnen

Zählende Vorgehensweisen bei der Bearbeitung von Mathematikaufgaben können in der Primarstufe häufig beobachtet werden. Dabei gilt zählendes Rechnen sowohl als elementarer Zugang zur Mathematik als auch als Symptom für grundlegende Schwierigkeiten beim Mathematiklernen. Vom verfestigten zählenden Rechnen wird gesprochen, wenn die Kinder am Ende des ersten Schuljahres und darüber hinaus zählende Strategien häufig bei der Lösung von Additions- und Subtraktionsaufgaben verwenden (Schipper, 2002). Die Kinder scheinen keine weiterführenden Strategien zu entwickeln, sondern „in die »Sackgasse« des sich immer mehr verfestigenden zählenden Rechens geraten zu sein" (Lorenz & Radatz, 1993; Scherer & Moser Opitz, 2010).

> Nahezu alle Grundschüler mit Lernschwierigkeiten im Mathematikunterricht werden im Laufe des ersten Schuljahres zählende Rechner, sie verfestigen diese Strategie, und ohne individuelle Förderung blieben sie mehrere Schuljahre »Zähler«. Es handelt sich hier ganz offensichtlich um einen sehr zentralen Aspekt des Phänomens »Rechenschwäche«" (Lorenz & Radatz, 1993, S. 116).

Das Zitat von Lorenz und Radatz ist prototypisch für den in vielen Publikationen zu findenden Zusammenhang zwischen zählendem Rechnen und Schwierigkeiten beim Mathematiklernen (Gerster & Schultz, 2004; Scherer & Moser Opitz, 2010; Schipper, 2002). Dabei wird zählendes Rechnen als „Symptom" (Schipper, 2002, S. 250) oder „zentraler Aspekt" (Lorenz & Radatz, 1993, S. 116) von (mathematischer) Lernschwäche beschrieben.

Um sich den Chancen und Gefahren des zählenden Rechnens zu nähern, werden im Folgenden zunächst das Zählen und das zählende Rechnen als entwicklungsgemäßer Zugang zur Mathematik dargestellt. Die Risiken des verfestigt zählenden Rechnens und Möglichkeiten zur Ablösung sind Schwerpunkt der Erörterungen im zweiten Teil des Kapitels.

2.1 Zählen und zählendes Rechnen als entwicklungsgemäßer Zugang zur Mathematik

2.1.1 Mathematische Kompetenzen bis zum Schulbeginn

Mathematische Kompetenzen im Vorschulalter werden seit vielen Jahren untersucht. Es gibt eine Vielzahl von Entwicklungsmodellen, beschriebenen Teilkompetenzen, theoretischen Annahmen und empirischen Ergebnissen, die an dieser Stelle nicht umfänglich dargestellt werden können (Hasemann & Gasteiger, 2014; Hess, 2012; Moser Opitz, 2008). Im Hinblick auf den Fokus der Arbeit, die „Ablösung vom zählenden Rechnen", werden die Kompetenzen dargestellt und erläutert, deren Entwicklung im Vorschulalter beginnt und die weit in die Grundschulzeit hineinreicht. Dazu gehören »Verbales Zählen«, »Anzahlerfassung« und »Teile-Ganzes-Konzept« als numerische Kompetenzen sowie das Erkennen von Strukturen, welches Lüken (2010) mit dem Begriff »Struktursinn« beschreibt.

Verbales Zählen

Die Entwicklung des verbalen Zählens wurde ausführlich von Fuson (1988) untersucht und als Modell beschrieben. Gemäß ihrem Modell beginnen Kinder im Alter von zwei Jahren zu zählen, indem sie die Zahlwörter, die sie von ihren Eltern oder anderen Bezugspersonen hören, wiederholen und rezitieren. Dabei differenzieren die Kinder noch nicht zwischen den einzelnen Zahlwörtern, sondern verwenden die Zahlwörter als gesamtes »Wortgebilde« wie ein Gedicht (z.B. „einszweidreivier"). Durch die Beobachtung von Bezugspersonen und durch die Anwendung gliedern sich die einzelnen Zahlwörter heraus, so dass die Kinder die Zahlwörter mit der Zeit als einzelne Wörter unterscheiden können. Beim Zählen beginnen sie jedoch zunächst immer mit eins. Fuson (1988, S. 45) bezeichnet dieses Stadium als „unbreakable list level", übersetzt wird es mit „unflexible Zahlreihe" (Moser Opitz, 2008, S. 86) oder „unzerbrechliche Liste" (Weißhaupt & Peucker, 2009, S. 59), während Oehl (1935) den Begriff der »starren« Zahlreihe verwendet. Kinder im Entwicklungsstadium der starren Zahlenreihe beginnen i. d. R. von eins, um eine Position oder Anzahl zu bestimmen (Schmidt, 2003; Schmidt & Weiser, 1982).

Gefolgt wird die Phase der unflexiblen Zahlreihe von „breakable chain level" (Fuson, 1988, S. 45) bzw. der gegliederten Zahlenreiche. Wird das Stadium der gliederten Zahlenreihe erreicht, „vermögen die Kinder ohne weiteres von beliebigen Punkte […] aus weiterzuzählen, sie können sich mit Hilfe der erkannten Gesetzmäßigkeit rasch und sicher orientieren" (Oehl, 1935, S. 329). Kinder sind also in der Lage, Vorgänger und Nachfolger von Zahlen zu bestimmen und von beliebigen Zahlen vorwärts zu zählen. Das Rückwärtszählen gelingt jedoch erst teilweise. „Etwa mit fünf Jahren müssen die Dinge zum Zählen nicht mehr unmittelbar vorhanden sein, die Zählwörter selbst sind zählbar" (Weißhaupt & Peucker, 2009, S. 64). Dieses innerliche Zählen kann realisiert werden, ohne dass Kinder über ein voll entwickeltes Verständnis von Zahlen als Anzahlen verfügen. Gemäß Steffe (1992) werden Zahlwörter als Einheiten, die aus anderen Einheiten bestehen, erst in einem weiteren Schritt entwickelt.

Der letzte Schritt, den Steffe beschreibt und der gemäß der Ausführungen von Weißhaupt und Peucker (2009) der letzten Niveaustufe Fusons entspricht, ist die vollständig reversible Zahlwortreihe. Auf dieser Ebene ist das Kind in der Lage die Teile aus dem Abschnitt der Zahlwortreihe als Teil eines Ganzen zu betrachten. Zählt das Kind bspw. bis sechs, so weiß es, dass „fünf" nicht nur der Vorgänger von „sechs" ist, sondern eine Gesamtmenge von fünf Objekten beschreibt, die eine Teilmenge von sechs Objekten sind.

Anzahlen bestimmen

In den obigen Ausführungen wurde bereits deutlich, dass Zählen i. d. R. mit einer Bestimmung von Anzahlen einhergeht. Haben die Kinder die Stufe der gegliederten Zahlwortereihe erreicht, können sie das verbale Zählen zur Bestimmung von Mengen nutzen. Dazu ist es notwendig, dass sie über die sogenannten Zählprinzipien verfügen (Gellmann & Gallistel, 1978), d. h. wissen, wie zu zählen ist (»how to count«) und was gezählt werden kann (»what to count«). Zu den ersten Prinzipien gehören das Eindeutigkeitsprinzip (jedem Objekt wird genau ein Zahlwort zugeordnet), das Prinzip der stabilen Ordnung (die Zahlwörter werden in einer festen Reihenfolge genannt) und das Kardinalzahlprinzip, welches besagt, dass das letztgenannte Zahlwort die Anzahl angibt. Zudem müssen die Kinder wissen, dass jede beliebige Menge unabhängig von der Art der Objekte gezählt werden kann (Abstraktionsprinzip) und es irrelevant ist, in welche Reihenfolge die Objekte gezählt werden (Prinzip der Irrelevanz der Reihenfolge). Wird mit Hilfe der Zahlwortreihe und unter Berücksichtigung der Zählprinzipien eine Menge erfasst, spricht man von »Abzählen«. Etwa im Kindergartenalter sind Kinder in der Lage, Mengen durch Abzählen zu bestimmen (Gerlach, Fritz, Ricken, & Schmidt, 2007; Krajewski, Renner, Nieding, & Schneider, 2008).

Weitere Möglichkeiten, die Anzahl einer Menge zu bestimmen, sind Subitizing, Schätzen oder das Herstellen von Stück-zu-Stück-Korrespondenz (Moser Opitz, 2008, S. 90). Subitizing wird als schnelles, richtiges und sicheres Erfassen von kleinen Anzahlen beschrieben (Desoete, Ceulemans, Roeyers, & Huylebroek, 2009, S. 57). Für kleine Mengen von einem, zwei oder drei Objekten beherrschen dies bereits Kinder von zwei bis drei Jahren (Strakey & Cooper, 1995). Eine simultane Anzahlerfassung über drei bis vier Elemente hinaus erfordert eine Vertrautheit mit der Anordnung, wie dies von Würfelbildern oder von Fingerbildern beschrieben wird (Scherer, 2009b, S. 28; Steffe, 1992), so dass die visuelle Anordnung mit einer Zahl verbunden ist. Größere Anzahlen müssen als Einzelelemente oder, gebündelt in gleichmächtige Teilmengen, in Schritten gezählt werden. Eine andere Möglichkeit der Anzahlbestimmung ist das Nutzen von Strukturen wie z. B. der »Kraft der Fünf« (Krauthausen, 1995). Mengen werden in kleinere oder vertraute Teilmengen zerlegt, die » simultan« erfasst werden können. Um Mengen quasi-simultan zu erfassen, ist es unbedingt notwendig, dass diese (visuell) in Teilmengen strukturiert werden können.

Zwischenfazit zur Bedeutung des Zählens

In der frühen mathematischen Entwicklung von Kindern nimmt das Zählen eine entscheidende Rolle ein: „Counting has been described as the key ability which makes the bridge between the innate sense of numbers and the more advanced arithmetic abilities that are culturally expected" (Desoete et al., 2009, S. 57). Dabei ist die Kenntnis der Zahlwortreihe eine Grund- oder Basiskompetenz. (Fritz & Ricken, 2009; Krajewski & Ennemoser, 2013; Weißhaupt & Peucker, 2009). Übereinstimmend wird davon ausgegangen, dass die Weiterentwicklung des Zählens zum flexiblen Zählen und das Anzahlkonzept sich gegenseitig bedingen und beeinflussen (Fuson, 1992a; Gerlach et al., 2007; Moser Opitz, 2008; Weißhaupt & Peucker, 2009). Zu Schulbeginn ist die Zählkompetenz keine reine verbale mehr, sondern die Kinder verfügen i. d. R. über ein Anzahlkonzept auf der Basis ihrer Zählkompetenzen (Schmidt & Weiser, 1982, S. 247). Dabei ist die Entwicklung des Zählens und der Mengenerfassung zu Schulbeginn nicht abgeschlossen, sondern muss im Anfangsunterricht aufgegriffen und kultiviert werden (Wember, 2003, S. 62).

Teile-Ganzes-Konzept

Aufbauend auf dem Anzahlkonzept erkennen die Kinder, dass mit Zahlen auch Beziehungen zwischen Mengen beschrieben werden können. Zahlen können gemäß Resnick (1983, S. 114) als Zusammensetzungen von anderen Zahlen verstanden werden – das sogenannte Teile-Ganzes-Konzept (part-whole-schema) bildet sich aus. Hier kann ein protoquantitatives von einem quantitativen Verständnis unterschieden werden. Beim protoquantitativen Verständnis handelt es sich um nicht-quantifizierte Zusammenhänge zwischen Zahlen, wie z. B. die Einsicht, dass ein Ganzes, welches in zwei Teile zerlegt wurde, nicht mehr oder weniger geworden ist, oder die Erkenntnis, dass sich das Ganze verändert, wenn ein Teil verändert wird (Gerster & Schultz, 2004). Ein derartiges Verständnis ist wichtig, um mathematische Beziehungen wie die Kommutativität und die Assoziativität zu verstehen. Das heißt auch, dass zentrale mathematische Gesetzmäßigkeiten bereits erkannt werden können, ohne dass Kinder diese numerisch fassen.

Gemäß Resnick (1983) entwickelt sich das Teile-Ganzes-Konzept im Kindergartenalter zuerst an kleinen Zahlen und wird am einfachsten bei kontextgebundenen Aufgabenstellung in kleinen Zahlenraum erkannt. Bei Problemstellungen, in denen es um die Addition und Subtraktion kleiner Zahlen geht, besteht die Chance, dass das Kind erkennt, dass das protoquantitative Teile-Ganzes-Schema auf Anzahlen angewendet werden kann (Gerster & Schultz, 2004, S. 78).

In der Folge lernen Kinder Zahlen als Zusammensetzungen und Zerlegungen von Zahlen sowie Differenzen zwischen Zahlen zu erkennen und zu beschreiben (Krajewski & Ennemoser, 2013). Dieses quantitative Verständnis wird als entscheidend für ein weiteres, erfolgreiches mathematisches Lernen angesehen (Ennemoser & Krajewski, 2007; Fritz & Ricken, 2009; Resnick, 1983). Ein ausgebildetes Teile-Ganzes-Konzept beinhaltet, dass die Kinder über ein Verständnis von Zahlen auf der Grundlage unterschiedlicher Zahlaspekte verfügen, Anzahlen bestimmen, Beziehungen zwischen Zahlen erkennen und nutzen sowie Rechengesetze wie das Kommutativ- und Assoziativgesetz anwenden können – ohne diese formal zu kennen.

Der Zusammenhang zwischen dem Teile-Ganzes-Konzept und dem Verstehen und Lösen von Additions- und Subtraktionsaufgaben ist nicht genau beschrieben. Übereinstimmend wird davon ausgegangen, dass das Teile-Ganze-Konzept eine „grundlegende Bedeutung für das Verständnis einer Vielzahl von Rechenoperationen" hat (Fritz & Ricken, 2009, S. 384f). Inwieweit bspw. das als Teilkompetenz des Teile-Ganzes-Konzepts beschriebene Verständnis von einer Zahl als Differenz zwischen zwei Zahlen (Krajewski & Ennemoser, 2013, S. 160) mit einem Verständnis von Subtraktion als Vergleich übereinstimmt oder wo genau die Unterschiede sind, ist bislang kaum herausgearbeitet. Dies zeigt sich insbesondere in Studien, in denen Aufgaben des gleichen Typs einerseits dem Teile-Ganzes-Konzepts zugeordnet (Ehlert, Fritz, Arndt, & Leutner, 2013), andererseits zur Untersuchung eines Verständnisses von Subtraktion benutzt werden (Peltenburg, van den Heuvel-Panhuizen, & Doig, 2009; Schwätzer, 2013)[1].

Innerhalb der Entwicklungsmodelle wird davon ausgegangen, dass auf der Grundlage des ausgebildeten Teile-Ganzes-Konzepts Additions- und Subtraktionsaufgaben auf symbolischer Ebene gelöst werden. Dabei wird angenommen, dass die meisten Kinder in der Schuleingangsphase das Teile-Ganzes-Konzept numerisch ausschärfen (Ehlert et al., 2013). Zahlentrippel wie 7/3/4 werden erkannt und automatisiert, so dass Aufgaben wie 3+4=7 abgerufen werden können. Zudem kann diese numerische Beziehung des Teile-Ganzes-Konzeptes genutzt werden, um Aufgaben aus Kernaufgaben abzuleiten. Das heißt, die Aufgabe 3+4 kann auf die Kernaufgabe 3+3 zurückgeführt und die Beziehung 3+4 = 3+(3+1) = (3+3) +1 bei der Lösung der Aufgabe genutzt werden. Verfügen die Kinder über diese Kompetenzen wird davon gesprochen, dass ein flexibles Teile-Ganzes-Konzept ausgebildet ist. „These shortcut procedures provide evidence

---

[1] Aufgabenzuordnung als Teile-Ganzes-Konzept zu Addition oder Subtraktion: „Auf dem Markt wurden am Freitag und Samstag zusammen 133 kg Kartoffeln verkauft. Am Freitag wurden 78 kg verkauft. Wie viel kg wurden am Samstag verkauft?" (Ehlert et al., 2013, S. 249)
Aufgabenzuordnung als Subtraktion: "The album has space for 51 cards. 49 are already included. How many more cards can be added? (Peltenburg, van den Heuvel-Panhuizen, & Robitzsch, 2012)

that children understand the compositional structure of numbers and are able to partition and recombine quantities with some flexibility" (Resnick, 1983, S. 121f). In dieser Argumentation umfasst das Teile-Ganzes-Konzept auch das Operationsverständnis von Addition und Subtraktion, ohne dass genau herausgearbeitet wird was dies ausmacht.

Erkennen von Mustern und Strukturen

Neben den nummerischen Kompetenzen scheint auch die Strukturierungsfähigkeit von Kindern einen entscheidenden Einfluss auf die mathematischen Kompetenzen in der Schule zu haben. Lüken (2012) kommt in einer Studie zu Muster- und Strukturkompetenzen am Schulbeginn zu dem Schluss, dass dem sogenannten »Struktursinn« (Lüken, 2010) ein ähnlich hoher Einfluss auf das Rechnenlernen zugeschrieben werden kann wie dem Zahlenvorwissen (Krajewski & Schneider, 2006). Eine mathematische Struktur wird dabei definiert als „way a mathematical patterns is organised" (Mulligan & Mitchelmore, 2009, S. 34), wobei unter einem Muster „any predictable regularity, usually involing numerical, spatial or logical relationship" (2009, S. 34) verstanden wird, bzw. Struktur als „Art und Weise bezeichnet, in der ein Muster strukturiert ist" und Muster als „regelmäßige numerische oder räumliche Regelmäßigkeit" (Lüken, 2012, S. 22).

Dabei wurden in den Studien nicht reine numerische Muster untersucht wie z. B. »Zahlenfolgen« oder »Schöne Päckchen«, sondern z. B. Rechteckfelder, bestehend aus Quadraten, Muster in Perlenketten aber auch Zahlen auf Zifferblättern und Linealbildern. In ihren Studien mit Kindern vor und in den ersten Jahren der Schule zeigten Mulligan und Mitchelmore den Zusammenhang zwischen der Fähigkeit, Strukturen in Mustern zu erkennen und wiederzugeben und der arithmetischen Kompetenz der Kinder (Mulligan & Mitchelmore, 2009; Mulligan, Mitchelmore, English, & Crevensten, 2013; Papic, Mulligan, & Mitchelmore, 2011). Dies konnte in der Studie von Lüken (2012) bestätigt werden, in der eine signifikante Korrelation zwischen der Leistung von Kindern in Muster- und Strukturaufgaben und Niveau der Zahlbegriffsentwicklung festgestellt wurde (Lüken, 2012, S. 172). Es zeigte sich einerseits, dass leistungsschwache Kinder Schwierigkeiten zu haben schienen Strukturen zu erkennen (Mulligan, 2013; Mulligan & Mitchelmore, 2009). Andererseits wiesen Kinder, die zu Schulbeginn Schwierigkeiten mit der Strukturerkennung hatten, am Ende des 2. Schuljahres geringe mathematische Leistungen auf (Lüken, 2012; Mulligan & Mitchelmore, 2009). Lüken folgert daraus, dass „Muster- & Strukturaufgaben eine gute Voraussagequalität für die mathematische Leistung am Ende des 2. Schuljahres […] für Probanden mit niedrigen Werten in den Muster- & Strukturaufgaben" bieten (2012, S. 178). Dieser Zusammenhang zwischen Schwierigkeiten beim Mathematiklernen und Schwächen in der Mustererkennung findet sich auch in der Untersuchung zur visuellen Strukturierungsfähigkeit von Kindern (Söbbeke, 2005) oder im Zusammenhang zwischen Mengener-fassung und Blickbewegungen (Fischer, 2011). Das Erkennen von Strukturen stellt ähnlich dem Teile-Ganzes-Konzept ein Konstrukt dar, welches von vielen Kinder bereits zu Beginn der Schule in ausreichendem Maße beherrscht wird (Lüken, 2012, S. 178). Ist es jedoch nicht in notwendigen Maße vorhanden, scheint den Schülerinnen und Schüler ein erfolgreiches Lernen von Mathematik erschwert.

Vergegenwärtig man sich die Kompetenzen, die Kinder zeigen müssen, um die Struktur eines Musters zu erkennen und nachzulegen oder zu zeichnen, so wird deutlich, dass hierzu neben Strukturierungsfähigkeiten auch Kompetenzen in der Mengenerfassung sowie im Teile-Ganzes-Konzept notwendig sind – bspw. um, wie in der Studie von Lüken (2010), ein Zwanzigerfeld mit vorgege-benen Quadraten auf einer Unterlage nachzulegen (vgl. Abb. 2.1).

	%	vier Gruppierungen	zwei Reihen	zwei Blöcke
1) gleiche Anzahl an Quadraten wie auf Vorlage	64			
2) mehr/ weniger Quadrate als auf Vorlage	16			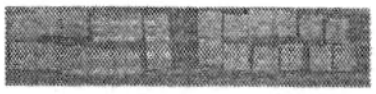
3) Gruppen enthalten unterschiedlich viele Quadrate	20			

Abbildung 2.1:   Aufgabenlösungen zur Aufgabe „Zwanzigerfeld" – Reproduktion (Lüken, 2012, S. 168)

Das zeigt sich auch in den Kategorienschemata Lükens (2012, S. 193), bei de-nen zur Beschreibung der Strukturierung z. B. auf Aspekte der Mengenerfas-sung zurückgegriffen wird. So wird die Strukturierungskompetenz bei der Auf-gabe „Zwanzigerfeld" (vgl. Abb. 2.1) u. a. darüber erfasst, ob gleich viele Quad-rate in jeder Struktureinheit gelegt wurden. Das Legen gleich vieler Quadrate umfasst jedoch auch numerische Kompetenzen, da die Anzahl der Quadrate bestimmt werden muss, um zu prüfen, ob es gleich viele sind. Zugleich werden numerische Kompetenzen an Aufgaben mit Materialien erhoben, die ihrerseits als mathematische Muster beschrieben werden können. So werden Kinder z. B. im Rahmen der Diagnose von »Kalkulie« (Fritz, Ricken, & Gerlach, 2007) aufgefordert, die Anzahl von 14 Punkten, dargestellt im Zwanzigerfeld, zu be-stimmen. Beim Osnabrücker Test zur Zahlbegriffsentwicklung (OTZ) soll das Punktbild gefunden werden, dass zwischen das Punktbild mit sieben und mit neun Punkten passt (van Luit, van de Jijt, & Hasemann, 2001).

Struktursinn und numerische Kompetenzen scheinen demnach nicht klar zu trennen oder nicht voneinander abgegrenzt zu messen sein. Im Rahmen der Darstellung der Zählentwicklung betont Steffe entsprechend die Bedeutung von

Mustern und erläutert, wie beim (Ab)Zählen von „Mustern" Elemente der Muster als einzelne Objekte und gleichzeitig als das Muster bildende, zusammengesetzte Einheiten fungieren (Steffe, 1992, S. 88). Das Muster wird so zu einem Objekt der Reflexion und Abstraktion des Zählprozesses. Ebenso erfordert die quasi-simultane Erfassung von Mengen, wie beschrieben, die (visuelle) Strukturierung der Menge, ähnlich wie ein strukturiertes Abzählen eine Strukturierung der Menge in gleichmächtige Teilmengen voraussetzt.

Die Entwicklung numerischer Kompetenzen und die Fähigkeit zur Strukturierung stehen in enger Verbindung zueinander. Deutlich machen die Studien zum Erkennen von Mustern und Strukturen, dass bei der Entwicklung der mathematischen Kompetenzen nicht allein numerische Aspekte ausschlaggebend sind. Wie genau die Beziehung zwischen der Entwicklung von Zählen, Mengenerfassung, Teile-Ganzes-Konzept und der Fähigkeit zum Erkennen von Mustern und Strukturen ist, muss sowohl theoretisch ausgeschärft als auch im Hinblick der Wahrnehmung der Kinder untersucht werden.

Zusammenfassung

Als zentrale Kompetenzen in der Entwicklung des mathematischen Verständnisses bis zum Grundschulalter wurden Zählen und die Bestimmung von Anzahlen, das Teile-Ganzes-Konzept sowie das Erkennen von Strukturen betrachtet. Bei den Analysen wurde deutlich, dass die unterschiedlichen Kompetenzen nicht trennscharf voneinander zu betrachten sind. Zum einen stehen sie in einem wechselseitigen Entwicklungsprozess und zum anderen werden ähnliche Aufgaben je nach Blickrichtung unterschiedlichen theoretischen Konzeptionen zugeordnet. Überlappungen gibt es sowohl zwischen dem eher numerisch gedachten Teile-Ganzes-Konzept und dem Erkennen von Strukturen als auch zwischen Addition und Subtraktion und dem Teile-Ganzes-Konzept.

Insgesamt ist wichtig, dass die Bedeutung der genannten Kompetenzen für die frühe mathematische Entwicklung von Kindern betont wird. In Hinblick auf die in der Schule zu erwerbenden Kompetenzen kann hier von notwendigen Vorkenntnissen gesprochen werden (vgl. 2.2.3), wobei sich alle Kompetenzen auch in der Schulzeit weiterentwickeln und ausschärfen. Sowohl das Zählen als auch das Zerlegen von Zahlen sind Kompetenzen, die in der Schuleingangsphase aufgegriffen und weiterentwickelt werden. „Für den Unterricht kommt es darauf an, den Zahlbegriff vielseitig zu entwickeln und insbesondere das Zählen und Rechnen stets mit Sinn und Bedeutung zu füllen" (Müller & Wittmann, 1984, S. 179). Im Verlauf des ersten Schuljahres sind die Kinder dann auch aufgefordert, Additions- und Subtraktionsaufgaben zu lösen (*Richtlinien und Lehrpläne für die Grundschule in Nordrhein-Westfalen*, 2008). Aus didaktischer Sicht sollte dies auf der Grundlage eines möglichst ausgebildeten Teile-Ganzes-Konzepts und unter Ausnutzung vom Strukturen (am Material oder auf symbolischer Ebene) geschehen – und damit, zum Ende des ersten Schuljahres, nicht (mehr) zählend.

2.1.2 Vorgehensweisen bei Additions- und Subtraktionsaufgaben unter besonderer Berücksichtigung des Zählens

Zählen wird nicht nur zur Anzahlerfassung einer Menge benutzt. Kinder im Vorschulalter und zu Schulbeginn greifen beim Rechnen auf zählende Strategien zurück. So finden sich unter den, übereinstimmend in der Literatur genannten, Grundstrategien, die Kinder bei der Bearbeitung von Additions- und Subtraktionsaufgaben benutzen (Carpenter & Moser, 1982, 1984; Oehl, 1935; Schmidt & Weiser, 1982; Siegler & Shrager, 1984), auch zwei zählende Strategien. Im Folgenden werden zunächst alle vier zusammenfassend vorgestellt, anschließend wird anhand von empirischen Studien der Verlauf des Erwerbs erörtert und diskutiert (2.2.3).

Alles-Zählen

»Alles-Zählen« gilt als elementare und an geringe Voraussetzungen gebundene Strategie (Carpenter & Moser, 1982, S. 14). Kinder zählen bei der Addition zunächst jeden Summanden separat an Material oder an den Fingern ab und zählen dann das gesamte Material bzw. alle ausgestreckten Finger in einem Zug noch einmal durch, um die Gesamtmenge zu bestimmen. Groen und Parkmann (1972) beschreiben dabei auch eine Variante dieses Vorgehens ohne konkret vorliegende Objekte. Dabei schließen sie in ihrer Studie aus der benötigten Zeit die benutzte Strategie des Kindes. Diese Methode wurde auch von Ashcraft (1982) benutzt. Sie wurde u. a. von Baroody kritisiert (Baroody, 1983), da allein aus der Zeit für die Aufgabenlösung auf die Strategie geschlossen wird. Die Strategie des »Alles-Zählen« – ausgeführt an Materialien oder Fingern – wurde in Studien mit anderen Methoden ebenfalls beobachtet (Carpenter & Moser, 1982) und ist unstrittig. Sie erfordert, dass die Kinder die Zahlreihe gemäß der Entwicklung von Fuson (1988) als unflexible (starre) Zahlenkette beherrschen und mit eins zu zählen beginnen.

Eine Variante des »Alles-Zählen« ist die sogenannte »shortcut-sum-Strategie« (Shrager & Siegler, 1998), bei der nach dem einzelnen Auszählen des ersten Summanden direkt weiter gezählt wird (vgl. auch Oehl 1935, S. 335). Sie setzt jedoch voraus, dass das Weiterzählen von einem (mentalen) Auszählen des zweiten Summanden begleitet wird. Die zweite Variante ist das sogenannte »count-Fingers«, bei dem die Finger gemäß der Summanden nicht-zählend ausgestreckt werden, die Gesamtsumme aber zählend bestimmt wird. Ähnlich dem »count-Fingers« beschreibt Gaidoschik (2010) das »Finger-Teilzählen«, bei dem Ausgangs- und Endzahl quasi-simultan an den Finger dargestellt bzw. abgelesen werden: „Die Operation selbst [wird] aber zählend durch[ge]führt, in-

dem [das Kind] die Finger einzeln ausstreckte bzw. umklappte und dabei von
eins beginnend mitzählte, bis die dem zweiten Summanden bzw. Subtrahenden
entsprechende Zahl erreicht war" (Gaidoschik, 2010, S. 244). Beiden letztge-
nannten Strategien ist gemeinsam, dass nicht mehr jede Anzahl abgezählt wird,
sondern das Darstellen von Anzahlen bereits verkürzt wird.

Weiterzählen

Beim »Weiterzählen« wird das Ergebnis einer Addition dadurch gewonnen, dass
vom ersten Summanden aus weiter-, bzw. bei einer Subtraktion vom Minuenden
aus rückwärts oder von Subtrahend aus hochgezählt wird (Carpenter & Moser,
1984, S. 182). Die Strategie verlangt das „Aufbrechen der Zahlenkette" (Hess,
2012, S. 114). Das bedeutet, dass die Kinder beim »Weiterzählen« bei einer
Zahl ungleich eins beginnen und bei der Subtraktion rückwärts zählen. Dieses
Vorgehen kann durch sukzessives Darstellen des zweiten Summanden bzw.
Subtrahenden an den Fingern (Aufklappen oder Tippen), durch leises mentales
Zählen (Siegler & Shrager, 1984) oder rhythmische Bewegungen begleitet werden.
     »Weiterzählen« wird im Vergleich zum »Alles-Zählen« als Weiterentwick-
lung oder „weiterer Meilenstein" (Hess, 2012, S. 114) bezeichnet. Gaidoschik
ist weniger optimistisch und stellt heraus, dass das Verständnis von Zahlen beim
Weiterzählen nicht im Sinne des Teile-Ganzes-Konzepts erfolgt, sondern Zahlen
weiterhin als „Zusammensetzung aus lauter Einzelnen" (Gaidoschik, 2010, S.
109) aufgefasst werden. Insofern sei zwar von einem prozeduralen, nicht aber
zwangsläufig von einem konzeptionell tieferen Verständnis auszugehen.
     Dies gilt gleichermaßen für das »Weiterzählen vom größeren Summan-
den«. Bei dieser Vorgehensweise schauen die Kinder zunächst, welcher der
Summanden größer ist und zählen von diesem weiter. Groen und Parkman
(1972) bezeichnen dieses Vorgehen als min-Strategie, wobei „min" für „mini-
mum addend" steht (Groen & Parkman, 1972). Grundlage dieser Strategie ist
somit die Kommutativität der Addition. Wenn die Kinder verständnisorientiert
die Summanden tauschen und somit den Rechenvorteil bewusst nutzen, lässt
dies auf Einsicht in das Teile-Ganzes-Konzept schließen. Allerdings ist es auch
möglich, das »Weiterzählen vom größeren Summanden« algorithmisch zu verwenden und ohne Verständnis für die dahinterliegende kommutative Struktur zu
nutzen.
     Das gezielte (Hoch)zählen, ausgehend vom Subtrahenden zum Minuenden,
wird ebenfalls als »min-Strategie« bezeichnet, wenn es zu einer Verringerung
der Schritte führt, d.h. die Differenz kleiner ist als der Subtrahend. Diese Strategie setzt zum einen voraus, dass Kinder das Ergebnis der Subtraktion nicht ausschließlich als Rest, sondern als Unterschied interpretieren können (Selter,
Prediger, Nührenbörger, & Hußmann, 2011). Zum anderen erfordert das bewusste Anwenden dieser Strategien einen gezielten Blick auf die Zahlen der

Aufgaben und flexibles Operieren „auf dem Niveau fortgeschrittener Teile-Ganzes-Beziehungen" (Hess, 2012, S. 115). Aufgrund dieser Voraussetzung ist gemäß Hess (2012, S. 115) etwa ab der 2. bis. 3. Klasse mit dieser Strategie zu rechnen.

Abrufen

Von Abrufen einer Lösung spricht man, wenn die Lösung ohne Zähl- oder Rechenprozess sofort aus dem Gedächtnis „abgerufen" werden kann. Dieser Faktenabruf ist das Ergebnis eines Automatisierungsprozesses (Carpenter & Moser, 1984, S. 185). Als Aufgaben, deren Ergebnisse durch die elementaren Operationen Zählen und Verdoppelten gewonnen werden können, gelten Aufgaben des Typen a + 1 und a + a (Müller & Wittmann, 1984). Diese elementaren Aufgaben scheinen von Kinder schnell automatisiert werden zu können. In einer Untersuchung mit Kindern zu Schulbeginn zeigt Gaidoschik (2010, S. 328), dass das Abrufen als Lösungsstrategie am häufigsten bei Verdopplungsaufgaben zu beobachten war.

Ableiten

Beim Ableiten von Aufgaben aus Lösungssätzen, die abgerufen werden, müssen die Kinder die Beziehungen zwischen den Aufgaben erkennen und nutzen. Wie Oehl (1935, S. 341) analysiert, bedeutet dies, dass „zwei Beziehungen gleichzeitig zu beachten sind (die bekannte und die neue Zahlbeziehung) und ihr Zueinander festzustellen [ist]." Wird z. B. das Ergebnis 11 der Aufgabe 5+6 aus der Aufgabe 5+5=10 abgeleitet, muss die Zahl 6 als 5+1 »gesehen« werden. Die bekannte Beziehung ist somit die Teile-Ganzes-Beziehung von 6=5+1 und die neue Beziehung ist die assoziative 5+(5+1)= (5+5)+1= 10+1. Oehl geht dabei davon aus, dass die Kinder diese Beziehung nicht aufgrund von logischen Schlussfolgerungen sehen – auch nicht, wenn die Erläuterung nach dem Lösen der Aufgabe diesen Charakter hat, „sondern was das Kind dazu tut, ist lediglich ein Konzentrieren auf die gestellte Aufgabe, ein Vorstellen des Bezirks der Zahlenreihe, in dem die Operation auszuführen ist" (Oehl, 1935, S.341). Dabei nähmen die Kinder eine Vorstellung wie „4...9..." und „4.. 8, 9" vor um die Aufgaben 4+5 aus der „festen Beziehung" 4+4 abzuleiten (Oehl, 1935, S. 341). Gemäß Oehl handelt es sich beim Ableiten also nicht (zwangsläufig) um eine bewusste Nutzung der Teile-Ganzes-Beziehung, sondern um eine intuitive Nutzung der angenommene Bedeutsamkeit des Zählens und die Vorstellung der mentalen Zahlenreihe (Lorenz, 1992).

Andere Autoren gehen von einer bewussten Ableitung gemäß des Assoziativgesetzes aus (Wittmann, 2011). Rechtsteiner-Merz (2014) spricht von analytischem Vorgehen, Gaidoschik von „klarer Einsicht in operative Zusammenhänge" (2010, S. 426). Nachbaraufgaben werden also bewusst genutzt. Die Aufgabe a + b wird über die Aufgabe a + (b − 1) bzw. (a − 1) + b oder über a + (b + 1) bzw. (a + 1) + b gelöst. Möglich ist auch die Konstanz der Summe für das Ableiten auszunutzen, also Aufgaben der Form a+b auf Aufgaben (a + 1) + (b − 1) bzw. (a − 1) + (b + 1) zurückzuführen. Werden, wie in der Untersuchung von Schmidt und Weiser (1982), kommutative Aufgaben direkt nacheinander berechnet, kann die bereits gelöste Aufgabe genutzt werden, um das Ergebnis der Tauschaufgabe zu bestimmen.

Subtraktionsaufgaben können ebenfalls auf Nachbaraufgaben zurückgeführt werden. Hier ist die Besonderheit, dass sich die Veränderung des Subtrahenden gegensinnig auf die Differenz auswirkt (z. B. a − [b + 1] = [a − b] − 1), während die Veränderung des Minuenden eine gleichsinnige Veränderung der Differenz zur Folge hat (z. B. [a + 1] − b = [a − b] + 1). Ableiten von (Nachbar-) Aufgaben kann analog zur Addition wieder intuitiv oder bewusst geschehen. Subtraktionsaufgaben können zudem durch die umkehrende Addition gelöst werden (Oehl, 1935; Gaidoschik, 2010), d.h. die Aufgabe a − b = c wird auf die Aufgabe b + c = a oder kommutativ auf c + b = a zurückgeführt. Dazu müssen die Kinder die Addition als Umkehrung der Subtraktion erkannt haben und im Sinne des Teile-Ganzes-Konzepts das entsprechende Zahlentrippel abrufen.

Insgesamt ist beim Ableiten die Frage, wie bewusst Kinder die Beziehung, also die Struktur, zwischen den Aufgaben erkennen und nutzen. Möglicherweise gibt es einen Unterschied in der Entwicklung zwischen einem eher intuitiven Sehen einer Beziehung und einem bewussten Nutzen derselben. Hierin spiegelt sich möglicherweise ein ähnliches Spannungsfeld wie in der Interpretation des Zahlensinns als „gute Intuition von Zahlen und ihrer Beziehungen" oder der „erlernten Fähigkeit eines flexiblen Umgangs mit Zahlen" (Rechtsteiner-Merz, 2014, S. 97) wider.

Zusammenfassend können folgende vier Hauptstrategien bei der Lösung von Additions- und Subtraktionsaufgaben unterschieden werden: »Alles zählen«, »Weiterzählen«, »Abrufen« und »Ableiten«. Es wird davon ausgegangen, dass sie in der beschriebenen Reihenfolge von Kindern erworben bzw. gezeigt werden.

2.1.3 Entwicklung der Vorgehensweisen bei Additions- und Subtraktionsaufgaben zu Beginn der Grundschulzeit

In Hinblick auf das verfestigte zählende Rechnen bzw. die Ablösung davon ist wichtig zu wissen, wie die (natürliche) Entwicklung der Vorgehensweisen verläuft. Zudem ist entscheidend zu erforschen, wie die Verfestigung von Strategien erfolgt, ob beide Zählstrategien gleichermaßen „betroffen" sind und inwiefern auch Kinder mit sich verfestigenden Strategien andere Vorgehensweisen zeigen. Um diese Aspekte zu beantworten, werden im Folgenden zentrale Studien zu Vorgehensweisen am Schulanfang diskutiert. Dabei werden nur Studien berücksichtigt, bei denen die zu lösenden Additions- und Subtraktionsaufgaben im

Zwanzigerraum gestellt und neben dem Ergebnis auch die verwendeten Lösungsstrategien erhoben wurden.

Querschnittliche Untersuchungen

Oehl untersuchte bereits 1935 elf Kinder im ersten Schuljahr und beschreibt episodisch und exemplarisch die Vorgehensweisen einzelner Kinder beim Lösen von Aufgaben. Obwohl er in seinen Ausführungen weder stringent ein Kind beim Lösen aller Aufgaben begleitet noch die Vorgehensweisen aller 14 Kinder bei einer Aufgabe analysiert, zeigen die Ausführungen die Unterschiede bei der Lösung von Aufgaben exemplarisch auf. Oehl folgert, dass die „aufgezeigten Entwicklungsstufen der Operation [...] bei ein und demselben Kinde nicht nur zeitlich nacheinander, sondern auch nebeneinander vor[kommen]" (1935, S. 350). Oehl kommt also bereits sehr früh zu der zentralen Einschätzung, dass es einerseits einen typischen Verlauf in der Benutzung der Strategien gibt – beginnend mit dem »Alles-zählen« zum »Ableiten« – und es sich andererseits nicht um eine Entwicklung in Phasen mit klaren Trennungen zu handeln scheint. Beide Einschätzungen werden durch neuere Forschungsergebnisse aus unterschiedlichen Disziplinen bestätigt.

Schmidt und Weiser (1982) untersuchten in einer Interviewstudie Kompetenzen von 24 Kindern zu Schulbeginn und betrachten dabei u. a. die Vorgehensweisen bei Additions- und Subtraktionsaufgaben im Zahlenraum bis zehn. Sie stellen wie Oehl fest, dass der Gebrauch der Strategien nicht stabil ist, sondern sich von Aufgabe zu Aufgabe unterscheiden kann (Schmidt & Weiser, 1982, S. 258).

Aus kognitionspsychologischer Perspektive betrachtet Siegler die Strategien von Kindern beim Lösen von Additions- und Subtraktionsaufgaben (Siegler, 2001; Siegler & Shrager, 1984). Auch er konstatiert unterschiedliche Vorgehensweisen der Kinder zum gleichen Zeitpunkt. Dabei nimmt er auch an, dass ein und dasselbe Kind dieselbe Aufgabe zum gleichen Zeitpunkt mit unterschiedlichen Strategien lösen kann. Siegler entwickelt aus seinen Ergebnissen ein Modell der Strategieentscheidung, bei dem er davon ausgeht, dass Kinder die Vorgehensweisen (bewusst) wählen. Entscheidend für die Wahl des Abrufens sei die assoziative Stärke zwischen Aufgabe und Ergebnis sowie das festgelegte Vertrauenskriterium. Je häufiger eine Aufgabe mit einem bestimmten Ergebnis ermittelt würde, desto höher sei die assoziative Stärke: Wenn „also die assioziative Stärke, die 2+1 mit 3 verbindet 0,79 ist und weil die gesamte assoziative Stärke, die 2+1 mit allen antworten verbindet 1,00 ist, beträgt die Wahrscheinlichkeit, mit der 3 als Antwort auf 2+1 aus dem Gedächtnis gegeben wird 0,79". Das Modell wird von Baroody und Ginsburg (1986) und Gaidoschik (2010) kritisiert, da die Möglichkeit einer Strategieentscheidung zum einen voraussetzt, dass alle Kinder über mehrere Strategien verfügen, was zumindest bei jüngeren

oder sehr leistungsschwachen Kinder fraglich ist. Zum anderen stellt Gaidoschik
in Frage, ob bei zählenden Vorgehensweisen die Aufmerksamkeit nicht vielmehr
dem Zählakt gilt und nicht dem Ergebnis, so dass möglicherweise keine Assoziation zwischen Aufgaben und Ergebnis vorgenommen wird (Gaidoschik, 2010,
S. 39).

Auch wenn die Zweifel an dem Modell der Strategieentwicklung nachvollziehbar sind, bleibt die Frage, wie und warum Kinder von zählenden Strategien
zu anderen Vorgehensweisen wechseln. Oehl vermutet, dass Kinder aufgrund
ihrer Vertrautheit mit der Zahlenreihe Aufgaben automatisieren (1935, S. 339)
und diese in der Folge zum Ableiten von Ergebnissen nutzen:

> „Hat das Kind in seiner Entwicklung einmal die Stufe des Weiterzählens
> und des rhythmischen Weiterzählens erreicht, so wird es auf Grund sei-
> ner Vertrautheit mit der Zahlenreihe immer gewandter in der Bewälti-
> gung der gestellten Aufgaben. Einige bei den verschiedenen Kindern
> mehr oder weniger „feste Beziehungen" haben sich herausgebildet, und
> diese werden jetzt möglichst benutzt, um unbekannte Beziehungen zu
> entdecken"

Oehl stellt damit auch einen Zusammenhang zwischen der Vertrautheit und den
sich dadurch herausbildenden Strategien des Abrufens her, wobei er nicht von
einem Assoziationslernen, sondern einem Beziehungslernen ausgeht. Ähnliches
vermuten Baroody und Ginsburg (1986), die betonen, dass Kinder die Fakten in
Verbund mit Strukturen und Beziehungen lernen. Damit meinen sie z. B., dass
Additions- und Subtraktionsaufgaben in Verbindung zueinander gelernt werden.
Dies geschieht, indem automatisierte Additionsaufgaben herangezogen werden
um die umkehrenden Subtraktionsaufgaben zu lösen. Zudem führen prinzipielle
Erkenntnisse, z. B. die Einsicht, dass die Differenz aufeinanderfolgender Zahlen
stets eins ist, dazu, dass alle Aufgaben dieses Typs über die Nutzung dieser
Fakten abgerufen werden können. Konstruktive Denkprozesse wirken so
zusammen mit automatisierten Fakten: „The alternative model […] suggests that
reproductive and reconstrutive processes are intertwined for a broad range of
number combinations" (Baroody & Ginsburg, 1986, S. 95).

In den unterschiedlichen Erklärungen für den Wechsel einer Strategie zeigen sich die unterschiedlichen Grundannahmen über das Lernen. Darüber
hinaus wird deutlich, was Fuson bereits 1992 beschreibt (S. 72): „We know
relatively little at the moment about how children make choices among various
strategies they possess". Ebenso wenig wissen wir darüber, welche Prozesse,
Gelegenheiten oder Anforderungen genau eine Veränderung und Erweiterung
der verfügbaren Strategien begünstigen.

Längsschnittliche Untersuchungen

Carpenter und Moser (1984) untersuchen Rechenstrategien bei Kindern über einen Zeitraum von drei Jahren. Dabei gingen sie von der Hypothese aus, dass jüngere Kinder eher zählende Strategien aus der Gruppe »Alles-Zählen« benutzen würden, während ältere Kinder abstraktere und effizientere Zählstrategien verwenden (Carpenter & Moser, 1984, S. 182). Ein Ergebnis der Untersuchung ist, dass zählende Strategien insgesamt abnahmen und die Aufgaben zunehmend durch Faktenabruf gelöst wurden. Trotzdem wurden ca. 20 Prozent der Additionsaufgaben in der Klasse 3 mit zählenden Strategien gelöst (Carpenter & Moser, 1984, S. 191). Zudem zeigte sich, dass die Kinder nicht durchgängig eine Strategie benutzten, sondern diese wechselten, wenn ihnen mehrere Strategien zur Verfügung standen (S. 189). Auch Kinder die bei einigen Aufgaben weiterzählten, lösten andere Aufgaben gemäß der Strategie »Alles-Zählen«.

Die Ergebnisse bestätigen zum einen die Erkenntnis, dass der prinzipielle Erwerb einer elaborierteren Strategie nicht zwangsläufig und automatisch dazu führt, dass früher erworbene Strategien nicht mehr benutzt werden. Zum anderen lassen die Daten aufgrund der Gesamtzahl von zählenden Strategien in Klasse 3 die Hypothese zu, dass möglicherweise ein Teil der Kinder nach wie vor zählend rechnet, also keine alternativen Strategien zum Zählen ausgebildet hat. Um diese Hypothese zu klären, wäre ein längsschnittlicher Blick über die Entwicklung von einzelnen Kindern notwendig. Dieser wurde im Rahmen der Untersuchung nicht vorgenommen, da die verwendeten Strategien von Carpenter und Moser zwar zu drei Zeitpunkten jedoch zusammenfassend über die gesamte Kohorte erhoben wurden. Zudem muss einschränkend berücksichtigt werden, dass Carpenter und Moser den Kindern Textaufgaben stellten, die möglicherweise zusätzliche Anforderungen mit sich brachten (Häsel, 2001).

Den Fokus auf die Entwicklung einzelner Kinder bzw. Gruppen von Kindern legt Gaidoschik (2010), der die Lösungsstrategien von österreichischen Kindern bei Additions- und Subtraktionsaufgaben im Verlauf des ersten Schuljahres untersuchte. Dazu führte er zu Beginn, in der Mitte und zum Ende des ersten Schuljahres Interviews mit den Kindern durch und erhob Lösungsrichtigkeit, Lösungsdauer und Lösungsstrategien.

Betrachtet man zunächst, vergleichbar zur Untersuchung von Carpenter und Moser, die gesamte Kohorte der 139 untersuchten Kinder, dann zeigt sich, dass zu Schulbeginn 40 Prozent der Additions- und Subtraktionsaufgaben im Zahlenraum bis zehn mit Zählstrategien gelöst wurden. Bei 28,2 Prozent der Aufgaben wurden Fakten genutzt, zudem wurden Aufgaben durch Ableiten gelöst oder nicht bearbeitet. Im Verlauf des ersten Schuljahres wurden die zu Beginn häufigen zählenden Vorgehensweisen ersetzt durch Abrufen bereits automatisierter Aufgaben oder das Ableiten von Ergebnissen unter Nutzung von Zahl- und Aufgabenbeziehungen. Gaidoschik (2010) untersuchte weiter, ob und wie sich Grundschulkinder im Verlauf des ersten Schuljahres vom zählenden

Rechnen lösen. Dabei zeigte sich, dass zu Schulbeginn 40,7 Prozent der Additions- und Subtraktionsaufgaben im Zahlenraum bis zehn mit Zählstrategien bearbeitet wurden (Gaidoschik, 2010, S. 29). Im Verlauf des ersten Schuljahres wurden die zu Beginn häufig genutzten zählenden Vorgehensweisen durch Abrufen bereits automatisierter Aufgaben oder Ableiten von Ergebnissen unter Ausnutzung von Zahl- und Aufgabenbeziehungen ersetzt. Allerdings wird dieser positive Eindruck getrübt, wenn nicht nur die zehn Aufgaben betrachtet werden, die sowohl zu Beginn als auch am Ende des ersten Schuljahres eingesetzt wurden, sondern wenn auch die elf weiteren Additions- und Subtraktionsaufgaben im Zahlenraum bis zehn berücksichtigt werden, die die Kinder am Ende des ersten Schuljahres zusätzlich bearbeiteten. Von den insgesamt 21 Aufgaben identifiziert Gaidoschik 14 als Aufgaben mit Automatisierungsraten unter 60 Prozent. Bei diesen sogenannten nicht-trivialen Aufgaben machen Zählstrategien noch immer 39,4 Prozent der Lösungsanteile aus, während ein Anteil von 49,8 Prozent auf Faktennutzung[2] zurück geführt werden kann (Gaidoschik, 2010, 380). Die Ergebnisse zeigen, dass am Ende des ersten Schuljahres zählende Strategien nach wie vor genutzt werden, jedoch die anderen Strategien (abrufen, ableiten) deutlich zunehmen.

Von dieser durchschnittlichen Veränderung kann jedoch nicht darauf geschlossen werden, dass die Strategien aller Kinder sich auf diese Weise veränderten. Gaidoschik bildet auf der Grundlage seines Datenmaterials sechs Grundtypen von Entwicklungsverläufen (2010, S. 425), mit denen er die Entwicklung einzelner Kinder zusammenfassend zu beschreiben versucht. Er unterscheidet dabei die Typen »Faktenabruf und fortgesetztes Ableiten«, »Hohe Merkleistung ohne Ableiten«; »vorwiegend zählendes Rechnen ohne Ableiten«, »Ableiten und persistierendes zählendes Rechnen«, »vorwiegend zählendes Rechnen mit Ableiten« und »Strategie-Mix mit hohem Anteil von Zählstrategien ohne Ableiten«. Schon allein die Bezeichnung der Gruppen zeigt die Herausforderung, die individuellen Entwicklungsverläufe und Strategien der Kinder zusammenzufassen. Trotzdem ermöglicht diese Art der Gruppenbildung Einsichten in Verläufe, welche die anderen Studien nicht aufzeigen konnten. Die Erkenntnisse Gaidoschiks werden im weiteren Verlauf exemplarisch an den beiden Typen »vorwiegend zählendes Rechnen ohne Ableiten« und »Ableiten und persistierendes zählendes Rechnen« aufgezeigt. Der Typ »vorwiegend zählendes Rechnen mit Ableiten« scheint mit nur 4 von 139 Kindern in dieser Gruppe nicht prototypisch zu sein.

Die von Gaidoschik ausgemachte Gruppe der Kinder, die „vorwiegend zählendes Rechnen ohne Ableiten" zeigte, löst am Ende des ersten Schuljahres die Grundaufgaben im Zahlenraum bis zehn zu einem hohen Anteil zählend.

---

[2] Unter Faktennutzung fasst Gaidoschik die Strategien „Faktenabruf" und „Ableiten" zusammen.

„Die Kinder dieses Typs scheinen beim Rechnen ganz in ihren (hohe Konzentration erfordernden) Zähl-Prozeduren aufzugehen. Sie scheinen operative Zusammenhänge zwischen Grundaufgaben nicht zu erkennen und beim zählenden Lösen von Aufgaben keine Verbindung herzustellen" (Gaidoschik, 2010, S. 440). Doch auch ein Großteil dieser Kinder zeigte im Verlauf der Interviews Einsichten in operative Zusammenhänge, so dass sich die Vermutung aufdrängt, „dass sie durchaus „fähig" wären „etwas anderes zu tun" als immer nur zählend zu rechnen" (Gaidoschik, 2010, S. 441, Anführungsstriche im Original). Das zählende Rechnen scheint als Strategie ohne Nachzudenken angewendet zu werden und von einem Drittel der Kinder dieser Gruppe auch sehr erfolgreich, schnell und sicher benutzt zu werden, so dass sehr gute Lösungsquoten im Zahlenraum bis zehn erreicht wurden.

Kinder, die zum Lösen additiver Grundaufgaben einen Mix aus Faktenabruf, Ableitung sowie zählenden Strategien bei Aufgaben mit Zehnerübergang benutzen, fasst Gaidoschik unter dem Typ »Ableiten und persistierendes zählendes Rechnen« zusammen. Diese Kinder verwendeten zum Schuljahresende die neue Strategie des Ableitens, die in der Mitte des Schuljahres mehrheitlich noch nicht gezeigt wurde. Zählend gerechnet wurden sowohl zur Mitte als auch am Ende des Schuljahres genau dieselben Aufgaben. Gaidoschik interpretiert dies als Hinweis darauf, dass „fortgesetztes zählendes Rechnen einer Aufgabe zumindest im Laufe des ersten Schuljahres nicht „von selbst" zum Automatisieren dieser Aufgabe führt, und zwar auch dann nicht, wenn dieses zählende Rechnen schnell und mit hoher Trefferquote erfolgt" (Gaidoschik, 2010, S. 448).

Die Typenbildung versucht unterschiedliche Profile von Kindern aufzuzeigen. Trotzdem kann sie die Frage nicht beantworten, an welchen Stellen genau die Kinder verharren. Dies liegt daran, dass zum einen nur Daten aus drei Messzeitpunkten zur Verfügung stehen und zum anderen eine Typenbildung immer eine Verkürzung der individuellen Strategien eines Individuums zur Folge hat. Gaidoschik gewinnt jedoch gerade aus der Typenbildung Erkenntnisse, die im Hinblick auf mathematische Überlegungen zur Ablösung vom zählenden Rechnen wichtig sind (2010, S. 463f).

(1) Die Analyse von Strategien der Kinder im Verlauf des ersten Schuljahres scheint den Zusammenhang von Ableiten und Automatisieren zu bestätigen, wobei von sich gegenseitig beeinflussenden Prozessen ausgegangen werden kann. Gaidoschik leitet aus der Kombination von Faktennutzung und Abrufen ab, dass das wiederholte Ableiten der Additionsaufgaben dazu geführt haben könnte, dass Kinder diese Aufgaben automatisieren (2010, S. 463). Gleichzeitig zeigt er auf, dass einige wenige Kinder Aufgaben automatisiert haben, ohne dass zuvor oder gleichzeitig Ableitungen vorgenommen wurden. Es scheint also so zu sein, dass ein operatives Herleiten von Aufgaben die Automatisierung begünstigt, wobei auch reines Merken denkbar ist, jedoch nur selten beobachtet wurde.

(2) Weiterzählendes Rechnen tendiert dazu sich zu verfestigen, da die Gewohnheit des schnellen Weiterzählens nicht zu einer Speicherung der Ergebnisse im Langzeitgedächtnis führt. Dies wiederum kann zu einer geringen Anzahl von automatisierten Aufgaben führen, die wiederum die Möglichkeiten zum Ableiten erschweren. Offen ist bei dieser These, wie denn diejenigen Kinder, die bereits von zählenden Strategien zum Ableiten gekommen sind, diesen Schritt geschafft haben. Entscheidend könnte hier die Gewohnheit des Zählens sein, die ein Nachdenken über Aufgaben und alternative Strategien gar nicht mehr aufkommen lässt. Die Gefahr des Weiterzählens liegt damit wahrscheinlich in der Dauer, mit der es als Hauptstrategie benutzt wird.

2.2 Verfestigtes zählendes Rechnen

Zählendes Rechnen führt, wie oben ausgeführt, dazu, dass durch die Art der Lösung die Speicherung von Fakten erschwert wird (Kap. 2.1.3), sich die Aufmerksamkeit auf den Zählprozess und nicht auf das Ergebnis richtet und das Repertoire an auswendig gewussten Zahlensätzen nur sehr langsam oder gar nicht steigt (Gerster, 1996, S. 140f). Aus Sicht der Gedächtnisforschung lässt sich argumentieren, dass möglicherweise bei zählend rechnenden Kindern, aufgrund einer geringeren Kapazität des Arbeitsgedächtnisses, die Speicherung von Fakten erschwert ist (vgl. 2.2.3). Unabhängig vom Ursache-Wirkungs-Gefüge kann festgehalten werden, dass zählendes Rechnen dazu tendiert sich zu verfestigen. Vom einem verfestigten zählenden Rechnen wird gesprochen, wenn die Kinder am Ende des ersten Schuljahres und darüber hinaus zählende Strategien zu einem hohen Anteil bei der Lösung von Additions- und Subtraktionsaufgaben verwenden (Schipper, 2002).

Neben dieser grundlegenden Problematik des sich Verfestigens einer Strategie, die in Zahlenräumen über 20 hinaus nicht tragfähig ist, hat zählendes Rechnen weitere Konsequenzen (Gerster & Schultz, 2004; Scherer & Moser Opitz, 2010; Schipper, 2002). Es kann dazu führen, dass verfestigt zählende Rechnerinnen und Rechner grundlegende Schwierigkeiten beim Mathematiklernen ausbilden. Dabei wird nicht von einem kausalen Zusammenhang ausgegangen, in dem Sinne, dass verfestigtes zählendes Rechnen Schwierigkeiten beim Mathematiklernen verursacht oder andersherum, sondern von einem inhaltlichen und empirischen belegbaren Zusammenhang (Ostad, 2008).

2.2.1 (Inhaltlicher) Zusammenhang zwischen verfestigtem zählenden Rechnen und (mathematischen) Lernschwächen

Zählendes Rechnen ist bereits in kleinen Zahlenräumen fehleranfällig. Aufgrund der unklaren Rolle des Anfangs- und Endgliedes der Zählsequenz sind häufig sogenannte »± 1-Fehler« zu beobachten (Radatz & Schipper, 1983). Das heißt, die Kinder zählen den ersten Summanden in der Zählsequenz mit; z. B. wird bei der Aufgabe 5+4 wird „fünf, sechs, sieben, acht" gezählt und das Ergebnis mit acht angegeben. Analog wird bei der Subtraktion der Minuend mitgezählt. Weitere Fehler entstehen durch eine Überlastung des Arbeitsgedächtnisses vor allem bei der Subtraktion (vgl. 2.2.3), wenn zwei parallele Zählprozesse erfolgen: das Rückwärtszählen ausgehend vom Minuend und das parallele Mitzählen der Zahlschritte bis der Subtrahend erreicht ist. Die Fehleranfälligkeit der Zählprozesse nimmt im größeren Zahlenraum und bei größeren Summanden bzw. Subtrahenden zu (Scherer & Moser Opitz, 2010).

Neben den Fehlern als direkte Konsequenzen von falsch ausgeführten Zählprozessen, werden dem verfestigt zählenden Rechnen weitere Begleiterscheinungen zugeschrieben (Schipper, 2002):

Die Vorstellung von Addition und Subtraktion als Operation mit Mengen kann sich nicht ausbilden, wenn Addition und Subtraktion ausschließlich als Auszählen von Mengen, bzw. als Vor- und Zurückzählen in der Zahlenfolge interpretiert werden. Andererseits gilt auch der Zusammenhang, dass Kinder zählend rechnen, eben weil sie keine Vorstellung der Operationen als Veränderung bzw. Vergleich von Mengen aufgebaut haben. Die einseitige Vorstellung von Addition und Subtraktion ist somit Ursache und Konsequenz zählenden Rechnens zugleich.

Ähnlich verhält es sich mit der Entwicklung des Stellenwertverständnisses. Gemäß Wartha und Schulz (2011) ist die unzureichende Entwicklung des Stellenwertverständnisses Folge zählenden Rechnens, da zum einen die besondere Rolle der zehn durch den ergebnisorientierten Zählprozess nicht deutlich wird. Zum anderen verhindert der Zählprozess die Einsicht in die Zusammensetzung von Zahlen aus Zehnern und Einern, da Zahlen beim Zählen nicht kardinal, sondern ordinal als Endpunkt einer Reihe aufgefasst werden. Parallel zum Operationsverständnis kann die Argumentation jedoch auch in umgekehrter Reihenfolge geführt werden: Weil die Kinder keine ausreichenden Zahl- und Stellenwertverständnis aufweisen, lösen sie die Aufgaben zählend.

Verfestigtes zählendes Rechnen geht somit insgesamt mit hohen Anzahl an *Fehlern, einseitigem Zahl- und Stellenwertverständnis* sowie *eingeschränktem Operationsverständnis* einher. Diese Symptome finden sich in der Literatur immer dann, wenn Kinder beschrieben werden, die Schwierigkeiten beim Mathematiklernen haben (Kaufmann & Wessolowski, 2006; Lorenz, 2003a; Scherer & Moser Opitz, 2010; Schipper, 2002). Alle drei Hauptsymptome von Rechenschwäche stehen somit in einem engen inhaltlichen Zusammenhang.

Um die Anforderungen des Mathematikunterrichts zu bewältigen und bspw. Additions- und Subtraktionsaufgaben im größeren Zahlenräumen zu lösen, orientieren sich Kinder an z. T. unverstandenen Regeln und Techniken. Dazu gehört z. B. das Ersetzen des Zahlenrechnens durch Ziffernrechnen (Schipper, 2005). Mit anderen Worten, statt bei mehrstelligen Zahlen mit den Zahlen zu rechnen, betrachten die Kinder stellenweise die Ziffern und bearbeiten so weiterhin Aufgaben im Zahlenraum bis 20. Dies kann durch Nutzen des schriftlichen Algorithmus geschehen (Moser Opitz, 2013) oder ohne „offizielles" Verfahren, indem die Ziffern einfach nacheinander betrachtet werden. Dieses Verfahren führt dann zum Erfolg, wenn keine Überträge verrechnet werden müssen.

Insgesamt zeigt sich auf der inhaltlichen Seite ein Zusammenhang zwischen verfestigten zählendem Rechnen und Schwierigkeiten beim Mathematiklernen in unterschiedlichen Bereichen. Das heißt in der Konsequenz, dass zählendes Rechnen weitergehende Schwierigkeiten beim Mathematiklernen bedingen und so zur Ursache für umfassend mathematischen Schwierigkeiten werden kann. „Ein Kind, das Ende der erste Schulstufe vorwiegend zählend rechnet, ist nicht deshalb schon »rechenschwach«, aber es läuft Gefahr, unter dem Druck kommender schulischer Anforderungen »rechenschwach« zu werden" (Gaidoschik, 2009a, S. 170).

2.2.2 (Empirischer) Zusammenhang zwischen verfestigtem zählenden Rechnen und (mathematischen) Lernschwächen

Alle Studien, die sich mit dem Zusammenhang zwischen verfestigt zählendem Rechnen und Lernschwächen beschäftigen, sind deskriptiv angelegt. Es wird weder ein kausaler Zusammenhang zwischen mathematischen Lernschwächen als Folge von verfestigtem zählendem Rechnen hergestellt noch zählendes Rechnen als Folge von grundlegenden Lernschwierigkeiten beschrieben. Die Studien versuchen über eine Gruppenbildung von Kindern gemäß ihrer mathematischen Kompetenzen den Zusammenhang von (mathematischen) Lernschwächen und zählendem Rechnen deskriptiv zu erfassen.

Gray (1991) erhob in einer Studie die Lösungsstrategien von Kindern im Altern zwischen 7 und 12 Jahren beim Lösen von Additions- und Subtraktionsaufgaben. Die Ergebnisse zeigen, dass Kinder mit guten Rechenleistungen vom Beginn des zweiten Schuljahrs an kaum noch zählende Strategien verwenden, sondern die Aufgaben durch Abrufen oder Ableiten des Ergebnisses lösen. Dagegen lösen Kinder mit eher schwachen Mathematikleistungen auch in höheren Klassen weitgehend durch zählende Strategien. Ostad (1998, 2008) verglich die Lösungsstrategien von Kindern mit und ohne Schwierigkeiten beim Mathematiklernen über einen Zeitraum von je zwei Jahren. Er kommt zu dem Schluss, dass Kinder mit Schwierigkeiten beim Mathematiklernen schwerpunktmäßig zählende Strategien oder Vorgehensweisem am Material verwenden und eine geringere Variation sowie eine langsamere Entwicklung von Strategien zeigen. Der Zusammenhang zwischen zählendem Rechnen und niedrigen Leistungen in Mathematik zeigte sich auch in den Untersuchungen von Schäfer (2005) und Moser Opitz (2013) sowie von Moser Opitz und Ramseier (2012).

Schäfer (2005) untersuchte Lernstand, Einstellungen und Wahrnehmungsleistungen von Lernenden der 5. Klasse der Hauptschule. Dazu wurden Schülerinnen und Schüler aus 15 Eingangsklassen anhand eines Kriterienkatalogs von ihren Lernkräften als »rechenschwach« oder »nicht rechenschwach« eingeschätzt. Anschließend wurde der Lernstand der rechenschwachen Lernenden in Einzelsitzungen erhoben, wobei die methodischen Ausführungen keinen genauen Hinweise darüber geben, inwieweit die Vorgehensweisen lediglich beobachtet oder auch noch nachgefragt wurde. Anhand der Vorgehensweise wurden die 43 untersuchten rechenschwachen Schülerinnen und Schüler in die Gruppen »zählende Rechner« oder »Nicht-Zähler« eingeteilt. Als »Zähler« bezeichnet Schäfer, diejenigen Lernenden, die beim Addieren und Subtrahieren „in Einerschritten zählende Strategien zu Lösungsfindung" heranzogen, wobei Schäfer nicht angibt, ab welcher Anzahl zählender Strategien die Schülerinnen und Schüler als »Zähler« klassifiziert wurden. Von den 43 rechenschwachen Kinder werden 25 in diese Kategorie eingeordnet. 18 verfügen über alternative Strategien wie z. B. das Nutzen von Umkehraufgaben oder die Zerlegung eines Operationsschrittes (Schäfer, 2005, S. 51). Die Gruppe der zählend rechnenden Lernenden unterscheidet sich signifikant in Hinblick auf das Zahlverständnis, die verbale Zählfertigkeit und das Operationsverständnis von der Gruppe der »Nicht-Zähler« (S. 441), zeigt also noch einmal gravierendere Schwierigkeiten.

Moser Opitz (2013) erforschte die Leistungen von rechenschwachen Schülerinnen und Schülern aus dem 5. und 8. Schuljahr. Zur Ermittlung der Lernenden mit schwachen Mathematikleistungen entwickelte sie einen Test, der wesentliche (arithmetische) Inhalte des vierten Schuljahres umfasste und einige Aufgaben aus dem 5. Schuljahr beinhaltete. Der Test wurde im unteren Leistungsbereich angereichert um Aufgaben aus dem Stoff der 2. und 3. Klasse, da angenommen wurde, dass rechenschwache Kinder evtl. bereits bei Aufgaben aus früheren Schuljahren Schwierigkeiten haben. Ebenso wurde ein Test für die Klasse 8 konzipiert. Anhand der erhobenen Daten wurden drei Gruppen von Lernenden gebildet: (1) rechenschwache Kinder mit einem IQ von 75-94, (2) rechenschwache Kinder mit einem durchschnittlich IQ (95-115) und (3) eine Vergleichsgruppe von Kindern mit durchschnittlicher Intelligenz und durchschnittlichen Mathematikleistungen. Allen Gruppen wurden im Hinblick auf den mathematischen Basisstoff untersucht. Dazu wurde ein weiterer Test konzipiert und eingesetzt, welcher „basale mathematische Kompetenzen sowie die zugrunde liegenden Vorstellungen" (Moser Opitz, 2013, S. 159) erfassen konnte. Dieser Test wurde den schwachen Lernenden beider Schuljahre vorgelegt. Als ein Ergebnis zeigte sich, dass die rechenschwachen Schülerinnen und Schüler des 5. Schuljahres[3] in geringerem Umfang als die Vergleichsgruppe über Rechenstrategien verfügten, „welche über das bloße Abzählen hinausgehen" (Moser Opitz, 2013, S. 192). Bei den untersuchten Lernenden aus dem 8. Schuljahr zeigte sich

---

[3] Bei dieser und den folgenden Auswertungen wurden die Gruppen rechenschwacher Lernender zusammen betrachtet und der Vergleichsgruppe gegenübergestellt.

dieser Unterschied nicht mehr. Die meisten Schülerinnen und Schüler lösten die Aufgaben durch Abrufen oder Ableiten. Bei der Subtraktion hingegen zeigten sich bei beiden Altersgruppen Abzählfehler, vor allem bei Subtraktionsaufgaben mit Zehner- oder Hunderterübergang (Moser Opitz, 2013, S. 193). Insgesamt kommt Moser Opitz zu dem Schluss, dass Additions- und Subtraktionsaufgaben im 8. Schuljahr von rechenschwachen Lernenden besser gelöst werden als von rechenschwachen Lernenden im 5. Schuljahr. Ältere rechenschwache Schülerinnen und Schüler scheinen also Additions- und Subtraktionsaufgaben nicht mehr zählend lösen zu müssen. Schwache Fünfklässler hingegen zählen noch, es zeigt sich jedoch kein signifikanter Unterschied zur Vergleichsgruppe im Hinblick auf die korrekte Lösungsquote. Die meisten zählend rechnenden Lernenden fanden sich in der Gruppe der rechenschwachen Lernenden mit schwachen Intelligenzleistungen, wie Moser Opitz (2013, S. 221) über eine Analyse der Strategien heraus fand.

Moser Opitz und Ramseier (2012, S. 109) untersuchten die Strategien, die Mathematikleistung und die Intelligenzwert von Schülerinnen und Schüler des 5. und 6. Schuljahres. Sie konnten beobachten, dass die Schülerinnen und Schüler, die von ihren Lehrkräften als rechenschwach eingeschätzt wurden, deutlich seltener effektive Strategien wie Abrufen, Zerlegen oder Ableiten verwendeten als andere Lernende. Insgesamt zeigte sich, dass die Strategien zu einem ähnlich hohen Anteil mit der Mathematikleistung korrelierten wie die Intelligenz. Moser Opitz und Ramseier kommen somit zu dem Schluss, dass die „Strategieverwendung ein eigenständiger Faktor ist, der [...] wesentlich zu Mathematikleistung beiträgt. Mit der Art der Strategieverwendung dürfte somit auch ein spezifisches Merkmal von Rechenschwäche identifizierbar sein" (2012, S. 110).

Zusammenfassend belegen die Studien die Korrelation zwischen zählendem Rechnen und schwachen Mathematikleistungen. Dieser Zusammenhang zeigt am deutlichsten im Grundschulalter und nimmt dann ab. Es ist also davon auszugehen, dass rechenschwache Kinder im Laufe ihrer Schulzeit alternative Strategien zum zählenden Rechnen ausbilden. Das bedeutet, dass Schülerinnen und Schüler mit Schwierigkeiten beim Mathematiklernen lernen können, Additions- und Subtraktionsaufgaben durch abrufen und ableiten zu lösen. Möglicherweise ist ihre Strategieentwicklung gegenüber anderen Kindern verlangsamt, so dass sie erst im Verlauf der dritten und vierten Grundschulklasse (Gerster & Schultz, 2004) sowie in der Sekundarstufe zählende Strategien zugunsten von Abrufen und Ableiten aufgeben. Dies gilt auch für Kinder, denen ein unterdurchschnittlicher Intelligenzquotient zugesprochen wird. Einerseits ist dies ein erfreulicher Befund, da er aufzeigt, dass zählendes Rechnen überwunden werden kann, andererseits weist die lange Zeit, in der zählendes Rechnen die vorrangige Strategie zu sein scheint, auf die massiven Schwierigkeiten hin, die sich dadurch ergeben können.

Studien, welche die Vorgehensweisen von Kindern mit Förderbedarf im Lernen beim Lösen von Additions- und Subtraktionsaufgaben analysieren, zeigen, dass diese Kinder zu einem hohen Anteil zählende Strategien verwenden. Moog (1993) untersuchte Kinder mit Förderbedarf im Lernen aus dem zweiten und dritten Schuljahr und erhob ihre Strategien beim Lösen von Additionsaufgaben mit der Summe ≤ 10. In der Untersuchung berechnete über die Hälfte der Kinder, welche die Aufgabe erfolgreich mit Material dargestellt hatten, die Lösung anschließend zählend an den Fingern. Insgesamt bestätigt sich auch in der Kohorte der Kinder mit Förderbedarf im Lernen der Zusammenhang zwischen zählenden Strategien und verhältnismäßig schwachen Leistungen im Test. Dass Kinder mit Förderbedarf im Lernen insgesamt häufiger zählende Strategien benutzten als gleichaltrige Schülerinnen und Schüler ohne Förderbedarf zeigen Ergebnisse vielfältiger Studien (Andersson, 2010; Geary, Hoard, Nugent, & Bailey, 2012). Es scheint somit so zu sein, dass Kinder mit über das Fach Mathematik hinausgehenden, umfassenden und schwerwiegenden Schwierigkeiten beim Lernen vergleichbare Strategien benutzen wie Kinder, die ausschließlich oder vor allem beim Mathematiklernen Probleme zeigen. Sie sind in der Lage ebenfalls alternative Vorgehensweise zu entwickeln, wie z. B. in der Studie von Moser Opitz (2013) deutlich wird, in der auch diejenigen rechenschwachen Kinder mit Intelligenzwerten unter dem Durchschnitt alternative Strategien ausbilden. Auch wenn Förderbedarf im Lernen nicht auf den Intelligenzquotienten reduziert werden sollte (Wocken, 2000), geben diese Werte einen Hinweis, dass faktennutzende Strategien sich entwickeln können.

Vergleichende Zusammenfassung

Zwar stimmt es positiv, dass die Kinder mit (mathematischen) Lernschwächen Alternativen zum zählenden Rechnen entwickeln, trotzdem bleibt es problematisch, wie bis zum diesem Zeitpunkt die Anforderungen des Mathematikunterrichts bewältigt werden können. In den Studien wird zwar deutlich, dass Kinder auch mit zählenden Strategien zum Erfolg kommen, doch trifft dies nur für die in den Untersuchungen verwendeten Aufgaben im Zahlenraum bis 100 mit einstelligen Subtrahenden bzw. analogen Aufgaben mit Zehnern (430-70) zu. Bei zweistelligen Subtrahenden oder Aufgaben, die im dritten Schuljahr mit halbschriftlichen Strategien gelöst werden sollen, ist zählendes Rechnen nicht tragfähig und kann, wie aufgezeigt, zu grundlegenden Schwierigkeiten beim Mathematiklernen führen (Kap. 2.2.1).

Zentrale Aufgabe des Mathematikunterrichts muss deshalb von Beginn an sein, einer Verfestigung zählenden Rechnens vorzubeugen und über operative Beziehungen Zugang zu Ableitungs-und Automatisierungsstrategien zu geben. Doch bevor didaktische Konzeptionen zur Ablösung vom zählenden Rechnen erläutert werden, sollen zunächst mögliche Ursachen verfestigt zählenden Rechnens diskutiert werden.

2.2.3 Ursachen verfestigt zählenden Rechnens

Ursachen verfestigt zählenden Rechnens werden in unterschiedlichen Bedingungsfeldern vermutet (Gaidoschik, 2009a; Lorenz, 1996, 2003b, 2003c; Scherer & Moser Opitz, 2010). Zum einen geht es um die Frage, welche Bedingungen oder Voraussetzungen dazu führen, dass Kinder die Ergebnisse von Aufgaben (nicht) faktenmäßig speichern – also die Frage des Einflusses von Vorkenntnissen einerseits und dem Arbeitsgedächtnis anderseits. Zum anderen wird diskutiert, inwieweit der Unterricht die Verfestigung zählenden Rechnens begünstigt, bspw. wenn zu wenig Aktivitäten angeboten werden, die eine Ausbildung von anderen Strategien wie z. B. dem Ableiten initiieren.

Arbeitsgedächtnis

Aus kognitionspsychologischer Sicht wird eine Beeinträchtigung des Arbeitsgedächtnisses als Ursache dafür angenommen, dass Fakten nicht oder nicht ausreichend gespeichert werden und so keine Faktennutzung (Abrufen oder Ableiten) möglich ist. Dabei ist strittig, ob ein generelles Arbeitsgedächtnisdefizit angenommen werden kann oder ob nur einzelne Komponenten beeinträchtigt sind (Moser Opitz, 2013; Ritterfeld et al., 2013). Es scheint jedoch einen Zusammenhang zwischen dem Arbeitsgedächtnis und mathematischen Kompetenzen von Kindern zu geben (Andersson, 2010; den Bos, van der Ven, Kroesbergen, & van Luit, 2013; Grube & Barth, 2004). Dies wird vor allem aus der Tatsache geschlossen, dass Kinder in geringerem Umfang über Faktenwissen verfügen. In einer empirische Studie wiesen Grube und Barth (2004) einen signifikanten Zusammenhang zwischen dem Arbeitsgedächtnis und der Anzahl richtig berechneter Additions- und Subtraktionsaufgaben nach. Sie folgerten daraus, dass der Anteil interindividueller Unterschiede in der Rechenleistung auf das Arbeitsgedächtnis zurückgeführt werden kann.

Studien zum Arbeitsgedächtnis zeigen den sicherlich unstrittigen Zusammenhang zwischen Gedächtnis und Rechnen auf, werden aber außerhalb der Kognitionspsychologie sowohl von der Grundannahmen und den Methoden als auch im Hinblick auf die pädagogischen Konsequenzen kontrovers diskutiert (Freesemann, 2014; Gaidoschik, 2010; Moser Opitz, 2013). Methodisch ist anzumerken, dass in einem Untersuchungssetting, dass ausschließlich nach einem Zusammenhang zwischen Arbeitsgedächtnis und Lösungsquote bei Additions- und Subtraktionsaufgaben fragt, wie in der Studie von Grube und Barth (2004), keine anderen Bedingungsfaktoren für die geringe Rechenleistung der Kinder gefunden werden können. Andere Untersuchungen vergleichen ebenfalls Gruppen von Kindern mit unterschiedlichen mathematischen Kompetenzen. Sie betrachten die Anzahl richtig gelöster Aufgaben in einem vorgegebenen Zeitfenster; z. B. die Wiedergabe einer Zahlenfolge als Indikator für das Arbeitsgedächtnis (Geary, Brown, & Samaranayke, 1991). Aus der Korrelation der Werte wird dann, wie bspw. von Hasselhorn und Kollegen, auf ein Defizit im Arbeitsgedächtnis geschlossen: „Rechenschwache Kinder verfügen offenbar in weitaus geringerem Umfang als ihre Altersgenossen über dieses Faktenwissen [...], was für ein spezifisches Repräsentationsproblem im Langzeitgedächtnis spricht" (Hasselhorn, Mähler, Grube, Büttner, & Gold, 2010, S. 258).

Auch wenn ein Zusammenhang zwischen der Faktennutzung und dem Arbeitsgedächtnis nachweisbar scheint, bleibt die Frage nach den (pädagogischen) Konsequenzen. Aktuell scheint das Modell der „Störung des Arbeitsgedächtnisses" vor allem eine Erklärung für die Schwierigkeiten des Kindes zu liefern, die im Individuum selbst zu finden sind. So gehen Grube und Barth davon aus, dass ein „Großteil der zeitlich überdauernden Schwierigkeiten beim Erwerb der Rechenfertigkeiten nicht auf Umweltmerkmale, sondern auf individuelle kognitive Merkmale des Kindes" (2004, S. 246) zurückgeführt werden können. Dabei steigt die Kapazität des Arbeitsgedächtnisses zwar zwischen sechs und 13 Jahren an (Moser Opitz, 2013, S. 58), ist aber nicht durch Training zu steigern (Gaidoschik, 2010, S. 150). Vor diesem Hintergrund das Arbeitsgedächtnis als (alleinige) Ursache für Schwierigkeiten beim Rechnen zu benennen, ist zumindest pädagogisch fragwürdig, vor allem wenn eine Kompensation durch andere Bereiche wie Vorwissen oder Strategien nicht oder nur teilweise möglich zu sein scheint (Krajewski & Ennemoser, 2010, S. 338). Es führt zu einer isolierten, individuell medizinisch ausgerichteten Ursachenzuschreibung, die veränderbare Bedingungen wie Vorkenntnisse oder Unterricht aus unbedeutend erscheinen lässt. Dass Studien zeigen, dass bei gezielter Förderung sowohl die Automatisierung als auch das Ableiten von Aufgaben gelernt werden kann (vgl. Kap. 2.3; Dowker, 2001, 2008; Grünke, 2006; Kroesbergen & van Luit, 2003), macht die Ursachenzuschreibung zum „untrainierbaren" Arbeitsgedächtnis noch fragwürdiger. Denn auch wenn eine Verfestigung des zählenden Rechnens möglicherweise durch Defizite im Arbeitsgedächtnis beeinflusst wurde, scheint eine Ablösung vom zählenden Rechnen möglich.

Vorkenntnisse

Neben dem Arbeitsgedächtnis als Ursache bzw. Prädiktor für verfestigt zählendes Rechnen werden auch numerische Basisfertigkeiten als zumindest begünstigende Faktoren für eine Entwicklung nicht-zählender Strategien angenommen. So kommen Studien zu dem Schluss, dass numerische Basiskompetenzen wie Zahlen (Gaidoschik, 2010, S. 490; Krajewski & Schneider, 2006), Zahlenkenntnis (Krajewski & Schneider, 2006) sowie die quasi-simultane Anzahlerfassung (Gaidoschik, 2010, S. 490) mit einer höheren Anzahl von Fakten-nutzenden Strategien einhergehen (Gaidoschik, 2010) bzw. eine hohe Varianz der Leistungen am Ende der Grundschulzeit erklären können (Krajewski & Schneider, 2006). Ebenso zeigen leistungsschwächere Kinder bereits im Kindergartenalter geringere Kompetenzen in eben diesen Bereichen (Peter-Koop; Grüßing, Schmitman gen. Pothman, 2008). Zudem scheint die Kompetenz von Kindern im Erkennen von Strukturen mit den Mathematikleistungen zu korrelieren (Lüken, 2012), die ihrerseits wiederum im engen inhaltlichen und empirischen Zusammenhang zu zählendem Rechnen stehen.

Aus pädagogischer Sicht ist bei diesen Befunden zu beachten, dass eine mathematische Förderung der Kinder bereits im frühen Alter zu einer Steigerung der Kompetenzen führt (Clarke, Clarke, Grüßing, & Peter-Koop, 2008; Krajewski, Nieding, & Schneider, 2008; Peter-Koop et al., 2008). Numerische Basisfertigkeiten und die »numerische Bewusstheit« (Probst & Waniek, 2003; Wittmann & Müller, 2009) scheinen somit die benutzten Strategien beim Rechnen zu beeinflussen. Dass hier nicht nur ein statistischer, sondern auch inhaltlicher Zusammenhang besteht, steht außer Frage. Unter »numerischer Bewusstheit« wird das Wissen verstanden, „dass die Zahlen in der Zahlenreihe angeordnet sind und für verschiedene Zwecke benutzt werden können, sowie andererseits die Fähigkeit zur strukturierten Anzahlerfassung, d.h. die Fähigkeit beim Zählen und Rechnen Beziehungen zwischen den einzelnen Zahlen zu erkennen und zu nutzen" (Wittmann & Müller, 2009, S. 14). Die von Wittmann und Müller formulierten Kompetenzen gehen über die in den empirischen Studien identifizierten (Teil)Kompetenzen deutlich hinaus. Zugleich macht die Definition jedoch den engen inhaltlichen Zusammenhang zwischen sogenannten Vorkenntnissen und dem Rechnen unter der Nutzung von Zahlbeziehungen deutlich, welcher in den Studien empirisch gezeigt wurde.

Auch eine Förderung des »Struktursinns« (Lüken, 2010) scheint sich positiv auf die Mathematikleistungen auszuwirken. Auf der Grundlage des Konstrukts des „Erkennens mathematischer Muster und Strukturen" (Awareness of Mathematical Pattern and Structure) entwickelten Mulligan und Mitchelmore ein Förderprogramm mit Fokus auf „unitising and multiplicative structure, simple and complex repetitions, spatial structuring, the spatial properties of congruence and similarity and transformation. Emphasis is also placed on the recognition of similarities and differences and the development of visual memory" (Mulligan, 2011, S. 29). Bei der Förderung wird in einer fünfstufigen Abfolge auf die Bewusstmachung der Strukturen abgezielt. So werden z. B. Muster gelegt, beschrieben, (aus der Erinnerung) gezeichnet und die Kinder zum Verallgemeinern und Vertiefen, z. B. durch Erfinden eigener Muster angeregt. Ergebnisse einer ersten Untersuchung mit Vorschulkindern weisen darauf hin, dass eine Förderung zu einem tieferen Verständnis von Strukturen führen könnte. Allerdings beruht die Einschätzung aktuell auf einer Studie, bei der aufgrund erhobener Rohwerte Vergleiche gezogen wurden (Papic et al., 2011).

Mathematikunterricht

Neben den individuellen Voraussetzungen der Kinder wird die Verwendung der Strategien auch durch den Mathematikunterricht beeinflusst (Lorenz, 2003b). Trotz des inhaltlichen Zusammenhangs zwischen zählendem Rechnen, Zahl- und Operationsvorstellungen und unterrichtlichen Geschehen bleibt bei den deskriptiven Studien (Kap. 2.1.2 & 2.2) weitgehend unklar, was zwischen den Messzeitpunkten im Unterricht geschehen ist. Dabei ist unstrittig, dass der Mathematikunterricht in positiver und negativer Hinsicht Einfluss auf die Kompetenzen der Kinder hat (Lorenz, 2013; Scherer & Moser Opitz, 2010).

Ein Mathematikunterricht, in dem Kinder über einen längeren Zeitraum ermutigt, aufgefordert und durch ungeeignete Aufgabenstellungen dazu gedrängt werden, Additions- und Subtraktionsaufgaben zählend zu lösen, kann nach Einschätzung Gaidoschiks „die Verfestigung zählenden Rechnens (und damit das Entstehen von »Rechenschwäche«) *provozieren"* (2009, S. 172 Hervorhebungen im Original). Baroody und Ginsburg (1986, S. 101) nehmen auch an, dass in einem Unterricht, der mechanisch auf das Auswendiglernen von Aufgaben setzt, Kinder ihre zählenden Vorgehensweisen beibehalten, da diese Strategien für sie bedeutungsvoller sind. Weitere unterrichtliche Faktoren, die eine Verfestigung zählenden Rechnens begünstigen können, sind die ungünstige Verwendung ungünstiger Anschauungsmittel, eine Fokussierung auf (richtige) Ergebnisse und eine Verständnis von Mathematik als Regelwerk, in dem bestimmte Verfahren vorgemacht und ohne tieferes Verständnis nachgeahmt werden (Lorenz, 2003). Wird dies bei auftretenden Schwierigkeiten kombiniert mit einer Didaktik der Isolierung von Schwierigkeiten und einem Vorgehen in kleinsten Schritten kann der Mathematikunterricht Kinder und Eltern in der Sicherheit wiegen, mit ihren (zählenden) Strategien (gut) zurecht zu kommen. Dies kann dazu führen, dass die Notwendigkeit, alternative Strategien zum zählenden Rechnen aufzubauen, nicht erkannt wird, da gerade im kleinen Zahlenraum auch mit zählenden Strategien Aufgaben schnell gelöst werden können.

Auch wenn obiges Vorgehen möglicherweise unterrichtliche Realität ist, entspricht es nicht den Ansprüchen der Fachdidaktik an einen zeitgemäßen Unterricht. Welche Aspekte im Mathematikunterricht umgesetzt werden müssen, damit eine Verfestigung zählender Strategien möglichst vorgebeugt wird, und welche empirischen Studien dazu bereits vorliegen, ist Gegenstand des nächsten Kapitels.

2.3   Ablösung vom zählenden Rechnen

Zur Ablösung vom zählenden Rechnen gibt es eine Reihe fachdidaktischer Überlegungen und einige empirische Studien. Zunächst werden die fachdidaktischen Überlegungen dargestellt, wobei diese immer bereits mit empirischen Belegen gestützt wird werden, soweit welche vorliegen. Die im Anschluss in ihren zentralen Ergebnissen dargestellten Studien sind Interventionsstudien aus dem internationalen Raum, in denen gezielt nicht-zählende Strategien angeregt oder flexible Vorgehensweise gefördert werden sollen.

2.3.1   Fachdidaktische Überlegungen zur Ablösung vom zählenden Rechnen

Wenn verfestigtes zählendes Rechnen wie aufgezeigt mit einseitigen Zahl- und Operationsvorstellungen einhergeht (vgl. 2.2.1), so muss in einem Mathematikunterricht, in dem Kinder Alternativen zum zählenden Rechnen aufbauen sollen, der Aufbau von tragfähigen Zahl- und Operationsvorstellungen im Mittelpunkt stehen.

Zahlvorstellungen

Nur dann, wenn Kinder über tragfähige Zahlvorstellungen verfügen, sind sie in der Lage, aus zentralen Aufgaben verwandte Aufgaben abzuleiten. Um tragfähig zu sein, dürfen Zahlvorstellungen demnach nicht ausschließlich auf einem Zahlaspekt beruhen, sondern mindestens ordinales und kardinales Verständnis umfassen. Insbesondere muss das Verständnis eine Sichtweise von Zahlen als Teile bzw. Zusammensetzungen von quantifizierbaren Mengen umfassen, also ein Verständnis von Zahlen im Sinne des Teile-Ganzes-Konzepts (vgl. 2.1.1). Zahlen sollten relational mit anderen Zahlen in Beziehung stehend gedeutet werden und die Beziehung sollte zunehmend quantifizierbar werden.

Konkret bedeutet dies, dass ein Ziel für zählend rechnende Kinder darin besteht, *Zahlen als strukturierte Anzahlen zu erkennen, zu zerlegen, darzustellen, zu beschreiben und dann quasi-simultan zu erfassen* (Gerster, 1996; Krauthausen, 1995; Scherer, 2009b; Wittmann, 2004, 2011). Die Aufgaben sollten so gestellt sein, dass zählendes Bestimmen der Anzahl möglich ist. Gleichzeitig sollten sie mit Anzahlen arbeiten, die simultan bzw. quasi-simultan erfasst werden können. Eine wichtige Einsicht zum Teile-Ganzes-Konzepts besteht darin, dass die Kinder verstehen, dass ein Ganzes aus verschiedenen Teilen zusammengesetzt werden kann und sich nicht verändert, solange nichts weggenommen und nichts dazugetan wird und dass sich die Veränderung eines Teils auch auf das Ganze auswirkt. Darüber hinaus geht es auch darum, dass die Kinder verstehen, dass Teile gemäß der Konstanz der Summe und der Differenz gegensinnig oder gleichsinnig verändert werden können (Häsel-Weide, Nührenbörger, Moser Opitz, & Wittich, 2014).

Neben diesen Grunderfahrungen muss ein Bewusstsein geschaffen werden für günstige und verlässliche strukturelle Deutungen, so dass zählend rechnende Kinder zentrale Darstellungen einer Menge von fünf oder zehn in strukturierten Anordnungen erkennen und automatisieren (Krauthausen, 1995). Idealerweise geschieht die Darstellung mit dem Zwanzigerfeld oder anderen strukturierten Materialien (Scherer & Moser Opitz, 2010). Von einigen Autoren wird auch die Arbeit mit Fingerbildern vorgeschlagen (Gaidoschik 2009; Meyerhöfer, 2009, Steinweg, 2009), was im Zahlenraum bis zehn vor allem bei Aufgaben zum Zerlegen durchaus sinnvoll erscheint, jedoch darüber hinaus nicht fortsetzbar ist. Deshalb macht das Arbeiten mit Fingerbildern vor allem dann Sinn, wenn es im Kindergarten oder zum Beginn der ersten Schuljahres eingesetzt wird, um das Zahlzerlegungen mit Fingerbildern darzustellen und auch die Ablösung davon produktiv zu begleiten (Meyerhöfer, 2009).

Neben der kardinalen Vorstellung von Zahlen sollten auch, unabhängig von der Anzahlbestimmung, die Kompetenzen im *flexiblen Zählen* gefördert werden (Schmassmann & Moser Opitz, 2007). Diese müssen insbesondere im Bereich des rückwärts Zählens und beim Zählen in Schritten erweitert werden. Dabei geht es zum einen um eine Sicherung der Zählkompetenzen, so dass Fehler beim Abzählen in geringerem Umfang gemacht werden. Zum anderen ermöglicht das (verbale) Zählen in größeren Schritten (Zweier-, Fünfer- und Zehnerschritte) erste Einsichten in Zahlbeziehungen insbesondere in die Fünfer- und Zehnerstruktur des Zahlsystems. Auch bei einer Fokussierung auf den ordinalen Zahlaspekt sollten Zahlen in Beziehung zu anderen Zahlen gesehen werden. Hier können Abstände, Zehnerzahlen und dekadische Analogien als zentrale Strukturen erkannt werden, die später genutzt werden, um nicht-zählend zu rechnen (Häsel-Weide et al., 2014, S. 52; Wittmann, 2011).

Operationsvorstellungen

Neben Zahlvorstellungen benötigen Kinder tragfähige Vorstellungen der Operationen, um das Zählen bzw. Weiter- und Zurückzählen zu Gunsten von Faktenabruf und Ableiten aufgeben zu können. Beide Fakten nutzenden Strategien erfordern eine *Vorstellung von Addition und Subtraktion als Veränderung von Mengen*. In der fachdidaktischen Überzeugung wird das Ergebnis einer Aufgabe nicht dann automatisiert, indem diese möglichst oft (zählend) gelöst wird, sondern es wird davon ausgegangen, dass Kinder „aus konkreten Darstellungen oder Handlungen an geeigneten Veranschaulichungsmitteln gedankliche Repräsentationen von Zahlen, Operationen und Strategien entwickeln" (Wartha 2011, S. 10). Dabei muss sich die Aufmerksamkeit des Kindes auf die Veränderung der Mengen richten. Nur durch eine mentale Konstruktion wird eine Beziehung zwischen den mathematischen Aspekten (z. B. Anzahlen) zu Beginn und zum Ende einer Handlung im Sinne einer Zuordnung hergestellt (Dörfler, 1986).

> Damit es im kindlichen Denken zu den mathematischen Objekten kommt, bedarf es der Aufmerksamkeitsfokussierung auf die Zahlzusammenhänge, die sich während der Handlung verändern. Aus diesem Grund ist für die Ausbildung von geeigneten arithmetischen Vorstellungen nicht die Handlung mit dem Veranschaulichungsmittel selbst so wesentlich, sondern […] das Nachdenken darüber (Lorenz, 2013, S. 190)

Um also eine Vorstellung von Operationen zu entwickeln, ist es wichtig, nicht nur mit dem Material zu handeln, sondern durch geeignete didaktische Maßnahmen dafür zu sorgen, dass Kinder ihre Aufmerksamkeit auf die Veränderung richten (Schipper, 2007). Wartha und Schulz (2011) formulieren dazu ein didaktisches Stufenmodell, in dem in vier Stufen die Handlung zunächst ausgeführt (1), diese dann beim Ausführen sprachlich begleitet (2), in der dritten Stufe ohne Sicht auf das Material beschrieben (3) und schließlich rein sprachlich gefasst werden kann (4). In diesem Modell finden sich in die Phasen des Verinnerlichungsprozesses von Galperin (1979), der das Lernen allgemein als in Phasen verlaufenden Prozess mit zunehmender Verinnerlichung durch Versprachlichung beschreibt.

Um zählend rechnende Kinder bei der die Aufmerksamkeitsfokussierung auf das sich Verändernde und die auf die Verinnerlichung der Handlung der zu unterstützen, sollte bei den Handlungen nicht mit einzelnen Mengen hantiert werden. Beim Subtrahieren sollten bspw. die Plättchen nicht einzelnen, eines nach dem anderen, weggenommen werden, sondern es muss eine Form der Ausführung und auch Darstellung gefunden werden, die die Veränderung als Gesamtmenge dargestellt. Bei der Subtraktion eignet sich hier das Abdecken mit einer durchsichtigen Folie ((Häsel-Weide et al., 2014), vgl. auch Schütte, 2004; Wittmann & Müller, 2012). Ähnliches gilt für die Addition. Sowohl beim Zusammenfügen vor allem aber beim Hinzufügen einer Menge zu einer anderen sollten nicht sukzessive Einzelelemente hinzugefügt werden, sondern die hinzukommenden Menge als Ganzes. Dies unterstützt zum einen die Vorstellung der Operation und verhindert dass zwar mathematische korrekt Additionen von +1 ausgeführt werden, sich aber andere einfache Rechnung nicht als Stützpunkte ausbilden können (Wittmann, 2011).

Letztlich bleibt es aber ein konstruktiver Akt der Kinder, in die konkreten Objekte die Operationen hineinzusehen. Die mathematischen Operationen sind ebenso wenig wie mathematische Begriffe empirisch greifbar und sichtbar (Steinbring, 2005), sondern müssen von jedem Individuum in die vorgegebenen Zeichen hineingedeutet werden. Hierbei ist zentral, dass die Kinder lernen, Vorstellungen von einer Repräsentationsebene auf die andere zu übertragen bzw. Passungen zwischen *Vorstellungen in unterschiedlichen Repräsentationsmodi* zu konstruieren. Ein voll entwickeltes Operationsverständnis besteht nach Gerster

(2013, S. 209) in der Fähigkeit, „Verbindungen herstellen zu können zwischen [1] möglichst realen, vorgestellten oder verbal beschriebenen konkreten Sachsituationen, [2] modell- oder bildhaften Darstellungen der zugrunde liegenden Quantitäten und Beziehungen [und] [3] symbolischen Schreibweisen für die zugehörigen Quantitäten und Rechenoperationen, meist in Form von Gleichungen".

Geeignete Aktivitäten zu Zahl- und Operationsvorstellungen sind die Grundlage dafür, dass Kinder *Kernaufgaben* wie Verdopplungsaufgaben, Aufgaben mit einem Summanden null oder eins (Gerster, 2013) *als »einfach« erkennen* können. In der Darstellung einer Verdopplungsaufgabe muss zweimal die gleiche Anzahl von Elementen gesehen werden. Ebenso müssen eine Darstellung im Zwanziger- oder Hunderterpunktfeld quasi-simultan als Gesamtes erkannt und gedanklich in zwei Teilmengen (z. B. Zehner und Einer) zerlegt werden können. Wenn dann noch vorstellbar ist, dass die Zehner oder die Einer abgedeckt werden und die Differenz abgelesen werden kann, sind die Voraussetzungen gelegt, dass die Aufgaben als „einfache" Kernaufgaben erkannt werden. Die Aktivitäten sollten daher immer auch auf die Bewusstheit der Struktur zielen.

Letztlich muss es Ziel des Mathematikunterrichts sein, dass diese Aktivitäten darin münden, dass Kinder *Kernaufgaben der Addition und Subtraktion automatisieren* und diese abrufen können (Wittmann & Müller, 2012). Denn an der beschriebenen Aktivitäten zum Darstellung und Vorstellen von Zahlen und Operationen schließen sich Übung zum Blitzsehen bzw. Blitzrechnen (Wittmann & Müller, 2006; Gerster, 2009) an, die eine Automatisierung der erarbeiteten Strukturen, Zahlen und Aufgaben zum Ziel haben.

Rechnen mit Beziehungen

Um Kinder zum Rechnen mit Beziehungen, also zum Ableiten des Ergebnisses einer Aufgabe aus einer bereits gelösten oder automatisierten Aufgabe anzuregen, muss diese, für verfestigt zählende Kinder herausfordernde und anstrengende, Strategie Vorteile mit sich bringen. Dies kann der Fall sein, wenn die Aufgaben herausfordernd sind in dem Sinne, dass „die vertrauten Strategien versagen oder zumindest beschwerlich werden" (Gaidoschik, 2009, S. 73). Das heißt, dass Kinder mit Aufgaben konfrontiert werden müssen, bei denen der Vorteil des Ableitens gegenüber den zählenden Strategien deutlich wird. Dazu sind mehrere Vorgehensweisen denkbar (Gerster, 2013, Krauthausen & Scherer, 2007).

a) Systematisches Erarbeiten der Ableitungsstrategien
b) Anbieten herausfordernder Aufgaben, dazu unterschiedliche Strategien anbieten und reflektieren
c) Ableiten im Sinne des Nutzens operativer Strukturen

a) Das direkte Anleiten von Ableitungsstrategien findet sich in Aufträgen wie „vom leichten zum schweren" (Wittmann & Müller 2012, S. 55; Gerster 2009, Krauthausen, 2005; Schütte 2008). Kinder werden hier angeregt, über den direkten Vergleich von Aufgaben oder über eine Veränderung der Aufgabendarstellung Ergebnisse schwieriger Aufgaben aus Ergebnissen von Kernaufgaben abzuleiten. Gelingt es, die Beziehung zwischen Aufgaben in den Mittelpunkt zu stellen und nicht einen Algorithmus zu lehren, könnte ein direktes Thematisieren von geeigneten Ableitungsstrategien für zählend rechnende Kinder eine Hilfe sein, Ableitung nicht als Überforderung wahrzunehmen, sondern auf dieser Weise eine Grundeinsicht in die Beziehung aufzubauen (Gaidoschik, 2009). Eine Gefahr besteht jedoch darin, dass die Anleitung zur Ableitung zu einem Algorithmus wird, der ohne Verständnis mechanisch ausgeführt wird.

b) Das Anbieten herausfordernder Aufgaben wird dann fruchtbar, wenn zumindest ein Teil der Kinder über alternative Strategien zum zählenden Rechnen verfügt. Kinder, die bereits Zahleigenschaften und Zahlbeziehungen beim Lösen von Aufgaben nutzen um bspw. eine Zahl geschickt zu zerlegen oder Beziehungen zwischen Aufgaben herzustellen, können diese beim Austausch über die verwendeten Strategien einbringen. Ähnlich dem systematischen Erarbeiten der Ableitungsstrategien müssen diese dann erläutert, am Material konkretisiert und für alle Kinder verbindlich bei vergleichbaren Aufgaben erprobt werden. Als Anlass steht jedoch eine von einem Kind eingebrachte Strategie und nicht die didaktische Setzung der Lehrkraft. Dies hat Vor- und Nachteile. Auf der einen Seite kann das Interesse am Lösungsprozess eines anderen Kindes motivieren, auf der anderen Seite können sich Kinder mit anderen Strategien zurückgesetzt und demotiviert fühlen, da ihre Vorgehensweise nicht in gleicher Art und Weise besprochen wird, auch wenn sie mit viel Anstrengung zum richtigen Ergebnis gelangt sind.

c) Operative Päckchen bzw. Aufgabenpaare sollen über die zugrunde liegende operative Struktur die Kinder zum Nutzen dieser Struktur anregen (Steinweg 2001). Ein typisches Beispiel sind „Schöne Päckchen", bei denen einer oder beide Summanden, bzw. Minuend und/oder Subtrahend, auf eine konstante Art verändert werden (z. B. $13 - 3$, $13 - 4$, $13 - 5$, $13 - 6$). Durch das Erkennen der Zahlbeziehung in der die Minuenden bzw. die Subtrahenden der Aufgaben stehen und unter Beachtung der Veränderung durch die Operation können die Differenzen der einzelnen Aufgaben aus den Ergebnissen der anderen Aufgabe abgeleitet werden.

Dies erfordert jedoch als erstes, dass Kinder das Muster wahrnehmen und die innewohnende Struktur erkennen. Dies gelingt mit zunehmendem Alter und zunehmender Rechenkompetenz besser, da ältere und leistungsstärkere Kinder in größerem Maße in der Lage sind, unterschiedliche auftretende Strukturen eines Muster zu erfassen und bei der Fortsetzung von Mustern zu nutzen (Steinweg, 2001). Auch hier zeigt sich der Einfluss des Mathematikunterrichts:

Kinder im dritten und vierten Schuljahr erkennen und beschreiben nach der unterrichtlichen Thematisierung eines mathematischen Musters, wie z. B. einem »Schönen Päckchen«, die dieses Muster konstruierenden Strukturen quantitativ und qualitativ besser (Link, 2012). Das Erkennen von Mustern in operativen Päckchen kann und muss somit gelernt werden.

Gaidoschik untersuchte im Rahmen seiner Studie als sogenannte Zusatzaufgaben auch das Erkennen von Strukturen in „Schönen Päckchen". Mitte des ersten Schuljahres zeigte ein Großteil der Kinder Schwierigkeiten die operativen Zusammenhänge zu beschreiben, auch wenn sie es korrekt fortsetzen konnten. Das Beschreiben von Strukturen scheint somit schwieriger als das Fortsetzen derselben. Gaidoschik selbst vermutet, dass die Schwierigkeiten der Kinder beim Beschreiben auf Defizite in der Verbalisierungsfähigkeit zurückgeführt werden können (2010, S. 371). Möglich scheint jedoch auch, dass sich gerade im Verbalisieren zeigt, inwiefern die Beziehungen im Muster verstanden und bewusst genutzt werden oder es sich eher um eine intuitive Form des Ableiten unter Nutzen von Zahlbeziehungen handelt (vgl. 2.1.2). Mit dieser kommen die Kinder zwar zum richtigen Ergebnis; sie scheint aber noch wenig belastbar. Dies kann allein über die Aufforderung „Erklär mir das ein bisschen" (Gaidoschik, 2010, S. 370) nicht herausgefunden werden. Zudem zeigt die Studie, dass die prinzipielle Fähigkeit zum Erkennen von Strukturen nicht dazu zu führen scheint, dass diese immer auch genutzt werden. Ebenso können Strukturen in Kontexten genutzt werden, ohne dass Kinder diese in anderen Aufgabenzusammenhängen klar verbalisieren können. Die von Link (2012) beschriebenen musterspezifischen Phänomene des Erkennens der Strukturen zwischen verschiedenen Aufgabenformaten werden hier auch bereits zwischen unterschiedlichen operativen Serien sichtbar (Gaidoschik, 2010, S. 372).

Jeder der aufgezeigten Wege zur Anbahnung von Ableitungsstrategien hat Vorteile aber auch Hürden, die überwunden werden müssen. Deshalb geht es nicht darum, sich exklusiv für einen Weg zu entscheiden, sondern alle Möglichkeiten in geeigneter Form zu nutzen, um zählend rechnenden Kindern beim Nutzen von Beziehungen zu unterstützen.

Für alle hier darlegten mathematikdidaktischen Überlegungen gilt: Es sind weder „besondere" Ziele, noch „besondere" Inhalte oder „besondere" Methoden. Sie sprechen die Grundkompetenzen und Unterrichtsprinzipien an, die im Verlauf der ersten Grundschuljahre von allen Kindern gelernt werden müssen. Doch zählend rechnende Kinder haben diese nicht oder nicht im ausreichenden Maße erworben. Eine Förderung mit dem Ziel der Ablösung vom zählenden Rechnen muss deshalb auf die Grundlegung genau der Elemente und Fertigkeiten abzielen, auf die es entscheidend ankommt (Wittmann, 2001), also auf das *Erkennen und Nutzen von Strukturen* (Häsel-Weide, 2013). Dazu reicht eine reine Wiederholung des Unterrichts, in dem die Kinder ihre zählenden Strate-

gien verfestigt haben, nicht aus, weil „erfolgloser Unterricht [...] durch Wiederholung nicht erfolgreich [wird]" (Lorenz 2003, 100). Die Förderung muss ge-
zielt(er) die grundlegenden mathematischen Strukturen ansprechen.

2.3.2 Empirische Erkenntnisse mit Bezug auf die Ablösung vom (verfestigten) zählenden Rechnen

Zielt der Mathematikunterricht insbesondere auf die Beschäftigung mit mathematischen Strukturen ab, so scheint dies auch zu einem stärkeren Erkennen und
Nutzen von Strukturen zu führen. Studien auf unterschiedlichen Richtungen
zeigten die Bedeutung des Erkennens von Strukturen für mathematisches Lernen. Mulligan und Mitchelmore gehen von einem Zusammenhang zwischen
arithmetischen Kompetenzen und der Fähigkeit Strukturen in Darstellungen und
Folgen zu sehen aus (Papic, Mulligan & Mitchelmore, 2011 vgl. auch Lüken
2012, Söbbeke, 2005). Während diese Studien mathematische Strukturen
schwerpunktmäßig in Bezug auf Darstellungen untersuchen, legen Link (2012)
und Steinweg (2001) den Fokus auf arithmetische Muster, wie operative Reihen,
und kommen zu dem Schluss, dass Kinder mit zunehmendem Alter und zunehmender Rechenkompetenz besser in der Lage sind, auftretende unterschiedliche Strukturen eines Muster zu erfassen und bei der Fortsetzung von Mustern
zu nutzen (Steinweg, 2001). Link (2012) zeigt, dass nach der unterrichtlichen
Thematisierung eines mathematischen Musters wie, z. B. eines »Schönen Päck-
chens«, Kinder im dritten und vierten Schuljahr quantitativ und qualitativ besser
die das Muster konstituierenden Strukturen erkennen.

Dass dieses Sehen arithmetischer Strukturen gefördert werden kann, zeigt
Rathgeb-Schnierer (2010) in einer qualitativen Unterrichtsstudie mit zwanzig
Kindern, die über ein halbes Jahr einen auf Strukturen ausgerichteten Mathematikunterricht erhalten haben. Zentrales Ergebnis der Studie ist, dass die Kinder,
eine Entwicklung im Lösungsverhalten hin zum Nutzen von Strukturen nehmen.
Eine aufgabenadäquate, nicht zählende Strategie wurde auch von den leistungsschwachen Kindern der Klasse entwickelt. Zu ähnlichen Erkenntnissen kommt
Rechtsteiner-Merz (2014), die Kinder einer ersten Klasse über den Zeitraum von
einem halben Jahr in Hinblick auf den sogenannten „Zahlenblick" förderte. Bei
dieser Förderung stehen „Tätigkeiten des Sehens, Sortierens oder Strukturierens
im Vordergrund" (Rechtsteiner-Merz, 2014, S. 104), die mit dem Ziel durchgeführt werden, Kinder zum Erkennen und Nutzen von Zahlbeziehungen beim
Rechnen zu befähigen (Schütte, 2008). Rechtsteiner-Merz kommt in ihrer Untersuchung zu dem Ergebnis (2014, S. 292, Hervorhebungen im Original):
„Kinder [hingegen], die zunächst Schwierigkeiten beim Rechenlernen zeigten
und mit Aktivitäten zur Zahlenblickschulung arbeiteten, lösten sich vom Zählen
ab *und* entwickelten mehrheitlich flexible Rechenkompetenzen".

Thornton wies bereits 1990 in einer Interventionsstudie nach, dass durch
einen Mathematikunterricht, der auf das Lernen von Strategien ausgerichtet ist,

weniger Kinder bei der Lösung von Subtraktionsaufgaben zählend rechneten als in der Kontrollgruppe mit herkömmlichem Mathematikunterricht. Auch Moser Opitz (2008) zeigte, dass in einer Untersuchungsgruppe, in der mit strukturierten Mengenbildern gearbeitet wurde, signifikant weniger häufig Abzählstrategien zum Lösen von Additions- und Subtraktionsaufgaben verwendet wurden als in der Kontrollgruppe, in der diese Bilder nicht verwendet wurden. Ein gezielter Unterricht scheint demnach zu einem verstärkten Nutzen von nichtzählenden Strategien zu führen.

Auch wenn alle diese Studien aus der Mathematikdidaktik nicht schwerpunktmäßig die Ablösung vom zählenden Rechnen als Ziel haben, geben sie doch Hinweise darauf, dass eine Förderung in Bezug auf mathematische Strukturen eine zunehmende Bewusstheit für mathematische Strukturen erzielen kann. Diese würde dann auch eine Ablösung vom zählenden Strategien ermöglichen.

In ähnlicher Weise geben Studien aus der Psychologie Hinweise, dass eine Förderung von Kindern mit mathematischen Lernschwächen zu verbesserten Kompetenzen führen kann (für einen Überblick vgl. Sinner, 2011). Die Wirksamkeit von Interventionen mit mathematischem Inhalt kann in Einzeltrainings nachgewiesen werden (Dowker, 2001; Moog & Schulz, 1997). Die Interventionsstudie von Dowker (2001) mit sechs- und siebenjährigen Kindern mit Schwierigkeiten in Mathematik zeigte beispielsweise signifikante Effekte einer Förderung, in der Kinder über einen Zeitraum von 30 Wochen eine halbstündige Einzelförderung u. a. zum Zählen, Ableiten von Aufgaben und zur Automatisierung erhielten. Auch die Studie von Bryant und Kollegen zeigt bei einer Förderung über einen Zeitraum von 18 Wochen verbesserte mathematische Kompetenzen bei Zweitklässlern (Bryant, Bryant, Gersten, Scammacca, & Chavez, 2008) bei einer Förderung in kleinen Gruppen. Die inhaltlichen Schwerpunkte lagen auf dem Zählen, dem Vergleich von Zahlen, Bündeln zur Basis zehn sowie Additions- und Subtraktionsaufgaben (Faktennutzung, Ableitungsstrategien). Fuchs zeigte ebenfalls Erfolge bei Zweitklässlern in einer Förderung in Zweierbzw. Dreiergruppen (Fuchs et al., 2005). Die Inhalte waren ähnlichen, jedoch zumindest bei Additions- und Subtraktionsaufgaben beschränkt auf den Zahlenraum bis 10 (Fuchs et al., 2005, S. 499). Bei all diesen Studien liegen keine Angaben zu den genauen Aufgabenstellungen oder zur Gewichtung der Inhalte vor. Ebenso liegt der Schwerpunkt der Untersuchung auf einer Steigerung der mathematischen Kompetenzen insgesamt und nicht auf der Ablösung vom zählenden Rechnen im Speziellen.

Vergleichende Zusammenfassung

Die referierten Studien geben aus unterschiedlichen Richtungen Hinweise, dass das Erkennen und Nutzen von Strukturen bei zählend rechnenden Kindern im Mathematikunterricht gefördert werden kann. Im Moment ist noch wenig darüber bekannt, wie zählend rechnende Kinder mathematische Muster und ihre Strukturen im Detail erkennen. Zudem wurde bisher noch nicht gezeigt, ob und wie durch eine explizite Thematisierung dieser Strukturen im Unterricht eine Ablösung vom verfestigten zählenden Rechnen angeregt werden kann. Dies betrifft sowohl den Aufbau von Zahl- und Operationsvorstellung als auch das Rechnen mit Beziehungen. Hier zeigen zwar Interventionsstudien eine Erhöhung der Strategien, jedoch ohne die unterrichtlichen Anregungen offen zu legen. Aufgrund dessen gibt es kaum detaillierte empirische Erkenntnisse, wie verfestigt zählend rechende Kinder mit Anregungen zum Ableiten umgehen und inwiefern diese aufgegriffen werden. Anknüpfend an die ermutigenden Hinweise aus den referierten Studien ist deshalb zu untersuchen, inwiefern verfestigt zählend rechnende Kinder von einem struktur-fokussierenden Unterricht profitieren.

3 Kooperation und Interaktion im Mathematikunterricht

Mathematisches Wissen entsteht und entwickelt sich in der Interaktion mit anderen (Steinbring, 2000a, 2000b). Zwar sind Lernprozesse individuell, aber immer in sozial-interaktive Prozesse eingebunden (Bartnitzky, 2012, S. 33). Die Interaktion und Kommunikation der Kinder spielt bei der Konstruktion neuen Wissens eine entscheidende Rolle (Steinbring, 2000b). Entsprechend ist es Aufgabe des Unterrichts die Interaktionen der Kinder aufzugreifen und zu stärken. Im Lehrplan für die Grundschule in Nordrhein-Westfalen (2008, S. 14) ist als Aufgabe lernförderlichen Unterrichts die Förderung der Bereitschaft und der Fähigkeit mit anderen zusammenzuarbeiten formuliert.

Kooperatives Lernen hat sich in den letzten Jahren als eine Form der Zusammenarbeit auch im Mathematikunterricht etabliert. Im Folgenden wird erläutert, was unter kooperativem (mathematischen) Lernen zu verstehen ist und welche empirischen Erkenntnisse zu diesem Konzept vorliegen (Kap. 3.1). Besonderes Augenmerk liegt dabei auf den Interaktionsprozessen zwischen den Schülerinnen und Schülern einerseits (Kap 3.2) und der Rolle der Lehrkraft anderseits (Kap. 3.3)

3.1 Kooperatives (mathematisches) Lernen

Der Begriff des „Kooperativen Lernens" wird in der Wissenschaft und in der Schule unterschiedlich verwendet (Krämer-Kilic, 2001). Die Spanne der Definition geht von einem Verständnis, dass von Kooperation als „jede Art von aufgabenbezogener Interaktion" (Naujok, 2000) zu einem Verständnis von kooperativen Lernen, zu dem ein elaboriertes Methodenrepertoire zur Strukturierung der Gruppen- und Arbeitsprozesse ebenso gehört wie eine Feedback-Kultur (Green & Green, 2007). Zu den Grundgedanken des kooperativen Lernens im zuletzt genannten formellen Sinne (Johnson, Johnson, & Holubec, 2005) gehört, „dass die Beteiligten in einem von vornherein methodisch strukturierten Prozess so miteinander und voneinander lernen, dass jede und jeder sich einbringen kann, niemand ausgegrenzt wird und alle für den Prozess wie für das Ergebnis Verantwortung übernehmen" (Green & Green, 2007, S. 19). Kooperatives Lernen im formellen Sinne ist eine Reaktion darauf, dass informelles kooperatives Lernen, wie spontane, ungeplante Gruppenarbeit, weder zu günstigen Lernergebnissen führt, noch soziales Lernen fördert (Wellenreuther, 2009, S. 203). Neben umfassenden Konzeptionen (Green & Green, 2007; Johnson et al., 2005) sind neue, stärker strukturiertere Formen der Partner- und Gruppenarbeit entwickelt worden, die empirisch gut erforscht sind. Dazu gehören die Gruppenralley (STAD Student Team Achievement Division), das Gruppenpuzzle, der Kleingruppenunterricht mit Teamunterstützung (TAI Team Assisted Individualisation) und die Tutorenarbeit. Empirische Untersuchungen zum formellen kooperativen Lernen zeigen positive Effekte insbesondere für schwächere Schülerinnen und Schüler sowie positive Auswirkungen auf das Selbstkonzept und das soziale Verhalten der Kinder (Gillies & Ashman, 2000; Ginsburg-Block, Rohrbeck, & Fantuzzo, 2006; Johnson, Johnson, & Stanne, 2000; Slavin, 1996; Slavin, Madden, & Leavey, 1984).

Für den Einsatz kooperativer Lernformen im *Mathematikunterricht* sind die Befunde der Wirksamkeit nicht so eindeutig. Webb (1989) betrachtet allerdings in ihrer Meta-Analyse kooperatives Lernen im informellen Sinne. In den berücksichtigten Studien wird erwartet, dass die Lernenden sich beim Lernen unterstützen und dies aufgrund der unterschiedlichen Lernvoraussetzungen produktiv wirken kann: „Althougt student may have different abilities and background experiences, they are not given specific roles, such as the tutors and tutees in peer tutoring, nor are students given information not shared by their team-mates, such as in some cooperative learning methods" (Webb, 1989, S. 22). Webbs will deshalb weniger die Überlegenheit von Kooperation gegenüber individuellem Lernen aufzeigen, sondern herauszustellen, welche Faktoren die Interaktion in der Kooperation beeinflussen. Die Ergebnisse zeigen, dass die Kompetenzen der Kinder in der Gruppe, die Zusammensetzung der Gruppe und die komplexe Interaktion zwischen den Gruppenmitgliedern wichtige Faktoren zu sein scheinen (Webb, 1989, S. 35). Webb betont, dass das Lernen einzelner nicht außerhalb der Lern- und Interaktionsprozesse in der Gruppe verstanden werden kann. Der Erfolg kooperativen Lernens im Mathematikunterricht scheint somit davon abzuhängen, wie das kooperative Setting gestaltet ist und wie die Interaktion der teilnehmenden Kinder verläuft. Dieser Aussage ist umso mehr zuzustimmen, berücksichtigt man, dass den Lernenden beim informellen kooperativen Lernen keine methodischen Hinweise zur Arbeit gegeben werden. Die Analyse Webb bestätigt die Bedeutung formeller, methodischer Umsetzungshinweise, damit kooperatives Lernen im Mathematikunterricht wirksam werden kann.

Boaler zeigte die Wirksamkeit eines offenen, kooperativen Mathematikunterrichts (Boaler, 2002, S. 50ff) in mehreren Studien mit Schülerinnen und Schüler der High-School. Verglichen wurde Kompetenzen und Einstellungen von Lernenden, die einen verständnisorientierten, offenen und kooperativ ausgerichteten Mathematikunterricht erhalten hatten und denen ein hoher Anteil der Zeit für kooperatives Lernen in der Gruppe zur Verfügung gestellt wurde, mit Kompetenzen und Einstellungen von Lernende aus Schulen, die traditionell arbeiteten, also mit hohem Anteil an Erklärungen durch die Lehrperson und Einzelarbeit (Boaler, 2002). Die unterschiedliche Art und Weise des Mathematiklernens führt zu unterschiedlichen Kompetenzen der Lernenden. Die Schülerinnen und Schüler der High-School mit hohen kooperativen Anteilen zeigten, dass sie flexibel und an die jeweilige Situation angepasst ihre Kompetenzen einbringen konnten, „because they understood enough about the methods they were using to utilize them in different situations (Boaler, 2002, S. 104). Die Lernenden aus dem traditionellen Setting entwickelten ein breites Wissen an Fakten, Regeln und Verfahren, hatten aber Schwierigkeiten sich über einen längeren Zeitraum daran zu erinnern und „did not know enough about the different methods to base decisions on when or how to use or adapt them" (Boaler, 2002, S. 104). In einer weiteren Studie in den USA konnten die Ergebnisse bestätigt werden (Boaler, 2008). Den Schwerpunkt legte Boaler hier auf die Interaktion der Lernenden und stellte als wichtige Elemente heraus, dass die Schülerinnen und Schüler lernten, sich untereinander offene, erkundende Fragen zu stellen, ihre Ideen auf unterschiedliche Weise darzustellen und Verbindungen herzustellen (Boaler, 2008, S. 25). Auch hier wird deutlich, dass die Art und Weise der Interaktion in der Kooperation entscheidend für die Wirksamkeit zu sein scheint.

Kooperatives Lernen im formellen Sinne wurde von Tarim und Akdeniz (2008) im Mathematikunterricht untersucht. Dabei verglichen sie einerseits die Wirksamkeit der kooperativen Methoden »Gruppenralley« und »Kleingruppenarbeit mit Teamunterstützung« und andererseits diese Methoden mit dem regulären Mathematikunterricht im vierten Schuljahr. Dabei zeigte sich für beide kooperative Methoden im Hinblick auf die mathematischen Leistungen im Nachtest ein signifikanter Unterschied gegenüber der Kontrollgruppe, die auf übliche Art und Weise arbeitete. Im Vergleich der kooperativen Methoden zeigte sich die Kleingruppenarbeit mit Teamunterstützung (TAI) gegenüber der Gruppenralley (STAD) überlegen. Tarim und Akdeniz erklären die besondere Effektivität von TAI damit, dass bei dieser Methode zunächst eine individuelle Auseinandersetzung stattfindet, bevor die Schülerinnen und Schüler sich miteinander austauschen und sich gegenseitig kontrollieren. „TAI could be more successful because it includes a two-stage control process and it also combines group work and individuality" (Tarim & Akdenzi, 2008, S. 87). In einer Studie mit Vorschulkindern (Tarim, 2009), in der neben der inhaltlichen Aufgabenbearbeitung auch soziale Kompetenzen gefördert wurden, zeigte sich ebenfalls die Wirksamkeit kooperativen Lernens.

In Bezug auf Kinder mit *Förderbedarf im Lernen* analysierten Gersten und Kollegen in einer Metaanalyse u. a. Interventionsstudien im Fach Mathematik bei Kindern mit diagnostizierten „learning disabilities" (Gersten et al., 2009). Unter anderem untersuchten sie den Einfluss des „peer assisted learning" – einer Form kooperativen Lernens, in der ein schwächeres mit einem leistungsstärken Kind (ggf. aus einer höheren Klasse) zusammenarbeitet. Das leistungsstärkere Kind hat hier (z. T. festgelegt) die Rolle des Tutors, d. h. es fungiert als Vorbild (beim Lösen von Aufgaben), Helfer und Kontrollinstanz. Die Metaanalyse zeigte keine signifikanten Effekte dieser Lernform im Hinblick auf die Förderung von Kindern mit Förderbedarf im Lernen. Allerdings schränken Gersten u. a. (2009) die Aussagekraft dahingehend ein, dass ihnen kaum Angaben über Art und Umfang der Vorbereitung der Tutoren vorlagen. In manchen Studien werden die Tutoren auf ihrer Rolle vorbereitet, was die Wirksamkeit der Programme erhöht (Wellenreuther, 2009). Dabei bestätigen die Ergebnisse die Befunde der Metaanalyse von Kroesbergen und van Luit (2003). Die Autoren betrachteten ebenfalls mathematische Interventionstudien mit Kindern mit Förderbedarf und bewerten die Effektivität von Interventionen. Sie kommen zu dem Ergebnis, „that interventions using peer tutoring are less effective than those not using this method" (Kroesbergen & van Luit, 2003, S. 110). Während Kroesbergen und van Luit folgern, dass kooperative Lernformen nicht die Instruktion einer Lehrkraft ersetzen, suchen Gersten u. a. nach einer Erklärung für die „fehlende Effektivität" und sehen Gründe für den Erfolg bzw. Misserfolg kooperativer Lernformen in der Art und Weise wie dort Kommunikation stattgefunden hat: „We believe it is the use of mathematical language that may explain why in some cases peer-tutoring acitivities can be succesful" (Gersten et al., 2009, S. 1232)

Gersten und Kollegen kommen also wie Webb (1989) zu dem Schluss, dass die Kommunikation innerhalb von kooperativen Lernformen im Mathematikunterricht möglicherweise einen entscheidenden Beitrag zur Effektivität beitragen kann. Gersten u. a. (2009) stützen diese Vermutung vor allem auch darauf, dass in ihrer Metaanalyse die Interventionen besonders erfolgreich waren, die Schülerinnen und Schüler anregten, ihre Gedanken zu verbalisieren, und mutmaßen, dass Verbalisieren helfen kann Fähigkeiten und Vorgehensweisen zu verankern (S. 1230). Dies bedeutet gerade mit Blick auf lernschwache Schülerinnen und Schüler, die sich möglicherweise in informellen kooperativen Situationen nicht so stark einbringen, dass formelle kooperative Lernformen im Mathematikunterricht ihnen die Möglichkeit geben würden, mehr zu verbalisieren. Es ist zu vermuten und zu untersuchen, ob auf diese Weise eine Steigerung auch der mathematischen Kompetenzen erreicht werden kann.

3.2 Interaktion in kooperativen, mathematischen Lernprozessen

Die Analyse der Studien zur Kooperation hat gezeigt, dass die *Art und Weise der Interaktion* in der Kooperation zentral für ein Gelingen ist. Hierzu gibt es eine Vielzahl von theoretischen Überlegungen und empirischen Untersuchung mit unterschiedlichen Schwerpunkten. Im Folgenden werden deshalb nur die Überlegungen und Untersuchungen betrachtet, die Interaktionen der Schülerinnen und Schüler in kooperativen Lernprozessen in den Blick nehmen. Interaktion wird dabei verstanden als wechselseitig-soziale Einwirkung, „in der die an der

Interaktion Beteiligten während der Bearbeitung einer Aufgabenstellung Sinn-
deutungen über mathematische Ereignisse kommunizieren und koordinieren
oder aber auf den anderen abzustimmen versuchen" (Steinbring &
Nührenbörger, 2010, S. 170).

3.2.1 Interaktionsformen in kooperativ geprägten mathematischen Lernsituationen

Wie Grundschulkinder miteinander interagieren, wurde in zahlreichen Studien
mit unterschiedlichen Schwerpunkten untersucht. In einer der ersten deutschsprachigen Studien entwickelte und erprobte Röhr (1995) Lernumgebungen für
kooperative mathematische Lernprozesse. Während in vielen Studien zum kooperativen Lernen die Methode im Mittelpunkt steht und (mathematische) Inhalte passend dazu gewählt werden, stellte Röhr (1995) die fachdidaktische Analyse der mathematischen Lernumgebungen in den Mittelpunkt. Die ausgewählten
Lernumgebungen wurden zunächst darauf analysiert, inwieweit sie Kriterien für
kooperationsfördernde, mathematische Aufgabe genügten. Dazu zählte z. B. die
Ermöglichung aktiv-entdeckenden Lernens und mehrerer Lösungswege, Bezie-
hungsreichtum und Komplexität (Röhr, 1995, S. 76). Die Lernumgebungen
wurden dann von unterschiedlichen Grundschulklassen bearbeitet und Röhr
analysierte, inwieweit aus dieser Perspektive ein Gewinn durch die Kooperation
entstehen kann. Ein Fazit ihrer Untersuchung ist: „Kooperatives Lernen muss
nicht von außen inszeniert, sondern kann von der Sache her durch geeignete
Aufgaben entwickelt werden. Die spontanen Fähigkeiten der Kinder zur selbst-
gesteuerten Kooperation und die dabei erbrachten Leistungen erweisen sich als
beachtlich" (Röhr, 1995, S. 258).

Diese Aussage scheint der Einschätzung zu widersprechen, dass formelle
Kooperation gewinnbringender ist als informelle. Allerdings muss bedacht werden, dass Röhr die Kriterien, nach denen sie die Wirkung des kooperativen Lernens beurteilt, nicht präzise offen legt und es sich um eine qualitative Untersuchung handelt. Insofern ist fraglich, wie belastbar die Einschätzung ist. Möglich
ist jedoch auch, dass gewählten mathematischen Lernumgebungen sich von
denen in pädagogisch-psychologisch ausgerichteten Studien unterscheiden und
die Differenzen in den Ergebnissen hierauf zurückzuführen sind.

Röhr analysiert die Interaktionen der Kinder während der Kleingruppenarbeit. Hier zeigten sich bestimmte Verhaltensmuster, die Röhr als »kooperative
Muster« charakterisiert, die sie wie folgt unterscheidet (1995, S. 225ff):

Muster 1: Vorschläge der Kinder für gemeinsames Vorgehen
Muster 2: Gemeinsame Entwicklung von Lösungsideen
Muster 3: Argumentatives Vorgehen der Kinder

Diese kooperativen Muster zeigten sich übergreifend bei der Bearbeitung von
unterschiedlichen Themen. Daraus kann gefolgert werden, dass es keine Muster

sind, die von bestimmten Lerninhalten abhängen, sondern grobe Interaktionsmuster, die sich beim kooperativen Lernen in mathematischen Lernumgebungen
zeigen. Welches Muster zu einer erfolgreichen Auseinandersetzung einzelner
Kinder mit den Lerninhalten führen und wie sie ggf. initiiert werden können,
wurde von Röhr (1995) nicht untersucht.

Dekker und Kollegen richten ebenfalls den Blick auf die Interaktion bei der
kooperativen Lösung von Aufgaben (Dekker & Elshout-Mohr, 1998; Pijls,
Dekker, & van Hout-Wolters, 2007). Sie untersuchen sogenannte kommunikative Schlüsselaktivitäten, wie »erklären«, »verteidigen«, »rekonstruieren« und
»zeigen«, welche zum mathematischen Verständnis beitragen, gut beobachtbar
sind und von den Lernenden in der Kooperation gezeigt werden (Dekker &
Elshout-Mohr, 1998, S. 305). Daneben identifiziert das Autorenteam regulierende Interaktionsaktivitäten wie z. B. »nachfragen«. Dekker und Kollegen untersuchten bei Lernenden der Sekundarstufe, ob Schülerpaare einen mathematischen Gegenstand besser verstehen, wenn in der Interaktion bei ihnen Schlüsselaktivitäten zu rekonstruieren sind. Dazu untersuchten sie die Interaktion der
Lernenden beim gemeinsamen Bearbeiten der Aufgabe und identifizierten in
einzelne Aussagen oder Handlungen Schlüsselaktivitäten. In ihren Analysen
kommen sie zu dem Schluss, dass eine aktive Ausführung von Schlüsselaktivitäten bedeutsam für erfolgreiches Lernen ist (Dekker & Elshout-Mohr, 1998; Pijls
et al., 2007).

Götze (2007) untersuchte den Austausch von Kindern nach der individuellen Bearbeitung von Aufgaben in »Mathekonferenzen«. Im Gegensatz zu den
oben beschriebenen Settings ist im kooperativen Setting »Mathekonferenz« die
Aufgabenlösung bereits abgeschlossen. Die Kinder besprechen hier die bereits
bearbeiteten Aufgaben miteinander, um diese in der Klasse zu präsentieren.
Götze betrachtete zum einen die Art und Weise wie die Kinder in der Mathekonferenz miteinander kommunizieren. Zum anderen untersuchte sie, ob Kinder, die
sich im Rahmen der Rechenkonferenz austauschen, anschließend mehr Trans-
feraufgaben lösen können als Kinder, denen nach einer individuellen Beschäftigung mit den Aufgaben die Ergebnisse der Rechenkonferenzen präsentiert wurden (Götze, 2007, S. 90). Als lernförderlich beschreibt sie die Interaktionswei-
sen »interaktiver Einbezug«, »paraphrasierend«, »allmählich verfertigend« und
die »Thematisierung falscher Lösungswege«. Sie fokussiert also nicht auf Aktivitäten eines Kindes wie Dekker und Kolleginnen, sondern beschreibt Interakti-
onsweisen in der Gruppe zusammen. Neben den oben aufgeführten wurde noch
das vortragsähnliche »systematische Erklären« eines Lösungsweges beobachtet.
Dieses erwies sich jedoch nicht als lernförderlich, „da die Kinder hierbei nicht
in Interaktion untereinander und mit der Aufgabe getreten sind" (Götze &
Meyer, 2010, S. 151).

In der Studie von Götze scheinen auch diejenigen Kinder, die in der »Mathekonferenz« eher zuhören, aus der Interaktion mit den Mitschülern gelernt zu

haben (2007, S. 190). Die Ergebnisse unterscheiden sich demnach von denen aus der Studie von Plijs, Dekker und van Hout-Wolters (2007), die die Bedeutsamkeit der eigenen »Schlüsselaktivität« betonen. Möglicherweise kann dies durch die vorhergehende, individuelle Bearbeitung der Kinder erklärt werden. Offen bleibt, wie genau diese lernförderlichen Interaktionen angeregt werden können oder welche Rahmenbedingungen über die individuelle Bearbeitung der Aufgabe hinaus notwendig sind.

Brandt beschäftigte sich ebenfalls mit den interaktiven Prozessen innerhalb von Mathekonferenzen (2009). Sie analysierte und verglich die Partizipationsmöglichkeiten von Kindern zwischen den Kooperationsformen »Rechenkonferenz« und »Gruppenpuzzle«. Während die Mathekonferenzen auf Austausch und Präsentation von Ideen setzen, ist das Ziel der ersten Phase des Gruppenpuzzles die gemeinsame Ideenentwicklung. Schon von der Anlage der kooperativen Lernsituation stehen verschiedene Ziele im Vordergrund. Ob und wie diese Situation auf die Interaktionsprozesse wirken, soll mit Hilfe sogenannter Strukturierungsprozesse geklärt werden (Brandt, 2009). Damit werden Muster in der Interaktion wie z. B. die gemeinsame „Klärung" von Ideen oder der längere „Vortrag" bezeichnet. Es zeigte sich, dass Phasen mit hoher Interaktionsdichte eher diese sind, in denen Ideen entwickelt werden, wie z. B. eine Lösungsfindung in der ersten Phase des Gruppenpuzzles. In Phasen der Vermittlung von Ideen im Rahmen von Mathekonferenzen oder der Vermittlungsphase des Gruppenpuzzles bestanden kaum noch aktiv-tätige Partizipationsmöglichkeiten. Doch nicht nur die Form des kooperativen Lernens beeinflusst die Interaktion, die Kinder selbst gestalten ihre Möglichkeiten während des kooperativen Lernens unterschiedlich (Brandt & Höck, 2011; Brandt & Tatsis, 2009). Es zeigte sich, dass auf der einen Seite für eine gelingende Kooperation eine Übereinstimmung in den Ideen wichtig ist, diese aber die Gefahr birgt, dass das Vorgehen so ähnlich wird, dass Unstimmigkeiten nicht mehr wahrgenommen werden (Brandt & Höck, 2011). An dieser Stelle kann über andere formale Formen kooperativen Lernens, die einen Wechsel der Kooperierenden mit sich bringen, eine neue Produktivität durch neue Ideen in die Kooperation gebracht werden.

Vergleichende Zusammenfassung

Bei aller Unterschiedlichkeit der referierten Arbeiten zu Kooperation und Interaktion im Mathematikunterricht ist ihnen gemeinsam, dass sie die Bedeutung der Interaktion für mathematisches Lernen zwischen Kindern herausstellen und dies durch unterschiedliche Forschungsergebnisse stützen. Sowohl Tests außerhalb der kooperativen Aufgabenbearbeitung als auch durch qualitative Analysen der Interaktionsprozesse unterstützen die Annahme, dass kooperatives Arbeiten mathematisches Lernen begünstigen kann. Doch wie diese Lernprozesse in der Interaktion erfolgen und was genau gelernt wird, kann mit den beschriebenen Methoden nicht erfasst werden, da der Schwerpunkt auf der Beschreibung der sozialen Prozesse liegt. Hier bedarf es Forschungen, die nicht nur die Interaktion betrachten, sondern zudem den Blick auf das mathematische Wissen der Kinder legen.

3.2.2 Epistemologische Sicht auf kooperativ geprägte mathematische Lernsituationen

Wie Kinder in Interaktionen zu Lernzuwächsen kommen, wird im Rahmen einer epistemologischen Perspektive untersucht (Steinbring, 2005). Dabei wird mathematisches Wissen „nicht als ein vorgefertigtes, objektives und logisch konsistentes Produkt gesehen, sondern die Herstellung von Beziehungen zwischen Symbolsystemen und Deutungskontexten in den Mittelpunkt gestellt" (Steinbring, 2000b, S. 29). Die mathematischen Zeichen und Symbole, wie z. B. Ziffern, Punktefelder oder Operationszeichen, die für alle sichtbar sind, sind nicht der mathematische Begriff an sich, sondern repräsentieren ihn und müssen in der Interaktion im Rahmen eines sogenannten Referenzkontexts gedeutet werden (Steinbring, 2005). In der Wechselbeziehung zwischen Zeichen und Referenzkontexten wird der Begriff konstruiert (Steinbring, 2000b, S. 34). Mathematische Begriffe und Ideen können somit nicht direkt mitgeteilt werden, sondern bedürfen immer konkreter Zeichen, die sie repräsentieren und ausdrücken sollen. „Eine inhaltliche Bedeutung der Zeichen wird vielmehr erst von den an der Interaktion beteiligten Personen herausgestellt, indem Sie die Zeichen aus einem für sie bedeutungsvollen *Referenzkontext* heraus interpretieren" (Nührenbörger & Schwarzkopf, 2010a, S. 75).

In dieser Sicht auf Mathematik ist die Interaktion eine notwendige Bedingung, zumindest für fundamentales Lernen von Mathematik im Grundschulalter. In Anlehnung an den Soziologen Max Miller gehen Steinbring (2000b) sowie Nührenbörger und Schwarzkopf (Nührenbörger, 2009; Nührenbörger & Schwarzkopf, 2010a) davon aus, dass fundamentales Lernen in sozialen Prozessen stattfindet. „Nur in der sozialen Gruppe und aufgrund der sozialen Interaktionsprozesse zwischen den Mitgliedern einer Gruppe kann das einzelne Individuum jede Erfahrungen machen, die fundamentale Lernschritte ermöglichen" (Miller, 1986, S. 21). Dabei liegt das Potential in der Aushandlung unterschiedlicher Deutungen – also dem Diskurs. Die Aushandlung strittiger Deutungen kann eine sogenannte „Reorganisation des Wissens" (Miller, 1986, S. 142) auslösen, worunter Miller fundamentales Lernen versteht. Vom fundamentalen Lernen wird das relationale Lernen abgegrenzt, welches als „Erweiterung des Wissens um neue Fakten gekennzeichnet" wird (Nührenbörger & Schwarzkopf, 2010a). Die Frage, ob Interaktion hilfreich ist, stellt sich also nicht, da die Grundannahme darin besteht, dass es für fundamentales Lernen (im Grundschulalter) notwendigerweise der Interaktion bedarf.

Nührenbörger untersucht, inwieweit sich in der Kooperation von Kinderpaaren im jahrgangsgemischten Mathematikunterricht derartige Lernprozesse zeigen (Nührenbörger, 2009; Steinbring & Nührenbörger, 2010). Dazu wurden Lernumgebungen für die Schuleingangsklasse konzipiert, an denen heterogene Kinderpaare (je ein jahrgangsjüngeres und ein jahrgangsälteres Kind) zusammen arbeiteten (Nührenbörger & Pust, 2011). Die Lernumgebungen sind methodisch so aufbereitet, dass Kooperationen zwischen den Kindern initiiert werden, z. T. im Sinne einer formalen Kooperation in Settings wie „Rechenduett" oder „Koproduktionen"(Nührenbörger & Pust, 2011, S. 31). In allen Lernumgebungen finden sich Aktivitäten, die zum gemeinsamen Deuten über mathematischen Beziehungen und Strukturen anregen sollen (Nührenbörger, 2009, S. 155). Nührenbörger geht davon aus, dass durch das unterschiedliche Alter und die häufig damit einhergehenden unterschiedlichen Kompetenzen und Erfahrungen der Kinder auch Deutungsdifferenzen zu einem mathematischen Begriff zu erwarten sind. Diese werden auch durch das »parallelisierte« Material angeregt, das heißt jedes Kind bekommt die Aufgabenstellung auf seinem Niveau. Die Aufgaben sind dabei so aufeinander abgestimmt, dass ein gemeinsames Arbeiten möglich ist (vgl. auch Kap. 5.1.3). Für jahrgangsältere Kinder liegt zudem eine Chance in der Reorganisation ihres Wissen, wenn sie durch die Interaktion mit den jahrgangsjüngeren Kindern „neue Erkenntnisse über das alte Wissen […] konstruieren und dieses aus der gegenwärtigen Einsicht neu und fundamental […] durchdringen" (Nührenbörger, 2009, S. 153).

Nührenbörger untersucht sowohl die sozialen Strukturen als auch die epistemologischen Besonderheiten der mathematischen Wissenskonstruktion. Die Studie zeigt, dass die Lernprozesse der Kinder zum großen Teil relationales Lernen beinalten. „Das neue Wissen selbst hatte eher den Status eines Fakten- und Regelwissen, und das alte Wissen wurde nicht systematisch überschritten" (Nührenbörger, 2009, S. 168). Selten waren strukturelle Deutungen zu beobachten, die zu einer Neukonstruktion und fundamentalem Lernen führten. Wenn diese erfolgten, dann geschah das stets im kommunikativen Prozess (Nührenbörger, 2009, S. 169)

In der Interaktion zwischen den Kindern im jahrgangsgemischten Unterricht konnten mathematische Lernprozesse unterschiedlicher Art rekonstruiert werden. Nührenbörger beschreibt diese im engen Bezug zum mathematischen Gegenstand und lokal verortet in der Interaktion. Im Gegensatz dazu werden Kooperationsprozesse verallgemeinernd als interaktiven Handlungen charakterisiert (z. B. Initiierung von Arbeitsvorgängen, Prozesse des Helfens, Entwicklung von Diskursen; Nührenbörger, 2009, S. 168). Für die mathematischen Lernprozesse finden sich keine differenzierenden Charakterisierungen. Vielmehr scheint die Ko-Konstruktion von Deutungen zu einer Integration der Deutungen in eigenes Wissen und zu einer Reorganisation zu führen (Nührenbörger & Steinbring, 2009, S. 128).

In einem Forschungsprojekt zu Deutungs- und Argumentationsprozessen rekonstruieren Nührenbörger und Schwarzkopf die interaktiven mathematischen

Deutungen in kooperativ strukturierten Lernumgebungen (Nührenbörger, 2010b; Nührenbörger & Schwarzkopf, 2013b). Die Lernumgebungen wurden laut Nührenbörger (2010b, S. 643) so konstruiert, dass über interaktive Prozesse bei der Bearbeitung von Aufgaben fundamentale Lernprozesse initiiert werden können (Nührenbörger, 2010b, S. 643). Die Aufgaben zum mathematischen Gleichheiten sind als diskursive Aufgaben konzipiert (vgl. 5.1.3; (Brandt & Nührenbörger, 2009). Das bedeutet, dass die Kinder nicht die gleichen, aber aufeinander bezogene Aufgaben erhalten, deren Vergleich zu Diskursen anregen kann und soll (Nührenbörger & Schwarzkopf, 2013a, 2013b).

In ersten Erprobungen zeigte sich, dass folgende Geschehnisse produktiv für einen Deutungsaushandlung zu wirken scheinen (Nührenbörger, 2010b, S. 644ff):

- Parallele Deutungen, d.h. mathematische Zeichen werden in Bezug auf unterschiedliche Referenzkontexte gedeutet
- Mehrere Deutungen, d.h. verschiedene Sichtweisen werden zu einem Zeichen entwickelt
- Widersprüche, d, h. Umdeutungen von Aufgabenvorschriften, so dass Widersprüche konstruiert werden
- Irritationen, d.h. Umdeutungen durch reflektive Auseinandersetzung

Diese interaktiven Prozesse sind dadurch gekennzeichnet, dass Differenzen entstehen, nach Miller also Dissens (2006), welche die Kinder gemeinsame lösen müssen. Das Aushandeln von Deutungen kann Lernprozesse initiieren (Gellert & Steinbring, 2013, S. 18). Dies scheint besonders dann produktiv zu sein und zu fundamentalem Lernen zu führen, wenn „die Kinder Möglichkeiten zur Aufklärung der Spanne zwischen Erwartung und Enttäuschung entwickeln" (Nührenbörger & Schwarzkopf, 2013b, S. 719).

Vergleichende Zusammenfassung

Zusammenfassend zeigen die Studien von Nührenbörger und Kollegen, dass in der Kooperation aufkommende oder initiierte Differenzen in der Deutung mathematischer Zeichen fundamentale Wissensprozesse auslösen können. Bei der Konstruktion kooperativer Settings kommt es also aus Sicht des Faches darauf an, die Aufgaben und das methodische Setting so zu gestalten, dass unterschiedliche Deutungen angeregt werden. Dazu können »diskursive Aufgabenformate«, »struktur-fokussierende Anregungen« und »strukturierte Kooperationsformen« genutzt werden (Brandt & Nührenbörger, 2009).

Bei der Gestaltung der Kooperation muss zum einen bedacht werden, dass eine Kooperation als soziales Setting auch von den Schülerinnen und Schülern gelernt werden muss und sie dazu Zeit, Gelegenheit und Transparenz über das Ziel der Kooperation benötigen. Auf der anderen Seite scheinen sowohl formale Kooperationsformen oder Strukturierungshilfen für freiere Kooperationsformen wie Mathe-Konferenzen (Anders & Oerter, 2009; Götze, 2007) förderlich zu sein, um Kinder in die Interaktion einzubinden und entsprechende Schlüsselaktivitäten herauszufordern.

3.3   Rolle der Lehrperson in der Interaktion

Kooperative Prozesse finden i. d. R. zwischen den Schülerinnen und Schülern statt und die Lehrkraft ist an der Interaktion nicht beteiligt. Auch wenn sie nicht direkt in den kommunikativ-kooperativen Prozess eingreift, hat sie trotzdem großen Einfluss darauf, wie Kinder miteinander arbeiten. Durch ihre Art der Kommunikation in Klassengesprächen prägt sie die Unterrichts- und Interaktionskultur in der Klasse. Zudem tritt sie während der Kooperation der Schülerinnen und Schüler in die Interaktion dieser ein, um zu helfen, zu beobachten oder zu überprüfen. Hier interagiert sie mit einzelnen Kindern, Paaren oder Kleingruppen und beeinflusst durch die Art und Weise ihrer Interaktion möglicherweise auch die (weitere) Interaktion der Kinder.

Wood (1999) zeigt auf wie durch eine Haltung des Nachfragens, Argumentierens und Begründens, welche die Lehrperson in den Mathematikunterricht einbringt, argumentative und kommunikative Aktivitäten bei Schülerinnen und Schüler gefördert werden können. In einem Unterrichtsexperiment konnte durch eine Lehrkraft im 2. Schuljahr eine Unterrichtskultur geschaffen werden, in der die Schülerinnen und Schüler Mathematik als ein Fach verstanden, in dem es um die Begründung von Ideen geht. Die Kinder lernten Meinungen zu entwickeln und zu vertreten durch eigenes Denken und Argumentieren. Entscheidend dafür waren nach Woods Analysen (1999), die Aktivitäten der Lehrkraft, die in der Interaktion im Klassenverband und mit Kinderpaaren dafür sorgte, dass die Argumentationen weitergeführt wurden (*participate in argument*) und dass die Kinder lernten, sich inhaltlich zu widersprechen (*particpate in disagreeing*). In Interaktionsanalysen zeigt Wood wie Fragen oder Impulse der Lehrkraft diese Interaktionen der Kinder positiv beeinflussen können.

Dekker und Eshout-Mohr (2004) fokussieren auf die Art der Hilfe der Lehrkraft während der Kooperation von Kleingruppen. Sie unterscheiden zwischen Interventionen der Lehrkraft, die analog zu Wood (1999) den kooperativen Interaktionsprozess (*process help*) und Interventionen, die den mathematischen Lösungsprozess unterstützen (*product help*). In einer Studie mit Lernenden einer High School wurde den miteinander kooperierenden drei Schülerinnen und Schülern während der Bearbeitung von insgesamt vier Aufgaben zu geometrischen Transformationen bei Schwierigkeiten im Sinne von »process« oder »product« geholfen. In einem anschließenden Test wurden die Kompetenzen gemessen und mit denen vor der Intervention gezeigten verglichen. Trotz rein zahlenmäßig häufigeren Anregungen der Lehrkräfte des ergebnisorientierten Settings, stiegen die Kompetenzen der Lernenden des Setting »process help«

mehr als die der Lernenden im Setting »product help« (Dekker & Elshout-Mohr, 2004, S. 62).

Analysen der Interaktionen zeigten, dass Lehrkräfte der ergebnisorientierten Hilfe häufig nur mit einem Lernenden kommunizierten, obwohl sie zunächst die gesamte Gruppe angesprochen haben. Zudem zeigte sich, dass sie über den Arbeitsstand nicht ausreichend informiert waren, um angepasst zu unterstützen. Unterstützen die Lehrkräfte hingegen den Interaktionsprozess, wurden durch die entstehende Interaktion auch die anderen Lernenden einbezogen, indem bspw. diese zum Erklären, Zeigen oder Nachfragen aufgefordert wurden. Auf diese Weise erreichte die Lehrkraft durch die Hilfe im Interaktionsprozess, dass die Lernenden wertvolle Schlüsselaktivitäten zeigten (vgl. 1.2). Dekker und Eshout-Mohr sehen somit ihre Hypothese bestätigt (2004, S. 63): „Pre-test – post-test differences were larger in the process-help condition than in the product-help condition and teacher interventions interfered less with the students′ interactions and learning processes in the process-help condition than in the product-help condition".

Nührenbörger und Steinbring (2009; 2010) untersuchten unterschiedliche Arten der Interaktion über Mathematik, darunter auch die Interaktion von Schülerpaaren (vgl. 1.2.2) und die Interaktion dieser Schülerpaare mit ihrer Lehrkraft. Im Mittelpunkt steht die Rekonstruktion sozial-interaktiver Regelmäßigkeiten einerseits und mathematischer Deutungen andererseits. Bezogen auf die Rolle der Lehrkraft in der Interaktion ist dabei von besonderem Interesse, inwieweit sich die sozial-interaktiven Beziehungen zwischen den Kinder ändern, wenn die Lehrkraft in die Interaktion eintritt. Dabei analysierten Nührenbörger und Steinbring (2009), in welcher Weise die Lehrkraft die mathematischen Deutungsprozesse der Kinder wahrnimmt und versteht. Sie fokussierten dabei explizit auf epistemologische Deutungen mathematischer Inhalte. Auf diese Weise sollten Erkenntnisse darüber gewonnen werden, in welcher Art und Weise die Anregungen der Lehrkraft in der Situation zu neuen mathematischen Deutungen bei den Kindern führen.

Die Analysen zeigten, dass sich die Interaktion zweier Kinder bei Hinzukommen der Lehrkraft verändert. In einer Fallstudie wurde vor dem Eingreifen der Lehrkraft eine gleichberechtigte, kooperative Kommunikation und gemeinsame Arbeit von zwei Schülern einer jahrgangsgemischten Klasse 1/2 beobachtet. Als die Lehrkraft zum Schülerpaar hinzutrat, wurde eine hierarchische, an den leistungsstärkeren und jahrgangsälteren Schüler gerichtete Kommunikation erkennbar. Das heißt, dass die Lehrkraft fast ausschließlich mit dem leistungsstärkeren Schüler sprach. Zudem zeigte sich, dass sich die Lehrkraft nicht über den Verlauf und über bisherige Deutungen der Kinder informierte, sondern an der Korrektheit der Ergebnisse interessiert war. „The teacher acts mainly as a knowing controller who monitors and corrects the students′work" (Nührenbörger & Steinbring, 2009, S. 128). Dies bestätigt die Ergebnisse von

Dekker und Eshout-Mohr, die ebenfalls sowohl die einseitige Kommunikation als auch die Konzentration auf richtige Ergebnisse in ihrem Setting »product help« beschreiben. Aus unterschiedlichen Richtungen und mit verschiedenen Schülergruppen wird also die gleiche Art der „Hilfe" beschrieben. Über die Rekonstruktion der sozialen Prozesse hinaus zeigen Nührenbörger und Stein-bring, dass diese Art der Hilfe in dem konkreten mathematischen Problem zwar zu einem Abschluss der Aufgabe und im Sinne eines produktorientierten Unter-richts auch zu einem richtigen Ergebnis führt, aber das mathematische Problem, über das die Kinder diskutieren, nicht inhaltlich gelöst ist (Steinbring & Nührenbörger, 2010, S. 187). Nührenbörger und Steinbring kommen zu dem Schluss (2009, S. 139):

> These interactions live by the implicit understanding that the teacher as a knowing controller asks the mathematical knowledge to be elaborated and can assess it unequivocally as right or wrong. The student is assigned the role of showing which tasks he or she has already found the insights ex-pected by the teacher.

Vergleichende Zusammenfassung

Alle drei Studien weisen darauf hin, dass es in der Interkation im Klassenver-band (also in der Interaktion mit einzelnen Kinder oder Paaren) darauf ankommt offene Fragen zu stellen und Kindern die Gelegenheit zu geben, ihre Einsichten und Deutungen zu zeigen und argumentativ zu entwickeln. Eine offene, argu-mentative Kommunikationskultur, wie sie von Wood beschrieben wird, kann nur derjenige initiieren, der Mathematik auch als Gegenstand versteht, der entwickelt und entdeckt werden kann (Winter, 1984; Wittmann, 2003). Dann und nur dann kann sich mathematisches Verständnis als fundamentales Wissen in der Interak-tion entwickeln. Bei der Entwicklung einer Kommunikationskultur im Mathema-tikunterricht kommt es also nicht ausschließlich auf die richtige „Fragetechnik" an, sondern in der Art und der Weise der Interaktion über Mathematik offenbart sich das Verständnis der Lehrkraft zum Gegenstand selbst. Gleichzeitig liegt hier die Chance, dass auch Kinder vom Fach heraus Mathematik als etwas erleben, dass erforscht, ausgestaltet und erzeugt werden kann (Wittmann, 2003). In die-sem Sinne macht kooperatives Lernen im Mathematikunterricht nicht nur als Methode Sinn, sondern ist in der Sache begründet. Die Interaktion der Schüle-rinnen und Schüler im Unterricht kann und sollte aber durch formelle kooperati-ve Methoden zumindest zu Beginn der Schulzeit unterstützt werden.

4 Design der Studie

4.1 Forschungsdesiderat und Forschungsinteresse

Obwohl das „Problem" des zählenden Rechnens gut bekannt und beschrieben ist und zahlreiche Studien den Zusammenhang zwischen verfestigtem zählenden Rechnen und weitergehenden Schwierigkeiten beim Mathematiklernen aufgezeigt haben (vgl. Kap. 2), gibt es kaum empirisch erforschte Konzeptionen zur Ablösung vom zählenden Rechnen. Aktuelle Studien aus dem deutschsprachigen Raum fokussieren entweder auf eine Erforschung der Entwicklung der (zählenden) Strategien beim Rechnen (Gaidoschik, 2010) oder einer Förderung flexiblen Rechnens im Sinne einer Schulung des sogenannten »Zahlenblicks« im und über das erste Schuljahr hinaus (Rathgeb-Schnierer, 2006; Rechtsteiner-Merz, 2014; Schütte, 2004b). Zudem gibt es Studien, die Trainingsprogramme, die für den Kindergarten konzipiert sind, auf ihre Wirksamkeit in der Förderung schwächerer Schülerinnen und Schüler prüfen (Ennemoser, 2010; Ennemoser & Krajewski, 2007; Hecht, Sinner, Kuhl, & Ennemoser, 2011; Sinner, 2011).

Im internationalen Raum werden ebenfalls unterschiedliche Interventionsstudien für Kinder mit Schwierigkeiten beim Mathematiklernen publiziert, die auf verschiedene mathematische Inhalte und Methoden zurückgreifen. Dabei reicht die Spanne von unterrichtsnahen Förderprogrammen, die vergleichbare Inhalte anzusprechen scheinen, wie zur Ablösung vom zählenden Rechnen aus mathematikdidaktischer Sicht vorgeschlagen werden (Bryant et al., 2008), bis hin zu Programmen, die auf geometrische Muster und Strukturen abzielen und auf diesem Weg die Bewusstheit für Strukturen fördern wollen (Mulligan, 2011; Mulligan et al., 2013). All diesen Studien ist gemein, dass sie im Umkreis der Problematik „Ablösung vom zählenden Rechnen" anzusiedeln sind, ohne als Kern der Studie Anregungen zur Ablösung zu geben bzw. dies empirisch zu untersuchen.

Auf der anderen Seite gibt es eine Vielzahl an Förderkonzeptionen (Eckstein, 2011; Gaidoschik, 2009b; Kaufmann & Wessolowski, 2006; Scherer, 2009b) und Trainingsprogrammen (Fritz et al., 2007; Jansen, 2004; Moog & Schulz, 2005) für Kinder mit Lernschwierigkeiten, die (auch) eine Ablösung vom zählenden Rechnen im Blick haben. Auch diese Vorschläge beziehen sich auf Kinder mit Lernschwierigkeiten in Einzel- oder Kleingruppensituationen als Zielgruppe. Zwar können Hinweise und Materialien aus den Förderkonzeptionen auch im regulären Mathematikunterricht eingesetzt werden, sie sind jedoch nicht so konzipiert, dass sie die Herausforderungen einer gesamten Schulklasse konzeptionell aufgreifen. Es fehlen somit sowohl Förderideen für die Ablösung vom zählenden Rechnen im zentralen Ort der Förderung – also dem regulären Mathematikunterricht (Häsel-Weide & Nührenbörger, 2012) – als auch eine explizite Erforschung des Umgangs zählend rechnender Kinder mit Aufgaben von Förderkonzeptionen. Studien zur Evaluation von Förderprogrammen stützen sich i. d. R. auf ein Prä-Post-Design (Moog, 1995) (Krajewski, Nieding, et al., 2008). Alternativ wird die Entwicklung der Kinder kategoriengeleitet gefasst (Rechtsteiner-Merz, 2014). Diese Methoden helfen, deskriptive Entwicklungen nachzuzeichnen, Unterschiede im Querschnitt festzustellen und Wirkungen zu prüfen. Allerdings ist auf diese Weise immer nur ein Rückschluss auf die Förderung bzw. den Unterricht möglich, da dieser nicht selbst betrachtet wird (Prediger & Link, 2012). Wie genau sich zählend rechnende Kinder in Fördersituationen verhalten, ist nicht systematisch untersucht, sondern eher episodisch berichtet (Lorenz, 2009a; Radatz, 1991; Schipper, 2005). Eine empirische Erfassung und Begleitung eines Förderprozesses, bei dem die Deutungen der Kinder in der Situation selbst erhoben und analysiert werden, liegt nicht vor. Hierin könnte jedoch ein Schlüssel liegen, um über die rekonstruierten Deutungen der Kinder den Prozess der Ablösung vom zählenden Rechnen genauer zu fassen sowie Chancen und Hürden der Förderung zu erkennen und evtl. Rückschlüsse auf die Güte der Aufgaben und die Produktivität von Kooperation und Interaktion zu ziehen.

Zusammenfassend besteht somit sowohl auf konstruktiver Seite Forschungs- und Entwicklungsbedarf im Hinblick auf eine unterrichtsintegrierte Förderung der Ablösung vom zählenden Rechnen als auch auf rekonstruktiver Seite im Hinblick auf (struktur-fokussierende) Deutungen von Kindern bei der Auseinandersetzung mit den konstruierten Lernumgebungen. Im Weiteren werden beide Forschungsinteressen genauer erläutert und für die Arbeit handlungsleitende Forschungsfragen formuliert.

Konstruktives Forschungsinteresse

Da die Ablösung vom zählenden Rechnen eine, wenn nicht die zentrale, Hürde (Häsel-Weide & Nührenbörger, 2013a; Meyerhöfer, 2008) auf dem Weg zu einem verständnisvollen Mathematiklernen ist, sollte eine Prävention der Verfestigung zählender Strategien bzw. Anregungen zur Ablösung vom zählenden Rechnen im Mathematikunterricht angesiedelt sein. Hierzu gilt es aus der Grundlage der herausgestellten zentralen Aspekte Förderbausteine zu entwickeln, die sowohl zählend rechnende Kinder zur Entwicklung alternativer Strategien anregen als auch Kinder auf dem Weg zu einer weiteren Flexibilisierung ihrer Vorgehensweisen und Bewusstwerdung der genutzten Strukturen unterstützen.

Wie die Analysen zur Interaktion und Kooperation im Mathematikunterricht aufgezeigt haben, können die in interaktiven Situationen entstehenden Differenzen in der Deutung mathematischer Zeichen fundamentale Wissensprozesse auflösen. Dabei reicht es nicht aus, die Kinder im Sinne informeller Kooperation zusammen arbeiten zu lassen, sondern die empirischen Erkenntnisse zeigen, dass formale Kooperationsformen förderlich sind, um alle Kinder in die Interaktion einzubinden und so auch leistungsschwächere, zählend rechnende Kinder zu Aktivitäten herauszufordern, mit denen die mathematische Struktur in den Blick genommen werden kann. Aufgrund der guten Erfahrungen des gemeinsamen Lernens im Rahmen des jahrgangsübergreifenden Lernens (Nührenbörger, 2009) und der Herausforderung des Unterrichtens in heterogenen Lerngruppen in Zeiten der Inklusion sollte die Förderung im gesamten Klassenverband durchgeführt werden. Sowohl empirische Befunde als auch pädagogische Überlegungen sprechen dafür, die Deutungsvielfalt in der Klasse und der miteinander kooperierenden Schülerinnen und Schüler zu nutzen, um zählend rechnende Kinder mit alternativen Deutungen zu konfrontieren und auf diese Weise einen produktiven Diskurs anzuregen.

Zusammenfassend ergibt sich die Notwendigkeit, eine Förderung zu konstruieren, die einerseits auf die Zahl- und Operationsvorstellungen sowie auf das Rechnen mit Beziehungen den Schwerpunkt legt, um eine Ablösung vom zählenden Rechnen anzuregen. Andererseits sollte sie als unterrichtsintegrierte, kooperativ ausgerichtete Förderung konzipiert werden. Im Sinne der Mathematikdidaktik als Design Science (Wittmann, 1992a, 1995b, 1998) ist ein Kern der Studie die *Konstruktion von substantiellen Lernumgebungen mit Elementen kooperativen Lernens auf der Grundlage mathematikdidaktischer Überlegungen zur Ablösung vom zählenden Rechnen.*

Zentrale Fragestellung, die bei der Konstruktion der Lernumgebung beantwortet bzw. berücksichtig werden müssen sind:

(1) Wie können Lernumgebungen konstruiert werden, die aus Sicht der Mathematikdidaktik zentralen Kompetenzen (vgl. 2.3.1) bei zählend rechnenden Kindern anzuregen?

(2) Welche Formen formalen kooperativen Lernens können dazu beitragen, dass die zählend rechnenden Kinder zu Deutungen angeregt und Deutungsdifferenzen zwischen kooperierenden Kindern in der Interaktion initiiert werden?

(3) Wie können im Rahmen der unterrichtsintegrierten Förderung die Lernumgebungen so gestaltet werden, dass zählend rechnende Kinder zentrale Kompetenzen erwerben und zugleich weiterführende Ziele für leistungsstärkere Kinder angesprochen werden?

Rekonstruktives Forschungsinteresse

Wie oben erläutert ist wenig darüber bekannt, wie genau zählend rechnende Kinder mit Angeboten im Mathematikunterricht umgehen, auf welche Weise sie sich in den Lernumgebungen verhalten und welche Deutungen von ihnen in der Interaktion mit anderen Kindern vorgenommen werden. In den theoretischen Ausführungen wurde die Bedeutung des Erkennens und Nutzens von mathematischen Strukturen für die Ablösung im zählenden Rechnen herausgestellt. Es fehlen aber einschlägige Erkenntnisse darüber,

- wie zählend rechnende Kinder Zahlen, Operationen und Muster deuten,
- ob und wie sich diese Deutung im Verlauf einer Förderung mit gezieltem Blick auf Strukturen ändert.

Um auf der einen Seite die Deutungen verfestigt zählend rechnender Kinder noch besser zu verstehen und auf der anderen Seite mögliche Ablöseprozesse auch auf der Mikroebene zu erfassen, ist es von Interesse zu erforschen, inwieweit sich die von zählend rechnenden Kindern vorgenommenen Deutungen von Zahlen auf die Referenzkontexte Zählen bzw. Anzahlen beziehen. Ebenso steht im Fokus, wie Operationen gedeutet werden und mit welchen Strategien diese bearbeitet werden. Das Konstrukt der struktur-fokussierenden Deutung, also einer Deutung, die auf mathematische Strukturen abzielt und nicht im Referenzkontext Zählen angesiedelt ist, soll im Sinne eines abduktiven Prozesses zur Bildung einer Theorie (Brandt & Krummheuer, 2000) über Deutungen bei der Ablösung vom zählenden Rechnen beitragen. Was macht eine struktur-fokussierende Deutung für (zählend rechnende) Kinder aus? Welche Strukturen werden fokussiert, welche nicht? Auf welche Weise werden Deutungen vorgenommen, welche Zeichen werden dabei berücksichtigt? Inwiefern verändern sich die Deutungen? Längsschnittlich kann dann über das Konstrukt der Struktur-fokussierung auf der Mirkroebene untersucht werden, inwiefern sich diese Deutungen im Verlauf der Förderung ändern und ob es dazu Anlässe gibt.

Durch die Betrachtung von Interaktionen zwischen den Kindern bei Situationen kooperativen Lernens sowie im Unterrichtsgespräch mit der Klasse können die Deutungen in der Interaktion rekonstruiert werden und es kann untersucht werden, inwiefern die Aushandlungen von Deutungen zu einer Erweiterung der Perspektiven bei den zählend rechnenden Kindern und ihrer Partner führt. Dazu sollte im Sinne der interpretativen Unterrichtsforschung vorgegangen werden (Jungwirth, 2003; Jungwirth, Steinbring, Voigt, & Wollring, 1994; Maier & Beck, 2001), um herauszufinden, welche Bedeutung die zählend rechnenden Kinder mathematischen Zeichen zuschreiben und wie diese Deutungen in der Interaktion ausgehandelt werden (vgl. Kap. 4.2.2). Im Hinblick auf die aufgezeigten Chancen des kooperativen Lernens bei Regelschulkindern ermöglicht die Analyse der Kooperations- und Interaktionsprozesse zwischen zählend rechnenden Kindern und Kindern, die nicht-zählend rechnen, Erkenntnisse darüber, inwiefern ein Austausch für beide Seiten zu einer Erweiterung individueller Deutungen führt – ggf. zu einer (vertieften) struktur-fokussierenden Sicht auch beim zählend rechnenden Kind.

Das heißt, ein zweiter Kern der Studie ist die *Rekonstruktion der sich in der Interaktion manifestierenden Deutungen zählend rechnender Kinder bei der Auseinandersetzung mit den konstruierten Lernumgebungen.*

Im Mittelpunkt dieses Forschungsinteresses stehen folgende Fragestellungen:

(1) Welche struktur-fokussierenden Deutungen nehmen Kinder ein und wie differenzieren sie diese im Laufe des Einsatzes der Unterrichtsbausteine aus?

(2) Inwiefern werden struktur-fokussierende Deutungen durch den Diskurs mit Mitschülern oder durch die Lehrkraft geprägt?

4.2 Methodologische Überlegungen

4.2.1 Konstruktion von Lernumgebungen gemäß dem Design Science

Mathematikdidaktik ist eine Wissenschaft, die sich mit der Entwicklung und Erforschung von Prozessen des Lernens und Lehrens beschäftigt. Mathematikdidaktische Forschung bezieht sich dabei gleichermaßen auf die Erhebung und Auswertung empirischer Daten als auch auf die Entwicklung von Aufgabenformaten und Lernumgebungen. Wittmann benennt die Konstruktion von Lernumgebungen als Teil empirischer Forschung und spricht hier von „empirischen Forschungen »erster Art«" (Wittmann, 2013, S. 1096 Anführungsstriche und Hervorhebungen im Original).

Überlegungen zur Konstruktion von Lernumgebungen

Dem zugrunde liegt ein Verständnis von Mathematikdidaktik als Design Science, das die Bedeutung der *Konstruktion* von Unterrichtseinheiten, Unterrichtskonzepten und Curricula sowie der Erforschung „ihrer Wirkungen in unterschiedlichen schulischen »Ökologien«" herausstellt (Wittmann, 1992a, S. 64f). Zentrale Aufgabe der Mathematikdidaktik ist in diesem Sinne die „*Entwicklung und Erforschung inhaltsbezogener theoretischer Konzepte und praktischer Unterrichtsbeispiele* mit dem Ziel der *Verbesserung* des realen Unterrichts (Wittmann, 1992a, S. 56, Hervorhebungen im Original). Der Schwerpunkt oder auch »Kern« der Mathematikdidaktik sollte dabei gemäß Wittmann (1992a) auf der Entwicklung geeigneter Unterrichtsbeispiele liegen. An diesen verdeutlicht er selbst die Bedeutung der Entwicklung und Diskussion von Unterrichtsbeispielen sowie die dahinter stehende Philosophie des Mathematiklernens (Link, 2012, S. 64).

Zur Ausschärfung geeigneter Unterrichtsbeispiele benutzt Wittmann (1998) den Begriff der »*substanzielle Lernumgebungen*«. Der Begriff Lernumgebung stellt dabei eine Erweiterung des Begriffs »substantielle Aufgabenformate« dar (Scherer, 1997) und betont die *Umsetzung* der „großen gerahmten Aufgabenfelder" (Wollring, 2007, S. 4) in einem Umfeld. Diese „Umgebung" wird sowohl durch didaktische Leitgedanken geprägt (Wollring, 2007) als auch durch konkrete Gegebenheiten in der Schulklasse beeinflusst (Ulm, 2008, S. 8).

Damit eine Lernumgebung im Sinne eines Mathematikunterrichts mit bestmöglicher Qualität wirksam werden kann, müssen die substantiellen Lernumgebungen gemäß Wittmann folgende Kriterien erfüllen (Wittmann, 1995b, S. 365; 1998, S. 337).

(1) Sie müssen zentrale Ziele, Inhalte und Prinzipien des Mathematikunterrichts repräsentieren.

(2) Sie müssen reiche Möglichkeiten für mathematische Aktivitäten von Schülerinnen und Schülern bieten

(3) Sie müssen flexibel sein und leicht an die speziellen Gegebenheiten einer bestimmten Klasse angepasst werden können.

(4) Sie müssen mathematische, psychologische und pädagogische Aspekte des Lehrens und Lernens in einer ganzheitlichen Weise integrieren und daher ein weites Potential für empirische Forschungen bieten.

Wesentliches Merkmal ist gemäß Wittmann die fachliche Substanz, also die Begründung der Lernumgebungen im Hinblick auf fundamentale und elementare Bereiche der Mathematik (Link, 2012, S. 66). Dies betont er durch sogenannte struktur-genetische Analysen (Wittmann, 2013), mit denen aus dem Fach heraus und Bezug auf das Fach begründet wird, welche Ziele, Inhalte und Prinzipien der Mathematikunterricht verfolgen soll.

Bei der Umsetzung für die Schülerinnen und Schüler scheint für Wittmann klar zu sein, dass sich im Rahmen der mathematischen Aktivitäten den Kindern „individuelle Spielräume und eigene Lernwege" eröffnen (Wittmann, 2004, S. 54), auch ohne dass dies genauer expliziert wird. Wollring, Hirt und Wätli erweitern mit Bezug auf Wittmann sowohl die Kriterien als auch den Begriff der Lernumgebung (Hirt & Wätli, 2008; Wollring, 2007) und entwickeln eigene (Umsetzungs-)Beispiele. Dabei betonen sie den Aspekt der natürlichen Differenzierung (Krauthausen & Scherer, 2010; Wittmann, 2010) und der damit einhergehenden Zugänglichkeit für alle Lernenden (vgl. dazu auch Ratz, 2011) und der Förderung der individuellen Denk- und Lernwege. Mit Bezug auf den jahrgangsgemischten Unterricht stellt Nührenbörger (2010a, S. 14) heraus, dass Lernumgebungen im Sinne des Spiralprinzips ein Potential zur Parallelisierung beinhalten sollen. Das „Ermöglichen des sozialen Austausches und des Kommunizierens über Mathematik" wird als weiterer Aspekt formuliert (Hirt & Wätli, 2008, S. 14).

Die Überlegungen zur Konstruktion von substantiellen Lernumgebungen im Sinne einer Mathematikdidaktik als Design Science werden in der vorliegenden Studie bei der Konstruktion der Unterrichtseinheiten zur Ablösung vom zählenden Rechnen berücksichtigt (vgl. Kap. 5). Die entwickelten Fördereinheiten sind in diesem Sinne als wesentlicher Teil der Forschungsleistung zu interpretieren. Dabei muss stets im Blick behalten werden, dass auch die optimalste Lernumgebung keinen Lernerfolg garantieren kann (Nührenbörger, 2009, S. 169; Prediger & Scherres, 2012). Ob und wie Schülerinnen und Schüler auf die Lernangebote reagieren, hängt von vielfältigen Faktoren ab (Steinweg, 2011), wobei gleichwohl davon ausgegangenen werden kann, dass die Bereitstellung einer geeigneten Lernumgebung eine notwendige, aber nicht hinreichende Bedingung für erfolgreiches Mathematiklernen ist.

Überlegungen zur Weiterentwicklung / Erforschung von Lernumgebungen

Wittmann geht davon aus, dass die Erprobung, Implementierung und ggf. Weiterentwicklung der entwickelten Lernumgebungen durch die umsetzenden Lehrkräfte und in Rückkopplung mit ihnen erfolgt (Link, 2012, S. 69; Wittmann, 1998). Daneben setzt der Ansatz des Design Researchs bzw. der fachdidaktischen Entwicklungsforschung auf eine stärker empirisch ausgerichtete Erprobung durch Wissenschaftlerinnen und Wissenschaftler (Gravemeijer & Cobb, 2006; Prediger & Link, 2012; Prediger et al., 2012). Der letztgenannte Ansatz betont damit die zyklische Auswertung, Überarbeitung und Weiterentwicklung der Lernumgebung.

Im Hinblick auf das methodische Herangehen besteht somit ein Spannungsfeld zwischen einer Erforschung in Form praktischer Erprobung durch die Lehrkräfte und einem iterativen Vorgehen, das hohe Anforderung an personelle und zeitliche Ressourcen stellt, die entweder durch mehrere ineinander greifende Forschungsarbeiten erfüllt werden können oder kleiner angelegt werden müssen, so dass z. B. nur einzelne Lernumgebungen in einem begrenzteren Umfang erforscht werden können (Prediger & Link, 2012).

Konkretisierung für die vorliegende Studie

In der vorliegenden Studie wurde deshalb wie folgt vorgegangen. Die entwickelten Lernumgebungen wurden vor allem von der Autorin in Klassensituationen erprobt, modifiziert und dann im Rahmen des Gesamtprojekts ZebrA von den beteiligten Lehrkräften umgesetzt (Kap. 4.3). Soweit entspricht dieses Vorgehen der „empirischen Forschung erster Art" im Sinne der Design Science: Mit der Kompetenz und der Erfahrung einer Lehrerin wurden die unter Berücksichtigung der Kriterien für substantielle Lernumgebungen entwickelten Bausteine erprobt und weiterentwickelt (vgl. Kap. 5), ohne dass im engeren Sinne ein iterativer Zyklus durchlaufen worden wäre (Gravemeijer & Cobb, 2006; Prediger et al., 2012).

Da jedoch das rekonstruktive Forschungsinteresse und damit einhergehende Fragen auf diese Weise nicht beantwortet werden konnten, wurde zur Analyse der Deutungen - wie sowohl von Wittmann (1995b, S. 368) als auch aus der Entwicklungsforschung vorgeschlagen (Prediger et al., 2012) - eine existierende qualitative Methode verwendet. Die Deutungsprozesse der zählend rechnenden Kinder wurden mit Methoden der interpretativen Unterrichtsforschung bei der Auseinandersetzung mit den Lerngegenständen genauer untersucht.

4.3.2 Rekonstruktion von Deutungen als Methode der interpretativen Unterrichtsforschung

Um Deutungen von Schülerinnen und Schülern zu erheben, eignen sich Methoden der interpretativen Unterrichtsforschung. Nach Jungwirth (2003, S. 189) ist eine Grundannahme der interpretativen Forschung, dass „die Menschen die soziale Welt in ihrem gemeinsamen, interpretativen Handeln zu der machen, die sie für sie ist". Für den Mathematikunterricht bedeutet dies, dass dieser erst durch die handelnden Personen entsteht und ohne sie nicht vorstellbar ist.

Interpretative Mathematikdidaktik befasst sich deshalb mit „Vorstellungen von mathematischen Begriffen oder Aufgabenlösungen, mit Sichtweisen von Mathematik [...] sowie insbesondere mit den Lehr- und Lernprozessen selbst, also mit fachbezogenen unterrichtlichen Interaktionen, Beteiligungsstrukturen und kollektiven Themen – und Interessenentwicklungen" (Jungwirth, 2003, S. 190). Die epistemologische Unterrichtsanalyse beschäftigt sich mit der Betrachtung mathematischen Wissens in unterrichtlichen Situationen. Während in anderen Bereichen der interpretativen Forschung auf Partizipation oder Interaktionsmuster fokussiert wird (Brandt, 2009; Krummheuer & Voigt, 1991; Voigt, 1994), steht hier die Deutung der mathematischen Zeichen in der Interaktion im Mittelpunkt (Jungwirth et al., 1994, S. 15).

Mathematischen Zeichen und Mitteln wird dabei nicht per se eine Bedeutung zugeschrieben, sondern es ist zu untersuchen, „welche Bedeutung die Schüler und Lehrer ihnen zuschreiben und wie sie es tun" (Jungwirth et al., 1994, S. 13). Steinbring (2000b) stellt heraus, dass jedes mathematische Wissen bestimmter Zeichen- bzw. Symbolsysteme bedarf. „Diese Zeichen haben zunächst für sich alleine keine Bedeutung, sie muss von den lernenden Kindern hergestellt werden" (Steinbring, 2000b, S. 34). Dabei beziehen sich die Kinder auf einen sogenannten »Referenzkontext«, d.h. eine exemplarische Darstellung der Beziehung zu anderen Zeichen (Steinbring, 2006, S. 140). Als solche können bspw. Repräsentationen, andere Aufgaben oder Objekte dienen. In der Wechselbeziehung zwischen Zeichen und Referenzkontexten konstruieren die Kinder den sogenannten »Begriff«. „Mathematische Begriffe lassen sich somit ganz allgemein als „symbolisierte, operative Beziehung" zwischen ihrer abstrakten Kodierungen und den sozial intendierten Deutungen auffassen" (Steinbring, 2000b, S. 34, Anführungsstriche im Original). Für den Erwerb (neuen) mathematischen Wissens ist es notwendig, den zu lernenden Begriff durch Zeichen oder Symbole zu repräsentieren, wobei die Schülerinnen und Schüler diese mit Bezug auf geeignete Referenzkontexte selbst mit Verständnis füllen müssen (Schülke & Söbbeke, 2010, S. 20). In dieser Auffassung ist Lernen von Mathematik ein konstruktiver als auch interaktiver Akt. Letzteres begründet sich darin, dass die epistemologischen Bedingungen mathematischer Wissenskonstruktionen mit den kommunikativen Bedingungen in einer Wechselwirkung stehen oder wie Steinbring formuliert (2006, S. 144): It is essentially through mathematical acitivities that the dialect relations […] are constructed in a certain way in the course of social knowledge development".

Um die Deutungsprozesse der Kinder erfassen zu können, eignet sich die sogenannte systematisch-extensionale Interpretation. Diese empfehlen Beck und Maier für den Fall, dass wenig über die Deutungen der Kinder bekannt ist (Beck & Maier, 1994, S. 63). Die Interaktionsprozesse im Unterricht werden möglichst videographiert und in Form von Transkripten in einen interpretierbaren Text transformiert. Bei der Entwicklung der Deutungen, also der Interpretationen, zu einem Text sind folgende Schritte zu vollziehen (Beck & Maier, 1994, s. 50f):

1) Unterteilung des Transkripts in Episoden
2) Auswahl „krisenhaften Episoden", d.h. Auswahl von Episoden mit ungewöhnlichen Verläufen oder sich spontan einstellenden Deutungshypothesen
3) Beschreibung der Episode auf der Grundlage subjektive Anfangsdeutungen
4) Extensive Interpretation der Einzelhandlungen (turns)
5) Vergleich der vielfältigen Deutungshypothesen und Verengung
6) Vergleichende Analyse mit weiteren Episoden (aus diesem oder weiteren Transkripten), um die Bedeutungshypothesen zu diskutieren

Da die Güte eines derartigen Vorgehens eng mit der Entwicklung der Deutungshypothesen zusammenhängt, muss bei einer interpretativen Analyse darauf geachtet werden, dass die Interpreten mit dem Untersuchungsfeld und dem Gegenstand vertraut sind (Beck & Maier, 1994, S. 63). Es wird also ein Forschungskreis benötigt, um die Aussagen per turn-by-turn Analyse zu paraphrasieren und interpretieren (Krummheuer & Naujok 1999). Die Analyse in der Gruppe von Mathematikdidaktikerinnen und –didaktern dient dazu, durch vielfältige, fachspezifische Kompetenz, Deutungshypothesen zu entwickeln und miteinander zu prüfen, der Gefahr eines zu einseitigen Blicks zu begegnen und so zu einer Deutungshypothese zu gelangen, die sich als wahrscheinlich erwiesen hat.

Auf diese Weise werden bei der Interpretation in einem wechselseitigen Prozess „von abduktiven Konstruktionen anhand empirischen Materials und In-Beziehung-setzen zu vorhandener Forschung und theoretischen Ansätzen" (Bikner-Ahsbahs 2003, S. 210) Analysen weiterentwickelt und ergänzt, so dass neue Erkenntnisse über die Deutungen der Kinder konstruiert werden können (Brandt & Krummheuer 2000). Gemäß Voigt (2000) ermöglicht ein derartiges Vorgehen auch an einzelnen Fällen die Entwicklung neuer Theorieelemente.

Konkretisierung für die vorliegende Studie

In der vorliegenden Studie werden die zählend rechnenden Kinder in der Auseinandersetzung mit den Lernumgebungen videographiert und es werden Transkripte zu ausgewählten Szenen erstellt (Beck & Maier 1994). Wie oben beschrieben werden die Fördereinheiten mit Hilfe, in der empirischen mathematikdidaktischen Forschung etablierter, interpretativer Methoden unter Einbeziehung einer epistemologischen Orientierung analysiert. Im Fokus steht dabei die Erhebung der Deutungen zählend rechnender Kinder bei der Bearbeitung von und im Diskurs über verschiedene Aufgaben. In Anlehnung an das Instrument „epistemologisches Dreieck" (Steinbring 2005) werden Deutungen zählend rechnender Kinder analysiert, wobei insbesondere die Referenzkontexte interessieren, auf die sich zählend rechnende Kinder bei der Deutung von Mustern beziehen und die in der Interaktion mit dem Partnerkind sichtbar werden. Im Hinblick auf die Forschungsfragen werden Deutungen als eher dem zählenden Rechnen oder eher struktur-fokussierende Referenzkontexte ansprechend identifiziert. Deutungsentwicklungen können im Verlauf einer Arbeits- oder Gesprächsphase rekonstruiert werden. Dies erlaubt eine Einsicht darin, welche Deutungen zählend rechnende Kinder, welche ihre Partner von sich aus vornehmen, ob und inwieweit alternative Deutungen aufgegriffen und in der Interaktion verändert werden. Letztlich kann auf diese Weise die Frage beantwortet werden, ob und inwiefern die Interaktion zu einer Erweiterung der struktur-fokussierenden Deutungen und damit zur Ablösung vom zählenden Rechnen beiträgt. Querschnittlich können Deutungen zu Zeichen einer Lernumgebung miteinander verglichen werden und so unterschiedliche oder typische Deutungen zählend rechnender Kinder und ihrer Partner herausgearbeitet werden. Als drittes erlaubt die Identifizierung der fokussierten Referenzkontexte eine Analyse der Deutung zählend rechnender Kinder im Verlauf der Förderung.

4.3   Design der Untersuchung

Die vorliegende Studie ist eingebettet in das Gesamtprojekt ZebrA „Zusammenhänge erkennen und besprechen - Rechnen ohne Abzählen". Das Projekt ist so angelegt, dass aufgezeigte Forschungsinteressen verfolgt, doch darüber hinaus auch andere Aspekte von weiteren an dem Projekt beteiligten Forscherinnen und Forschern untersucht werden (Wittich, Nührenbörger, & Moser Opitz, 2010). Im Folgenden wird deshalb zunächst der Gesamtrahmen des Projekts aufgezeigt und im Anschluss dargestellt, wie sich die aufgezeigten Forschungsinteressen (vgl. 4.1) im Rahmen des Projekts ZebrA verwirklichen lassen.

4.3.1 Gesamtrahmen des Projekts ZebrA

Das Projekt ZebrA verfolgt das Ziel, Fördermaßnahmen für zählend rechnende Schülerinnen und Schüler zu entwickeln und diese Fördermaßnahmen zu erforschen. Im Sinne des konstruktiven Forschungsinteresse sind zehn Unterrichtsbausteine entwickelt worden, die die zur Ablösung vom zählenden Rechnen zentralen Aspekte Zahldarstellung und -vorstellung, Operationsdarstellung und -vorstellung sowie Beziehungen zwischen Zahlen und Aufgaben aufgreifen. Jeder Baustein umfasst zwei Fördereinheiten im Umfang von ca. 30 Minuten.

Die Inhalte wurden in zwei methodischen Settings umgesetzt, zum einen mit dem Schwerpunkt auf Kooperation und Kommunikation in Partnerarbeit, zum anderen mit dem Schwerpunkt auf individuelles Arbeiten. Die Einheiten beinhalteten einen Einstieg im Klassenverband, eine individuelle oder kooperative Arbeitsphase und eine Reflexion in der Gesamtgruppe.

Im Projekt »Zusammenhänge erkennen und besprechen – Rechnen ohne Abzählen« sind zwei empirische Studien angesiedelt, die verschiedene forschungsmethodische Blickwinkel auf den gemeinsamen Forschungsgegenstand der Förderung zur Ablösung vom zählenden Rechnen ermöglichen (Flick, 2012, S. 44).

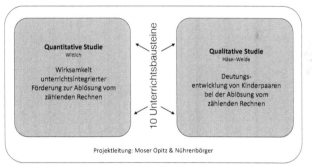

Abbildung 4.1: Gesamtdesign des Projekts „Zusammenhänge erkennen und besprechen – Rechnen ohne Abzählen" unter der Leitung von Prof. Elisabeth Moser Optiz und Prof. Marcus Nührenbörger

1) In einer quantitativen Studie wird die Wirksamkeit der im Rahmen der Studie entwickelten Förderbausteine mit dem Schwerpunkt auf Zahl- und Operationsbeziehungen sowie dem Rechnen mit Beziehungen überprüft. Diese werden in zwei methodischen Settings umgesetzt. Zum einen werden die Förderbausteine durchgehend mit Elementen kooperativen Lernens konzipiert (vgl. Kap. 5), zum anderen werden dieselben Inhalte in einem

individuell strukturierten Setting, d.h. mit differenzierter Einzelarbeit in der Arbeitsphase umgesetzt. In der quantitativen Studie wird die Wirksamkeit einer unterrichtsintegrierten individuell-strukturierten mit der Wirksamkeit einer kooperativ-strukturierten Förderung in einem typischen Prä-Post-Design verglichen (Wittich et al., 2010).

2) In der hier dargestellten qualitativen Studie geht es darum, die prägenden epistemologischen und sozial-interaktiven Bedingungen der Entwicklung struktur-fokussierender Deutungen genau zu beschreiben und zu analysieren. Die zentrale Grundannahme ist, dass durch eine Irritation, einen überraschenden Moment oder eine kontrastierende Beobachtung eine Um- oder Neudeutung mathematischen Wissens hervorgerufen wird. Die Einnahme eines alternativen, erweiterten struktur-fokussierenden Standpunkts zum zählenden Rechnen führt zu einer Weiterentwicklung mathematischer Einsichten in Strukturen und somit zu einer Ablösung vom zählenden Rechnen.

Untersuchungsgruppe

Da zu Beginn des zweiten Schuljahres der Zahlenraum erweitert wird, zeigen sich in Folge die Schwierigkeiten zählend rechnender Kinder in besonderer Weise, da die zählenden Strategien im Hunderterraum nicht mehr tragen und die Schwierigkeiten der Kinder in der Folge zu grundlegenden Problemen beim Rechnen werden können (Schipper, 2005, S. 8). Gleichzeitig bietet sich im Rahmen der Erarbeitung des Hunderterraums und der Addition- und Subtraktion im Hunderterraum die Gelegenheit, differenzierend und vertiefend Darstellungen und Vorstellungen zu Zahlen und Operationen zu thematisieren und beim Rechnen auf Beziehungen zurück zu greifen.

Aus diesem Grund werden als Zielgruppe für die Förderung der Ablösung vom zählenden Rechnen Schülerinnen und Schüler im ersten Halbjahr der zweiten Klasse ausgewählt. Dabei nehmen auch diejenigen Schülerinnen und Schüler an der Förderung im zweiten Schuljahr teil, die grundlegende Schwierigkeiten beim Lernen zeigen und bei denen ggf. sonderpädagogischer Förderbedarf im Lernen festgestellt wurde, sofern sie den Gemeinsamen Unterricht besuchen. Sie erhalten so die Gelegenheit gemeinsam mit den Schülerinnen und Schüler ihrer Klasse von der Förderung zu profitieren.

Kinder mit Förderbedarf im Lernen, die in der Förderschule mit dem Förderschwerpunkt Lernen beschult werden, arbeiten erst in der dritten oder vierten Klasse im Zahlenraum bis hundert. Auch wenn bei ihnen eine Ablösung vom zählenden Rechnen bereits zuvor angeregt werden sollte, wurden die Förderbausteine im Rahmen der Studie ZebrA mit Kindern an Förderschulen mit dem Förderschwerpunkt Lernen in der vierten Klasse durchgeführt. Aufgrund der arithmetischen Kompetenzen dieser Schülerinnen und Schüler (Häsel, 2001; Scherer, 1995) und der mindestens zweijährigen Leistungsspanne (Wocken, 2000) ist davon auszugehen, dass das erste Halbjahr der vierten Klasse für die

Durchführung eher vergleichbare Bedingungen zum 2. Schuljahr der Grundschule aufweist als das erste Halbjahr der dritten Klasse. Ein pädagogisch sinnvoller, individueller Beginn des Förderzeitraums je nach Leistungsstand in der Klasse konnte im Rahmen der Studie ZebrA nicht realisiert werden.

As Zielgruppe der Studie ZebrA wurden somit zählend rechnende Schülerinnen und Schüler aus den zweiten Klassen der Grundschule (mit und ohne sonderpädagogischen Förderbedarf) und zählend rechnende Kinder aus den vierten Klassen der Förderschule mit dem Förderschwerpunkt Lernen festgesetzt.

Die Lehrkräfte der teilnehmenden Klassen meldeten sich freiwillig für die Teilnahme an dem Projekt. Die Schülerinnen und Schüler der aufgenommenen Klassen wurden im Hinblick auf ihre mathematischen Kompetenzen geprüft und die zählenden rechnenden Kinder mit ausgewählten Instrumentarien identifiziert[4] (Wittich et al., 2010).

Durchführung

Die Studie ZebrA wurde von Juni 2010 bis Juli 2011 durchgeführt, wobei die Förderung im Zeitraum von September bis Dezember 2010 von den Mathematiklehrkräften der teilnehmenden Klassen umgesetzt wurde. Der einjährige Gesamtzeitraum der Erhebung ist in den Rahmenbedingungen der quantitativen Studien von der Auswahl der Schülerinnen und Schüler bis zum Follow-up-Test am Ende der zweiten Klasse begründet.

Die Lehrkräfte der Studie nahmen an zwei im Rahmen des Projekts entwickelten Fortbildungen teil, in denen die Grundzüge der Konzeption erarbeitet wurden. Sie erhielten zu den einzelnen Einheiten Unterrichtsskripte mit Verlaufsplänen, zentralen Fragestellungen und differenzierten Arbeitsmaterialien (vgl. 5.2).

4.3.2 Design der vorliegenden, qualitativen Untersuchung

In Rahmen der qualitativen Untersuchung soll die Frage beantwortet werden, welche struktur-fokussierenden Deutungen der zählend rechnenden Kinder in der Interaktion rekonstruiert werden können (vgl. 4.1 & 4.2.2).

Mit Hilfe der Daten der quantitativen Studie wurden fünf zählend rechnende Kinder ausgewählt. Drei dieser Kinder besuchten die zweite Klasse der Grundschule als Regelschulkinder, bei einem Kind war sonderpädagogischer Förderbedarf im Lernen diagnostiziert und es besuchte die zweite Klasse einer

---

[4] Die Auswahl der zählend rechnenden Kinder ist Teil der quantitativen Studie und wird in diesem Rahmen diskutiert und veröffentlicht. Benutzt wurden zur „Identifizierung" zählend rechnender Kinder Daten des Demat 1+, des im Rahmen der quantitativen Studie entwickelten ZebrA-Tests und Einschätzungen der Lehrpersonen.

Grundschule mit Gemeinsamem Unterricht. Ein weiteres Kind stammte aus einer vierten Klasse einer Förderschule mit dem Förderschwerpunkt Lernen. Als Partnerkinder für die zählend rechnenden Kinder wählten die Lehrkräfte jeweils ein Kind aus, das deutlich bessere Leistungen in Mathematik aufwies, ohne zugleich zu den leistungsstärksten Kindern der Klasse zu zählen. Die Paare blieben nach Möglichkeit während der gesamten ZebrA-Förderung stabil. Je eine der beiden Einheiten der Förderbausteine wurde bei allen fünf Kinderpaaren videographiert (insgesamt zehn Einheiten pro Paar).

Gemäß den Schritten der systematisch-extentionalen Interpretation wurden zu den aufgenommenen Fördereinheiten Transkripte[5] erstellt und diese in der vorgeschlagenen Abfolge in einem interpretativen Forschungskreis[6] analysiert. In dieser Arbeit werden die wahrscheinlich zutreffenden Deutungshypothesen dargestellt, zum Teil mit Rückgriff auf die extensive Interpretation, sowie die vergleichende Analyse zu ähnlichen Teilen des Transkripts und zu anderen Episoden.

Dabei werden die Deutungen der Kinder aus drei Schwerpunkten betrachtet.

(1) Die Interaktion zwischen den Kindern wird dahingehend untersucht, inwiefern die Aushandlungen von Deutungen zu einer Erweiterung der Perspektiven bei den zählend rechnenden Kindern und ihrer Partner führt und welche Anlässe für Deutungsdifferenzen ausgemacht werden können (Kap. 6).

(2) In der Querschnittperspektive wird zu ausgewählten Bausteinen analysiert, ob und wenn ja welche typischen Deutungen zählend rechnende Kinder zeigen und inwieweit diese durch alternative Deutungen der Partnerkinder bzw. durch Anregungen der Lehrkraft erweitert werden können (vgl. Kap. 7).

(3) Längsschnittlich wird die Entwicklung von zählend rechnenden Kindern betrachtet, und untersucht ob und wenn ja welcher Zusammenhang zwischen einer Ablösung vom zählenden Rechnen und dem strukturfokussierenden Erkennen und Nutzen mathematischer Zusammenhänge zu erkennen ist (vgl. Kap. 8).

---

[5] Die Transkripte finden sich in Auszügen in den Kapitel 6-8. Die vollständigen Transkripte können bei der Autorin eingesehen werden.
[6] Mathematikdidaktikerinnen und –didaktiker des IEEM

Neben diesem rekonstruktiven Forschungsinteresse, welchem durch die Analysen begegnet werden soll, wird die Konstruktion der Bausteine als Forschungsleistung angesehen (vgl. 4.2.1). Im Folgenden werden deshalb zunächst exemplarisch die entwickelten Lernumgebungen dargestellt und die umgesetzten Prinzipien exemplarisch erläutert sowie die konstruktiven Fragen beantwortet (Kap. 5). Im Anschluss werden die rekonstruktiven Fragestellungen in drei aufeinander bezogenen Kapiteln beantwortet, in denen jeweils eine Fragenstellung im Mittelpunkt steht.

5 Lernumgebungen zur Ablösung vom zählenden Rechnen

In diesem Kapitel werden die entwickelten Förderbausteine in ihrem Aufbau und den Design-Prinzipien erläutert sowie exemplarisch vorgestellt[7]. Dabei werden zunächst die ausgewählten Inhalte diskutiert, bevor auf die methodische Umsetzung in Form von formalem, kooperativem Lernen in einem unterrichtsintegrierten Setting eingegangen wird.

Sämtliche Überlegungen werden an ausgewählten Beispielen aus den Förderbausteinen konkretisiert. Zudem finden sich in Kap. 5.3 zwei Bausteine, d.h. sowohl die Materialien für die Hand der Schülerinnen und Schüler als auch der Leitfaden für die Lehrkraft. Die Bausteine umfassen jeweils zwei Fördereinheiten, es werden exemplarisch die Bausteine V und IX abgedruckt (Häsel-Weide et al., 2014). Weitere Aufgaben finden sich in den Kapiteln 6, 7 und 8, jeweils vor der Analyse der zugehörigen Episoden.

5.1 Grundsätzliche Überlegungen

Bei der Darlegung des Forschungsinteresses und der methodischen Überlegungen zur Konstruktion von Lernumgebungen (vgl. Kap. 4) wurden die Kriterien für substantielle Lernumgebungen formuliert (vgl. 4.2.2). Demnach repräsentieren Lernumgebungen zentrale Ziele, Inhalte und Prinzipien des Mathematikunterrichts. Um dieses Kriterium bei der Konstruktion der Förderbausteine zur Ablösung vom zählenden Rechnen zu berücksichtigen, werden die aus der Fachdidaktik vorgeschlagenen Inhalte zur Ablösung vom zählenden Rechnen (Kap. 2.3.1) daraufhin analysiert, inwiefern diese als zentrale Ziele und Inhalte des Mathematikunterrichts verstanden werden können (vgl. 5.1.1).

In den Kap. 5.1.2 und 5.1.3 wird das zweite Kriterium für substantielle Lernumgebungen – reichhaltige Möglichkeiten für mathematische Aktivitäten (vgl. 4.2.2) – in der Umsetzung als unterrichtsintegrierte und kooperative Förderung diskutiert und dargestellt. Dies wird verknüpft mit Überlegungen zur Umsetzung von Differenzierung sowie zur Ermöglichung des sozialen Austausches und des Kommunizierens über Mathematik (Hirt & Wätli, 2008; Wollring, 2007) (vgl. 4.2.2).

---

[7] Alle entwickelten Förderbausteine sind ggf. in überarbeiteter Form und mit anderer Nummerierung veröffentlicht in: Häsel-Weide, U., Nührenbörger, M., Moser Opitz, E. & Wittich, C. (2014). *Ablösung vom zählenden Rechnen - Fördereinheiten für heterogene Lerngruppen (2. Aufl.)*. Seelze: Klett Kallmeyer.

Auf eine explizite Diskussion der möglichen flexiblen Anpassung der Lernumgebung auf das konkrete Unterrichtsgeschehen sowie eine antizipierende Analyse der möglichen Lern- und Denkwege der Kinder wird an dieser Stelle verzichtet und auf die Analyse der tatsächlich erfolgten Deutungen der Kinder verwiesen (Kap. 6, 7 & 8). Die empirisch rekonstruktive Erforschung der Deutungen der Kinder im Rahmen der Lernumgebungen wird auch zeigen, inwiefern diese Potential für weitere Forschungen bieten. Deshalb werden die letzteren beiden Kriterien von substantiellen Lernumgebungen (vgl. 4.2.1) an dieser Stelle nicht expliziert.

5.1.1 Inhaltliche Schwerpunktlegung

Fachdidaktische Überlegungen zur Ablösung vom zählenden Rechnen sprechen folgende drei Bereiche an, in denen Kinder struktur-fokussierende Deutungen, alternative bzw. erweiternde Sichtweisen zum zählenden Rechnen erwerben müssen:

(1) Zahlvorstellungen
(2) Operationsvorstellungen
(3) Rechnen mit Beziehungen

Diese wurden im Kapitel 2.3.1 ausführlich erläutert und werden an dieser Stelle in den wesentlichen Aspekten zusammengefasst und im Hinblick auf die Ziele und Ideen des Mathematikunterrichts sowie die zentrale Leitidee des Mathematikunterrichts das »entdeckende Lernen« diskutiert (*Richtlinien und Lehrpläne für die Grundschule in Nordrhein-Westfalen*, 2008; Winter, 1984; Wittmann, 1990, 1995a).

Zusammenfassende Darstellung der fachdidaktischen Überlegungen

(1) Tragfähige Zahlvorstellungen auf der Basis eines umfassenden Zahlverständnisses sind notwendig, damit (zählend rechnende) Kinder Kernaufgaben als „einfach" erkennen und automatisieren können, sowie Strategien des Ableitens als Alternativen zum zählenden Rechnen erlernen können. Ein tragfähiges Zahlverständnis muss mindestens auf ordinalem und kardinalem Verständnis ruhen und eine Sichtweise von Zahlen als Teile bzw. Zusammensetzungen von quantifizierbaren Mengen umfassen. Zahlen sollten relational in Beziehung zu anderen Zahlen gedeutet werden und dieses Verhältnis sollte zunehmend quantifizierbar werden. Beim Aufbau bzw. Ausbau von Zahlvorstellungen geht es wie aufgezeigt (vgl. 2.3.1) darum, dass zählend rechnende Kinder

- Zahlen als strukturierte Anzahlen erkennen und quasi-simultan erfassen,
- flexible Zählkompetenzen erwerben und
- Einsicht in das Teile-Ganzes-Konzept gewinnen.

(2) Fundierte Operationsvorstellungen beinhalten in Anlehnung an Gerster (2013, S. 209) die Fähigkeit, Verbindungen herzustellen zwischen realen, vorgestellten oder verbal beschriebenen Situationen, Darstellungen der zugrunde liegenden Quantitäten und ihrer Beziehungen sowie einer symbolischen Schreibweise. Es kommt also darauf an zwischen unterschiedlichen Repräsentationsebenen übersetzen zu können (Lorenz, 2009b) und sich dabei jeweils auf die Veränderung zu fokussieren. Dabei kann die Veränderung zum einen dynamisch erfolgen (z.b. im Rahmen der Grundvorstellungen »Hinzufügen« oder »Wegnehmen«) oder eher statisch in die Darstellungen bzw. in Zahlbeziehungen hineingesehen werden (z.b. bei den Grundvorstellungen »Vereinigen« oder »Vergleichen«). Die zentrale Hürde ist, dass aus den Handlungen und Deutungen an Materialien Vorstellungen entstehen, so dass Aufgaben materialunabhängig mit mentalen Strategien gelöst werden können (Schipper, 2007).

Um sich vom verfestigten zählenden Rechnen zu lösen, müssen Kinder den Automatismus des zählenden Verfahrens bei „Rechenaufgaben" aufbrechen (lernen), Kernaufgaben als „einfach" erkennen und automatisieren. Es geht also darum, dass zählend rechnende Kinder (vgl. 2.3.1)

- Operationen in unterschiedlichen Repräsentationsmodi darstellen und sich vorstellen können,
- Kernaufgaben unter Bezug auf Darstellungen als „einfach" erkennen und
- diese automatisieren.

(3) Aufbauend auf fundierten Zahl- und Operationsvorstellungen sowie sich wechselseitig weiterentwickelnd rechnen die Kinder unter Ausnutzung von Zahl- und Aufgabenbeziehungen. Ziel ist es, dass zählend rechnende Kinder (vgl. 2.3.1)

- Ableitungsstrategien systematisch verwenden,
- operative Strukturen nutzen,
- Beziehungen zwischen Aufgaben in herausfordernden Situationen und analogen Kontexten beachten.

Übereinstimmung der Inhalte mit zentralen Zielen, Inhalten und Prinzipien des Mathematikunterrichts

Ein Blick in den Lehrplan für Nordrhein-Westfalen lässt deutlich werden, dass alle diese Kompetenzen keine besonderen Ziele ausschließlich für zählend rechnende Kinder sind, da es dort heißt: „Auf der Grundlage tragfähiger Zahl- und Operationsvorstellungen sowie verlässlicher Kenntnisse und Fertigkeiten entwickeln und nutzen die Schülerinnen und Schüler Rechenstrategien, rechnen überschlagend und führen die schriftlichen Rechenverfahren verständig aus (2008, S. 58). Der Aufbau von Zahl- und Operationsvorstellungen ist somit ein zentraler

Inhalt und zentrales Ziel des regulären Mathematikunterrichts. Dies zeigt sich auch in den Kompetenzerwartungen in Bezug auf die Zahlvorstellung am Ende der Klasse 2 (2008, S. 61, Hervorhebungen im Original):

Die Schülerinnen und Schüler

- stellen Zahlen im Zahlenraum bis 100 unter Anwendung der Struktur des Zehnersystems dar (Prinzip der Bündelung, Stellenwertschreibweise)
- wechseln zwischen verschiedenen Zahldarstellungen und erläutern Gemeinsamkeiten und Unterschiede an Beispielen
- nutzen Strukturen in Zahldarstellungen zur Anzahlerfassung im Zahlenraum bis 100
- orientieren sich im Zahlenraum bis 100 durch Zählen (in Schritten) sowie durch Ordnen und Vergleichen von Zahlen
- entdecken und beschreiben Beziehungen zwischen Zahlen mit eigenen Worten (z. B. *ist Vorgänger/Nachfolger von, ist die Hälfte/das Doppelte von, ist um 3 größer*)

Alle genannten Aspekte, die aus der Sicht der Fachdidaktik zum Aufbau von Zahlvorstellungen auf dem Weg zur Ablösung vom zählenden Rechnen genannt werden, finden hier eine Entsprechung. Auch für den Schwerpunkt Operationsvorstellung bzw. das Rechnen mit Beziehung finden sich entsprechende Kompetenzerwartungen für das Ende der 2. Klasse (*Richtlinien und Lehrpläne für die Grundschule in Nordrhein-Westfalen*, 2008, S. 61, Hervorhebungen im Original):

Die Schülerinnen und Schüler

- wechseln zwischen verschiedenen Darstellungsformen von Operationen (mit Material, bildlich, symbolisch und sprachlich) hin und her
- entdecken, nutzen und beschreiben Operationseigenschaften (z. B. Umkehrbarkeit) und Rechengesetze an Beispielen

und

- nutzen Zahlbeziehungen (z. B. *Nachbarzahlen*) und Rechengesetze (z. B. *Kommutativgesetz*) für vorteilhaftes Rechnen.

Bei den Inhalten, die für zählend rechnende Kinder zentral sind, handelt es sich somit nicht um zusätzliche oder spezielle Inhalte, sondern um *Kernbereiche des Mathematiklernens*. Diese Kernbereiche sind von jedem Lernenden zu bearbeiten und zu verstehen; für zählend rechnende Kinder scheinen sie allerdings zu kritischen Stellen zu werden (Häsel-Weide & Nührenbörger, 2013a). Verfestigt zählend rechnende Kinder haben genau diese Kompetenzen im regulären Mathematikunterricht nicht in ausreichendem Maße erworben. Die entsprechenden Inhalte werden für die Kinder zu „stofflichen Hürden" (Meyerhöfer, 2008), die überwunden werden müssen. „Sie sind unbedingt notwendige Verstehenselemente" (Meyerhöfer, 2011, S. 411). Schmassmann und Moser Opitz (2007) sprechen in diesem Zusammenhang vom mathematischen Basisstoff, der die Lerninhalte umfasst, die für den weiteren mathematischen Lernprozess eine besondere Bedeutung besitzen.

Bei der Konzeption von Lernumgebungen zur Ablösung vom zählenden Rechnen stellt sich deshalb die Frage nach der Relevanz im Hinblick auf die Inhalte und Ziele des Mathematikunterrichts nicht. Vielmehr muss die Frage gestellt werden, wie die Lernumgebungen, die im Rahmen der Studie im 1. Halbjahr des zweiten Schuljahres eingesetzt werden sollen (vgl. 4.3.1), so gestaltet werden können, dass sie nicht allein die Inhalte wiederholen, die bereits im ersten Schuljahr unverstanden blieben (Lorenz, 2003a). Bei der Konstruktion der Lernumgebungen werden zwar zentrale Inhalte und Aufgabenformate aufgegriffen, aber die konkreten Aufgaben werden so modifiziert, dass Kinder bei einer (erneuten) Auseinandersetzung eine neue Chance haben, die notwendigen Kompetenzen aktiv zu erwerben.

Die zentrale Leitidee des entdeckenden Lernens gilt dabei in uneingeschränktem Umfang für zählend rechnende Kinder. „Auch rechenschwache Kinder lernen nicht durch Imitation, sondern durch eine Überforderung mit problemhaltigen Aufgaben, die sie ihre eigenen Lösungswege entwickeln, korrigieren und verbessern lässt" (Lorenz, 2003a, S. 40). „Überforderung" meint hier im Sinne eines „Fördern durch Fordern" (Scherer, 1994) eine Konfrontation mit anregenden Situationen, die nicht durch schlichte Anwendung erlernter Verfahren und Techniken gelöst werden können. In einer Studie mit Kinder mit Förderbedarf zeigte Scherer (1995), dass aktiv-entdeckende Lernprozesse auch für Kinder mit Förderbedarf im Lernen die Grundlage für Verstehensprozesse darstellen. Moser Opitz (2008) wies in einer Studie mit Schweizer Kleinklassen nach, dass Kinder mit Lernschwierigkeiten in einem Unterricht, der gemäß aktiv-entdeckenden Prinzipien ausgerichtet war, größere Fortschritte erzielten als in einem Unterricht, der auf die Isolierung von Schwierigkeiten und die Vorgehen in kleinen Schritten abzielt (vgl. Kap. 2.2.3). Dabei wird es jedoch nicht ausreichen, Kindern mit Lernschwierigkeiten, eingeschränkten Vorkenntnissen oder verfestigten Zählstrategien „lediglich Freiräume zum Entdecken und Produzieren zu eröffnen" (Wember, 1999, S. 285). Den Kindern müssen gezielte Hilfestellungen gegeben werden, bspw. durch geeignete Angebote, die die für sie wesentlichen Inhalte in den Blick nehmen. Eine Möglichkeit der Hilfestellung sind geeignete Aufgabenstellungen.

Konkretisierung an ausgewählten Aufgaben

Beispiel 1: Teile-Ganzes-Konzept

Zur Förderung der Einsicht in die Teile-Ganzes-Beziehungen wird auf folgende Aufgabe zurückgegriffen, die sich in ähnlicher Form in vielen Schulbüchern des ersten Schuljahres findet (Wittmann & Müller, 2012a).

1 Lege immer 7.

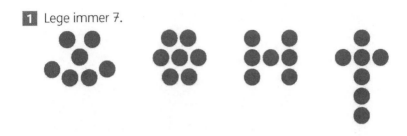

Abbildung 5.1:   Aufgabe zum Teile-Ganzes-Konzept
                 (Wittmann & Müller, 2012a, S. 18)

Die Aufgabenstellung wird aufgegriffen und insofern modifiziert, dass jede
Mengendarstellung den Kindern mehrmals vorgelegt wird (vgl. Abb. 5.2).
Dreimal müssen die Kinder eine Zerlegung zur identischen Darstellung von
Mengen finden. Diese Modifikation soll in Kombination mit der Umsetzung als
Aufgabe als Form kooperativen Lernens (Kap. 5.1.3) dazu führen, dass den
Kindern deutlich wird, dass eine identische Mengenanordnung auf unterschied-
liche Weise zerlegt werden kann.

Die Aufgabe aus dem »Zahlenbuch« legt den Fokus darauf, dass eine gleiche Anzahl auf unterschiedliche Weise dargestellt werden kann. In dem Förderbaustein zur Abzählung vom zählenden Rechnen wird darauf Wert gelegt, dass
erkannt werden kann, dass die gleiche Anzahl auf unterschiedliche Weise dargestellt, auf unterschiedliche Weise zerlegt und diese Zerlegung wiederum auf
unterschiedliche Weise dargestellt werden kann. Konkret heißt dies, dass die
Menge von sieben Plättchen in beiden Darstellungen gelegt werden kann, eine
Zerlegung wie z. B. 5+2 an beiden unterschiedlichen Darstellungen zur sieben
eingezeichnet werden kann und in den jeweils identischen Punktfelder unterschiedlich dargestellt werden kann (Häsel-Weide et al., 2014).

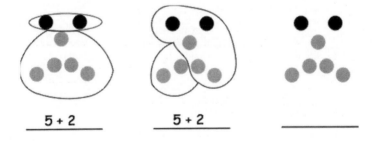

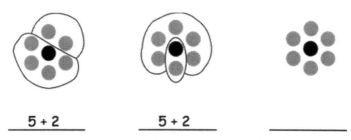

Abbildung 5.2: Aufgaben aus Förderbaustein Ia mit exemplarischer Einkreisung

Beispiel 2: Ergänzung zum Zehner dar- und vorstellen

Ergänzen ist neben dem Abziehen die zentrale subtraktive Grundvorstellung (Selter et al., 2011) und damit eine wesentliche Vorstellung, die Kinder erwerben müssen. Ergänzungen zum Zehner gehören dabei zu den Kernaufgaben, die Kinder verfügbar haben müssen, sodass sie eine sichere Basis für das Erschließen anderer („verwandter") Aufgaben bilden (Wittmann & Müller, 2012b). Zählend rechnende Kinder haben jedoch einfache Aufgaben nicht verfügbar, sondern ermitteln auch die zählend (vgl. 2.2).

Einer Automatisierung von Aufgaben muss jedoch stets ein inhaltliches Verstehen vorangehen (Gester, 2013; Wittmann, 2008), deshalb wird die Lernumgebung so konstruiert, dass die Kinder das Ergänzen zum Zehner mit einer zentralen Handlungsidee aufbauen können. Die Kinder erhalten Punktekarten und sogenannte »Ergänzungsstreifen« (Häsel-Weide et al., 2014, S. 118). Sowohl die Zahlen auf den Punktekarten als auch die Zahlen auf den Ergänzungsstreifen sind strukturiert dargestellt, so dass sie quasi-simultan erfasst werden können bzw. bei der Verwendung eine quasi-simultane Erfassung angeregt und geübt werden kann. Die Ergänzungsstreifen können auf die Punktekarten gelegt werden, so dass die Passung konkret überprüft und das Ergänzen zum Zehner mit der Idee „Welcher Streifen passt?" verbunden werden kann.

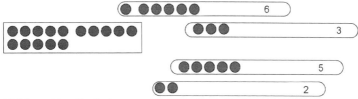

Abbildung 5.3: Punktekarte und Ergänzungsstreifen zu Baustein VIa

Der Vorteil der Ergänzungsstreifen gegenüber einzelnen Plättchen, die bspw. auf ein Zwanzigerfeld oder in ein Rechenschiffchen gelegt werden, ist, dass die Streifen ein Arbeiten mit Gesamtmengen ermöglichen und nicht mit Einzelelementen, wobei die Einzelelemente der Menge sichtbar und zählbar sind. Den

Kindern wird somit der Zugang des Zählens nicht genommen, aber sie werden durch das Material angeregt, eine alternative Idee aufzubauen. Die Lösung der Ergänzungsaufgabe kann am Material abgelesen werden, da auf den Ergänzungsstreifen nicht nur die Menge abgebildet, sondern auch die (An)Zahl notiert ist. Auch dies macht ein Zählen überflüssig und kann Kindern die Erfahrung ermöglichen, eine Aufgabe nicht-zählend lösen zu können.

Der Förderbaustein ist so konzipiert, dass die einzelne Aufgabe in Beziehung zu anderen Aufgaben gesetzt wird. Kinder erhalten eine Vielzahl von Punktekarten und können diese danach ordnen, bei welchen Karten die gleichen Ergänzungsstreifen „eingesetzt" werden können oder mit welchen Karten eine Ergänzung zum gleichen Zehner möglich ist. Diese Aktivitäten initiieren ein Entdecken von Zahl- und Aufgabenbeziehungen.

Doch auch wenn die Förderbausteine wesentliche Inhalte ansprechen und die Aufgaben so konzipiert sind, dass aus didaktischer Sicht eine Erkennen wesentlicher Inhalte und Strukturen optimal angeregt wird, ist dies natürlich nicht garantiert. Lernumgebungen können immer nur Angebote zum Lernen sein, ob Lernen tatsächlich stattfindet und in welcher Form kann nicht vorausgesagt werden. Bei der Konstruktion geht es darum, möglichst günstige Bedingungen zu schaffen, dazu gehören neben der inhaltlichen Ausrichtung auch methodische Umsetzungen. Im Rahmen der Ablösung vom zählenden Rechnen werden weitere Lernchancen durch die Gestaltung in Form einer unterrichtsintegrierten, kooperativen Förderung angenommen.

5.1.2 Unterrichtsintegrierte Förderung

Vorliegende Förderkonzeptionen, die im Rahmen einer allgemeinen Förderung von Kinder mit Lernschwierigkeiten auch die Ablösung vom zählenden Rechnen im Blick haben, richten sich in der Regel an einzelne Kinder oder an kleine Gruppen (vgl. 4.1; Fritz, Ricken & Gerlach, 2007; Gaidoschik, 2009b; Jansen, 2004). Bereits bei der Förderung des flexiblem Rechnens zeigen Rechtsteiner-Merz (2014) und Rathgeb-Schnierer (2010) die Chancen einer Förderung im Klassenverband. Mit den entwickelten Lernumgebungen soll nun eine Förderung im Klassenverband erfolgen, also eine »unterrichtsintegrierte Förderung« (Bartnitzky, 2012; Häsel-Weide & Nührenbörger, 2012).

Grundsätzliche Überlegungen

Da die für zählend rechnende Kinder wesentlichen Inhaltsbereiche zentral für alle Kinder sind (vgl. 5.1.1) eignen sich gerade diese Inhalte des Mathematikunterrichts für eine unterrichtsintegrierte Förderung. Lernumgebungen müssen reiche Möglichkeiten für mathematische Aktivitäten bieten (Wittmann, 1998; 2005; vgl. 4.2.1), so dass alle die Kinder ihren individuellen Zugang finden können. Dabei gilt selbstverständlich, dass „nicht alle Kinder zu gleichen Zeit einen Lernstoff in seiner Ganzheit beherrschen müssen" (Nührenbörger, 2010a), sondern ein Inhalt für zählend rechnende Kinder eine Orientierung und erste Erkenntnis darstellt, während andere hingegen bereits vertiefen und verallgemeinern.

Zählend rechnende Kinder müssen also die Gelegenheit erhalten, für sie wesentliche Inhalte zu bearbeiten, Vorstellungen aufzubauen und Strukturen zu erkennen. Gleichzeitig bedarf es der Möglichkeit der vertieften Einsicht, der Verallgemeinerung und Versprachlichung von struktur-fokussierenden Deutungen für leistungsstärkere Kinder, ggf. auch ein Arbeiten auf einem vertiefenden, arithmetischen Niveau. Dazu werden die mathematischen Inhalte, die für die zählend rechnenden Kinder zentral sind (Kap. 5.1.1), gemäß des Spiralprinzip (Aebli, 1985; Wittmann, 1985) weiterentwickelt, so dass auch leistungsstärkeren Kindern reiche mathematische Tätigkeit abverlangt werden.

Bei der Umsetzung kann einerseits auf die »natürliche Differenzierung« zurückgegriffen werden, um ein Thema auf unterschiedliche und selbstdifferenzierende Weise zu bearbeiten (Krauthausen & Scherer, 2014; Nührenbörger, 2010a; Wittmann, 2010). Bei Lernumgebungen mit natürlicher Differenzierung erhalten alle Kinder der Lerngruppe das gleiche Lernangebot, welches inhaltlich ganzheitlich und hinreichend komplex ist, von den Kindern unterschiedlich bearbeitet werden kann und das Lernen von- und miteinander ermöglicht. Dabei können sich Unterschiede zwischen den Kinder als produktiv erweisen, wie Freudenthal (1974, S. 166) formuliert:

> Im Allgemeinen werden Lernende sich nebeneinander auf verschiedenen Stufen des Lernprozesses befinden, auch wenn sie am gleichen Stoffe arbeiten. Das ist eine Erfahrung, die man in jedem Klassenunterricht beobachten kann. Man betrachtet dies als eine Not, und aus dieser Not will ich eine Tugend machen, jedoch mit dem Unterschied, dass die Schüler nicht neben- sondern miteinander am gleichen Gegenstand auf verschiedenen Stufen tätig sind"

Als Aufgabenformate bieten sich hier insbesondere »offene« Aufgaben an, die den Lernenden erlauben, „sich eigeninitiativ mit einem (neuen) Lerninhalt auseinanderzusetzen und dabei eigene mathematische Ideen zu entfalten, die eigenen Grenzen ausprobierend zu überschreiten oder aber bereits Erarbeitetes im Rahmen eigener Möglichkeiten verweilend zu vertiefen" (Häsel-Weide et al., 2014, S. 28f). Als Eigenproduktionen im Rahmen offener Aufgaben können Kinder angeregt werden, selbst Aufgaben zu erfinden, Vorgehensweisen und Auffälligkeiten zu beschreiben und zu begründen (Sundermann & Selter, 2013, S. 127).

Neben der natürlichen Differenzierung wird die qualitative Differenzierung (Klafki & Stöcker, 1976; Muth, 1983) bezüglich des Zahlenraums, in dem die Aufgaben gestellt werden, genutzt. Auch hierbei geht es weniger, um eine individuelle Adaption des Lerngegenstandes an das vermutete oder diagnostizierte

Niveau der Kinder, sondern um eine »Parallelisierung« (Nührenbörger & Pust, 2011, S. 22) der Aufgaben. Diese kann angeboten werden, wenn Kinder sich innerhalb eines Inhalts an verschiedenen Stellen des Lernprozesses befinden. Zählend rechnenden Kindern kann so eine vertiefende oder wiederholende Auseinandersetzung mit Zahlen und Operationen und deren Beziehung in einem überschaubaren Zahlenraum angeboten werden. Gleichzeitig wird ihnen durch die Parallelisierung der Blick über das Vertraute, möglicherweise auch eng mit zählenden Automatismen verbundene hinaus ermöglicht. Leistungsstärkere Kinder erhalten die Gelegenheit auf ihrem Niveau zu arbeiten und zugleich eine Verbindung zwischen „ihrem aktuellen mathematischen Wissen und ihrer »Zone der früheren Entwicklung«" herzustellen (Nührenbörger & Pust, 2011, S. 24).

Bei der Aufgabenkonstruktion werden zur Parallelisierung die aus dem jahrgangsgemischten Unterricht bekannten »analogen Aufgaben« genutzt (Nührenbörger & Pust, 2011; Nührenbörger & Verboom, 2005; Rathgeb-Schnierer & Rechtsteiner-Merz, 2010). Auf diese Weise wird zählend rechnenden Kindern ein Verbleib und eine Sicherheit im bekannten Zwanzigerraum ermöglicht, so dass hier zunächst grundlegende Strukturen erkannt, Zahlen und Operationen vorgestellt sowie Beziehungen genutzt werden können. Anderen Kindern wird hingegen die Bearbeitung paralleler Strukturen im Hunderterraum angeboten. Dabei geht es einerseits darum, den Kindern eine individuelle Bearbeitung in einem möglichst passenden arithmetischen Niveau zu ermöglichen, andererseits sollen sie im Anschluss an die individuelle Bearbeitung die analogen Beziehungen zwischen den Aufgaben in den Blick nehmen (Häsel-Weide et al., 2014, S. 30). Dabei kann die Analogie der Zahlen, Operationen und Beziehungen zu einer (vertieften) Einsicht in die mathematische Struktur führen. Mit anderen Worten die Parallelisierung dient sowohl als Differenzierung als auch als Fokussierung auf die Strukturen.

Konkretisierung an ausgewählten Aufgabenbeispielen

Beispiel 3: Zahlenfolgen für natürliche Differenzierung

Im Baustein IVb „Zahlenfolgen fortsetzen" erhalten die Kinder einen Satz Streifen mit Zahlenfolgen, die weitergeführt werden sollen. Aus dem gemeinsamen Satz wählt jedes Kinder die Art und Anzahl der Folgen aus, die es bearbeiten will und kann. Dabei sind die Folgen so konstruiert, dass Zählen in Schritten gefordert und gefördert wird, indem die Kinder von unterschiedlichen Startzahlen in 1er-, 2er- und 10er-Schritten vorwärts und rückwärts zählen. Der Fokus liegt jedoch weniger auf dem sequentiellen Zählen, sondern auf dem Produkt des Zählens, der Zahlenfolge. Dabei können zählend rechnende Kinder Folgen im kleiner Zahlenraum auswählen oder vorwärts gerichtete Folgen bearbeiten (Häsel-Weide et al., 2014, S. 99).

Abbildung 5.4: Zahlenfolgen (Häsel-Weide et al., 2014, S. 100)

Anschließend ordnen die Kinder gemeinsam die Zahlenfolgen, sodass sie zuei-nander passen. Das Ordnen führt zu einer Fokussierung auf die Beziehung zwischen den Folgen (z.B. Abstand, Startzahl, gerade/ungerade Zahlen). Hier ermöglicht der Austausch über die Ordnungskritierien, die Relationen zu formulieren und somit zu explizieren. In einem dritten Schritt stehen den Kindern freie Folgen für Eigenproduktionen zu Verfügung, so dass entweder zu Folgen, die nicht zugeordnet werden konnten passende Folgen erfunden oder zu einem Folgenpaar weitere passende Folgen konstruiert werden können. Möglich ist auch, eigene Paare oder Gruppen von ausschließlich selbst erfundenen Folgen zu kreieren (vgl. Abb. 5.5).

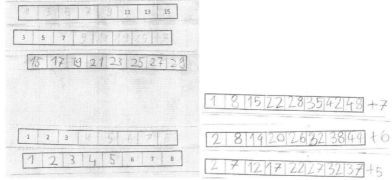

Abbildung 5.5: Dokumente des Sortierens von Zahlenfolgen sowie
Eigenproduktionen

Die Kinder erhalten bei dieser Lernumgebung das gleiche Lernangebot, welches durch die unterschiedlichen, im Hinblick auf die Erkenntnisse der Zählentwicklung konzipierten Zahlenfolgen sowohl komplex ist als auch Kindern mit unterschiedlichen Kompetenzen einen Zugang bietet. Durch die gemeinsame Aktivität des Sortierens und Erfindens neuer Zahlenfolgen wird Lernens von und miteinander ermöglicht. Die Eigenproduktion neuer eigener Streifen ermöglicht ein Vertiefen oder Verweilen auf unterschiedlichem Niveau.

Beispiel 4: Verwandte Aufgaben für Parallelisierung

Um die Kinder zum Erkennen und Nutzen von Strukturen anzuregen, wurden im Rahmen des Bausteins VIIIb »Verwandte Aufgabenserien« erstellt, welche zunächst von den Kindern gelöst und dann verglichen werden sollten. Dabei wurde sowohl die Idee der »Analogen Aufgabe« umgesetzt als auch die Idee der »Parallelisierung«.

Aufgegriffen wurde die Idee der »Schönen Päckchen« (Hirt & Wätli, 2008; Link, 2012; Wittmann & Müller, 1990). Schöne Päckchen nutzen u.a. das Assoziativgesetz, so dass eine Aufgabe unter Nutzung der mathematischen Gesetzmäßigkeiten auf eine andere, bereits bearbeitete Aufgabe zurück geführt werden kann (Häsel-Weide, 2013b). Für die Kinder bleibt dabei die mathematische Gesetzmäßigkeit implizit, d.h. sie wird nicht in Form von formalen Notationen erarbeitet. Die Struktur, die sich ergibt, soll jedoch erkannt und genutzt werden.

Um das Erkennen der Strukturen zu stärken und auch auf anderen Strukturen zu erweitern, wurde das bekannte Format der »schönen Päckchen« so modifiziert, dass jeweils zwei Aufgabenserien aufeinander bezogen sind: Eine Aufgabe ist identisch und die zugrunde liegende mathematische Struktur ist gleich, d.h. ein Summand bleibt konstant, der andere wird beginnend von der ersten Aufgabe um je eins erhöht. Dadurch, dass ausgehend von der gemeinsamen Aufgabe 3+7 auf der linken Karte der zweite Summand und auf der rechten Karte der erste Summand verändert wird, ergeben sich nach dem Gesetz der Konstanz der Summe gleiche Ergebnisse in den nebeneinanderstehenden Aufgaben.

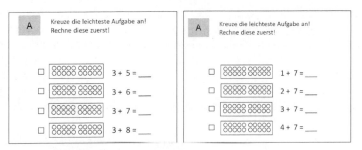

Abbildung 5.6: analoge verwandte Aufgaben

Es entstehen analoge Aufgabenserien, bei denen davon ausgegangen wird, dass durch den Vergleich der Gemeinsamkeiten und Unterschiede zum einen mehr Strukturen erkannt werden können als bei einer Aufgabenserie allein und zum anderen die Analogie möglicherweise auch zu einer Erkenntnis der Verallgemeinerung der Struktur beiträgt.

Die Aufgabenserien wurden als weitere Variation als parallele, analoge Aufgaben im Zwanziger- und Hunderterraum konstruiert:

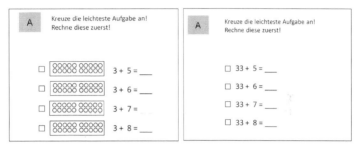

Abbildung 5.7: parallelisierte verwandte Aufgaben

Bei diesen parallelisierten Aufgabenserien steht die dekadische Analogie zwischen den Aufgabenserien als zusätzliche zu fokussierende Struktur im Mittelpunkt. Kinder mit Schwierigkeiten beim Mathematiklernen haben somit hier die Gelegenheiten parallele Strukturen in unterschiedlichen Zahlenräumen zu erkennen und dabei auch Erkenntnisse zum Stellenwertsystem zu gewinnen.

5.1.3 Kooperatives Lernen

Individuelle Förderung ist stets in kollektive Lernprozesse zu integrieren, um mathematisches Verständnis anzuregen (vgl. Kap. 3). Dabei scheinen Formen der formalen Kooperation geeignet, um die Interaktion und Kooperation zwischen den Kindern zu initiieren. Methoden aus dem kooperativen Lernen (Green & Green, 2007; Johnson et al., 2005) fokussieren jedoch auf methodische Überlegungen, ohne gezielt eine Passung zum Inhalt oder gar Fach zu thematisieren. Bei der Ablösung vom zählenden Rechnen steht jedoch die Auseinandersetzung mit Inhalten im Mittelpunkt. Die methodische Entscheidung muss mit der didaktischen abgestimmt werden, um eine bestmögliche Wechselwirkung zu erreichen (Meyer, 1993). Mit anderen Worten: Bei der Wahl der kooperativen Methoden ist darauf zu achten, dass diese in besonderer Weise geeignet sind, die Ziele der Lernumgebungen zu transportieren.

Unter anderem aus dem jahrgangsgemischten Unterricht sind Kooperationsmethoden für den Mathematikunterricht bekannt und erprobt (Brandt & Nührenbörger, 2009; Nührenbörger & Pust, 2011). Gemäß bisherigen Erkenntnissen soll die kooperative Arbeitsphase insbesondere für Kinder mit mathematischen Lernschwächen stark strukturiert sein. Deshalb findet eine Beschränkung auf zwei methodische Settings statt, in denen die Kinder zu zweit tätig werden.

Aufgegriffen wird die Idee der „diskursive[n] Aufgabenformate" (Brandt & Nührenbörger, 2009), die gekennzeichnet ist durch ihre Offenheit gegenüber verschiedenen Lösungswegen, die Übertragbarkeit auf unterschiedliche Darstellungsmöglichkeiten und die Möglichkeit, weitere Fragen zu entwickeln oder ähnliche Strukturen an anderen Aufgaben zu erkennen. Solche Formate verknüpfen mathematische Inhalte und fordern die Lernpartner heraus, über diese zu kommunizieren. „Die initiierten Gespräche beschränken sich somit nicht auf die Mitteilung von Lösungsprozeduren oder Ergebnissen, sondern haben vielmehr die Begründungskontexte für mathematische Zusammenhänge als Kinder" (Häsel-Weide et al., 2014, S. 39). Die gemeinsame Tätigkeit der Kinder beinhaltet Aktivitäten zum (1) Erzählen und Berichten über die eigenen Vorstellungen und Vorgehensweisen, (2) Vergleichen und Hinterfragen und (3) Beschreiben und Begründen spezifischer mathematischer Zusammenhänge.

Dabei muss im Blick behalten werden, dass die Kinder zu Beginn des zweiten Schuljahres diese Aktivitäten vielfach erst lernen müssen. Dies gilt insbesondere für zählend rechnende Kinder, die häufig auch über den Bereich der Mathematik hinaus Schwierigkeiten beim Lernen zeigen. Die Erwartungen an die Dokumentationen und Interaktion der Kinder dürfen deshalb nicht zu hoch sein, sondern die Kinder müssen auf ihrem Weg im Sinne Wembers (1999) begleitet und durch geeignete Angebote unterstützt werden.

Bei der Konstruktion der Lernumgebung zur Ablösung vom zählenden Rechnen wurde deshalb darauf geachtet, die Anforderung durch die Kooperation gering zu halten. Zum einen wurde eine Beschränkung auf eine möglichst feste Kooperation in Partnerarbeit vorgenommen. Dies hat den Vorteil, dass die sozialen Anforderungen an die Kinder geringer sind als in wechselnden Gruppen. Zum anderen wurde die Partnerarbeit in allen Einheiten gemäß zweier fester methodischer Settings umgesetzt (Häsel-Weide, 2013b):

 Im kooperativen Setting »Wippe« arbeiten die Kinder gemeinsam an einer Aufgabe. Dabei übernehmen sie unterschiedliche, aufeinander bezogenen Tätigkeiten. Dies führt dazu, dass die Kinder die Deutungen des Partnerkindes aufgreifen und interpretieren und damit weiterarbeiten müssen. Bei dieser Art der Kooperation ist es zentral, dass die Aufgabenstellung unterschiedliche Deutungen erlaubt, so dass über Deutungsdifferenzen ggf. ein Diskurs über die Strukturen entsteht.

Im kooperativen Setting »Weggabelung« arbeiten die Kinder zunächst individuell, bevor sie dann ihre Produkte vergleichen und gemeinsam eine aufbauende Aktivität durchführen. Bei dieser Art der Kooperation ist es zentral, dass die Kinder nicht identische, sondern analoge Aufgaben bekommen, die den Blick auf die Struktur der Aufgaben lenken.

Zusammenfassend werden also in der unterrichtsintegrierten Förderung zur Ablösung vom zählenden Rechnen zwei methodische Settings eingesetzt, die in Wechselwirkung mit der inhaltlichen Gestaltung der Aufgaben dazu dienen sollen, Kinder in der Interaktion und Kooperation miteinander zu einer struktur-fokussierenden Sicht anzuregen. Im Folgenden werden diese theoretischen Überlegungen an zwei Beispielen konkretisiert.

Konkretisierung an ausgewählten Aufgabenbeispielen

Beispiel 5: Zerlegungen an Punktbildern - Wippe

Abbildung 5.8: Punktebilder zum Zerlegen und Deuten

Die Kinder erhalten im Rahmen der Förderung des Teile-Ganzes-Verständnisses drei gleiche Punktbilder, zu denen sie Zerlegungen finden sollen. Inhaltlich ist das Ziel, dass die Kinder erkennen, dass eine Menge auf unterschiedliche Art und Weise zerlegt werden kann, wobei die Ausgangsmenge stets gleich bleibt. Im kooperativen Setting »Wippe« nennt ein Kind die Zerlegung und das Partnerkind kreist diese am Punktbild ein. Während das erste Kind in das Ganze Teile hineinsieht, muss das Partnerkind die genannte Zerlegung seinerseits deuten und in der Darstellung identifizieren. Da es mehrere Möglichkeiten des Deutens und Einkreisen gibt, kann ein produktiver Diskurs zwischen den Kindern entstehen. Durch die »Wippe« wird somit ein Austausch über unterschiedliche Zerlegungen initiiert, der die Einsicht in die Gleichheit von Zerlegungen bei unterschiedlicher äußerer Gestalt ermöglicht.

Beispiel 6: Vergleich von analogen Aufgaben - Weggabelung

Bei der Bearbeitung der Zahlenhäuser erhalten die Kinder zunächst je die Hälfte eines Arbeitsblattes (d.h. ein Zahlenhaus) und werden aufgefordert, die entsprechenden Zerlegungsaufgaben zu finden. Anschließend legen sie Häuser nebeneinander und überlegen gemeinsam, welche Aufgaben zusammen passen. Die Aufgaben werden im Haus so sortiert und notiert, dass die Summanden aufeinander folgen („wie in einem Aufzug", Nührenbörger / Pust 2011). Dieses Ordnungskriterium stellt einerseits für zählend rechnende Kinder eine Hilfe beim Finden aller Zerlegungsaufgaben dar und fokussiert andererseits auf die mathematischen Strukturen „Konstanz der Summe" und „Kommutativität". Bei den ausgefüllten Zahlenhäusern stehen bei nebeneinander gelegten Zahlenhäusern jeweils die kommutativen Aufgaben in einer Zeile und die innen liegenden Summanden entsprechen der Zahlreihe. Zwar gelten diese Strukturen in jedem Zahlenhaus, das „wie in einem Aufzug" sortiert ist, doch der Vergleich der analogen Häuser macht diese Kriterien besonders deutlich.

Nach dem Kinder gemäß der »Weggabelung« jeder für sich das Zahlenhaus ausgefüllt haben, werden die fertigen Häuser nebeneinander gelegt und verglichen. Die Aufgabe für die Kinder ist zum einen die Aufgaben, die zusammengehören, in der gleiche Farbe anzumalen. Zum anderen soll notiert werden was auffällt.

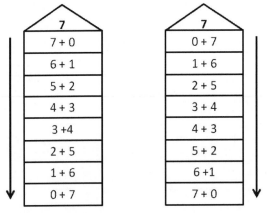

Abbildung 5.9:   analoge Zahlenhäuser zum Vergleich im kooperativen Setting „Weggabelung"

5.2 Konkretisierung der Förderbausteine

Die Förderbausteine für die Hand der Lehrkräfte beinhalteten auf der einen Seite konzipierten Aufgaben für eine differenzierte, kooperative Förderung. Da Lernumgebungen sich jedoch gerade von Aufgaben oder Aufgabenformaten unterscheiden, indem sie über die reine Aufgabe hinaus „eine *Arbeitssituation als Ganzes*" beschreiben (Wollring, 2007, S. 5) erhielten die Lehrkräfte neben dem konkreten Material für die Hand der Kinder auch Anregungen für die Umsetzung.

Jede Fördereinheit wurde in einem ca. zweiseitigen Unterrichtsleitfaden beschrieben. Dieser enthielt eine kurze fachdidaktische Einführung mit den wesentlichen Zielen für die zählenden rechnenden Kinder und Zielen zum vertieften Verstehen. Den Hauptteil bildet eine ausführliche Unterrichtsskizze mit Tafelbildern, Hinweisen für die Einführungs- und Reflexionsphase sowie methodischen Hinweisen für die differenzierenden kooperativen Arbeitsphasen und eine Abbildung der Arbeitsmaterialien. Die Fördereinheit schließt mit Hinweisen für weiterführende Förderideen.

Die Fördereinheiten waren in zehn Bausteine gegliedert, in denen ein enger Bezug zwischen je zwei Fördereinheiten bestand. Beispielsweise wurden im Baustein IXa »einfache« Subtraktionsaufgaben erarbeitet und diese dann im Baustein IXb als Ausgangspunkte für verwandte Aufgabenpaare genutzt. Alle Fördereinheiten sind in z. T. überarbeiteter Version veröffentlicht (Häsel-Weide et al., 2014).

An dieser Stelle wird ein tabellarischer Überblick über die Bausteine gegeben, so dass die inhaltliche Schwerpunktlegung für die zählend rechnenden Kinder nachvollzogen werden kann. Anschließend ist der Leitfaden zu einem Baustein - also zu zwei Fördereinheiten - exemplarisch abgebildet[8], an denen sowohl ein Einblick gewährt wird, welchen Verlauf die Fördereinheiten nehmen sollten und wie genau die Handreichung für die Lehrkräfte aussah. Dabei ist zu beachten, dass nicht in jeder Fördereinheit jedes Design-Prinzip umgesetzt werden konnte. Im Mittelpunkt stand stets die Orientierung am Fach, welche dann in Aufgaben und Aufgabenmodifikation aus bekannten Lernumgebungen umgesetzt wurde:

---

[8] Die hier abgedruckten Fördereinheiten entsprechen im Inhalt und Layout der Version, die in der Studie verwendet wurde und mit denen die Lehrkräfte gearbeitet haben.

5.2.1 Übersicht über die Förderbausteine

I	a	Immer 7	Zerlegen von kleinen Mengen. Fokus auf Mehrdeutigkeit der Zerlegung bzw. Mehrdeutigkeit der Darstellung bei gleicher Gesamtanzahl
	b	Schnelles Sehen von Plättchen-Anzahlen	Schnelles Erfassen kleiner Anzahlen in linearen Anordnungen und Würfelbildern. Fokus auf Zusammensetzungen von Gesamtanzahlen aus „schnell zu bestimmenden Zerlegungen"
II	a	Zerlegen	Zerlegen von Mengen in zwei Teile an der linearen Darstellung. Fokus auf Automatisierung von Zerlegungsaufgaben sowie Erkennen und Beschreiben der Konstanz der Summe
	b	Zahlenhäuser	Zerlegen von Zahlen gemäß der Konstanz der Summe. Fokus auf Erkennen und Nutzen von operativer Beziehungen
III	a	Zahldarstellungen am Zwanzigerfeld	Zuordnen von Darstellungen am Zwanzigerfeld zu Zerlegungsaufgaben. Fokus auf Erkennen unterschiedlicher Strukturen im der gleichen Darstellung
	b	Kraft der Fünf	Mentales Verändern von Zahldarstellungen zu Vielfachen von Fünf. Fokus Automatisierung zentraler Darstellungen und dem Vorstellen von Veränderungen um eins oder zwei

IV	a	Zählen in Schritten	Zählen von unterschiedlichen Startpunkten aus, in unterschiedlichen Abständen, vorwärts und rückwärts. Fokus auf flexiblen Zählen und erstem Erkennen von Zusammenhängen zwischen Zählfolgen
	b	Zahlenfolgen	Zahlenfolgen fortsetzen, sortieren und selbst finden. Fokus auf Erkennen von Beziehungen innerhalb und zwischen Folgen
V	a	Zahlen am Rechenstrich	Zahlen an den Rechenstrich einordnen und dabei die Beziehung zu anderen Zahlen beachten und erkennen. Fokus auf Nachbarzahlen und dekadischen Beziehungen
	b	Zahlbeziehung am Rechenstrich	Zahlen zu Positionen am Rechenstrich finden. Fokus auf Nutzen von Beziehungen zwischen Zahlen und Zählschritten

IV	a	Ergänzen zum Zehner	Zahlen in der Darstellung am Punktfeld handlungsleitend zum Zehner ergänzen Fokus auf Dar- und Vorstellen des Ergänzens sowie dem Erkennen von Beziehungen zwischen Aufgaben mit gleichem Einer
	b	Vermindern zum Zehner	Zahlen in der Darstellung am Punktfeld handlungsleitend zum Zehner vermindern Fokus auf Dar- und Vorstellen der Subtraktion als Abdecken sowie Erkennen von Beziehungen zwischen Aufgaben
VII	a	Verdoppeln mit dem Spiegel	Strukturierte Punktmengen mit dem Spiegel verdoppeln Fokus auf Vorstellen des Verdoppelns
	b	Verdoppeln mit dem Fünfertrick	Beziehung zwischen Verdopplungsaufgaben in besonderen Aufgabenserien erkunden Fokus auf Erkennen und Beschreiben von operativen Beziehungen zwischen Aufgaben

VIII	a	Einfache Additionsaufgaben verändern	»Einfache« Additionsaufgaben verändern Fokus auf Vorstellen von Additionsaufgaben und Erkennen operativer Beziehungen
	b	Verwandte Additionsaufgaben	Operative Päckchen lösen, beschreiben, vergleichen und selbst erstellen Fokus auf Erkennen und Nutzen operativer Strukturen in additiven Aufgabenserien
IX	a	Einfache Subtraktionsaufgaben	»Einfache« Subtraktionsaufgaben (minus 1, minus 10, Vermindern zum Zehner, Vermindern zum Fünfer) darstellen und als einfach erkennen Fokus auf Erkennen und Beschreiben von Kernaufgaben
	b	Verwandte Subtraktionsaufgaben	Operative Päckchen lösen, beschreiben, vergleichen und selbst erstellen Fokus auf Erkennen und Nutzen operativer Strukturen zwischen subtraktiven Aufgabenpaaren
X	a	Verwandte Aufgaben am Rechenstrich	»Einfache Aufgaben« am Rechenstrich operativ verändern und Beziehungen zwischen Aufgaben beim Rechnen nutzen Fokus auf Darstellen und Beschreiben von operativen Zusammenhängen
	b	Zerlegen am Rechenstrich	Beziehungen zwischen Darstellungen von Aufgaben am Rechenstrich erkennen und beschreiben Fokus auf Zerlegen des Summanden bzw. Subtrahenden

5.2.2 Exemplarische Darstellung eines Leitfadens

Baustein V

Zahlen am Rechenstrich

Darum geht es

Zahlen werden oft in der mentalen Vorstellung als lineare Anordnung gesehen. In dieser Einheit wird diese Vorstellung von Zahlen aufgegriffen und durch die Darstellung am Rechenstrich thematisiert. Dabei geht es nicht um eine exakte Bestimmung der Zahlpositionen, wie etwa am Zahlenstrahl, sondern um eine relationale. Im Zentrum steht damit die Position von Zahlen in Abhängigkeit zu anderen Zahlen (Nachbarzahlen, multiplikative Beziehungen). Durch die „fehlende" Skalierung treten diese in den Vordergrund, da ein Abzählen von Einheiten nicht möglich ist.

Einstieg

L. hängt eine Leine an der Tafel auf. Die Karten 0, 10 und 20 hängen daran. An der Tafel hängen mit Magneten die Zahlenkarten 3, 4, 9, 14, 16, 19. Kinder hängen die Karten an die Leine. Kinder erläutern, warum sie die Zahl an diesen Platz gehängt haben. L. stellt ggf. Fragen „Welche Zahlen hängen nebeneinander?" „Wo muss man noch Platz lassen, weil noch eine Karte dazwischen hängen könnte?"

Material/Tafelbild

dicke Paketschnur
Zahlenkarten Demo (s. Material)
Wäscheklammern oder Magnete

Alternativ kann auch ein Strich an die Tafel gezeichnet werden.

Arbeitsphase

Drei Rechenstriche werden auf die Tische geklebt. Jedes Paar bekommt drei Rechenstrichleinen.
Die Paare erhalten drei Sätze mit Zahlenkarten. Kinder ordnen diese abwechselnd am Rechenstrich an. Durch das abwechselnde Anlegen wird ein Austausch über die richtige Position zwischen den Kindern provoziert.

Paare tragen Zahlen auf leere Karten und hängen diese dazu.

Dicker Bauwollfaden oder Paketschnur am besten vor Unterrichtsbeginn auf die Tische der Kinder kleben. Die Karten können dann darunter gesteckt werden.

Hier kann auch ein Strich auf die Tische gezeichnet werden, die Karten müssten dann evtl. mit Tesa fixiert werden.

0	2	4	6	9
10	11	18	19	20

0	5	10	15	20

dicke Paketschnur
Zahlenkarten (s. Material)

Reflexion

Der Rechenstrich aus dem Einstieg hängt noch an der Tafel. Ein zweites Seil für den zweiten Rechenstrich mit den Orientierungskarten 0 und 20 wird aufgehängt.die Paare werden aufgefordert, die Zahlenkarten wie in der Arbeitsphase aufzuhängen. Je ein Kind aus dem Paar hängt auf, das andere erläutert die Position. Kinder beziehen die Positionen der schon hängenden Karten in ihre Begründung ein. L. gibt ggf. Impulse: „Guckt euch beide Rechenstriche an?" „Wo hängt oben die ...?"

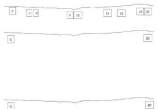

Ein drittes Seil wird mit deutlichem Abstand aufgehängt und die Orientierungskarten 0 und 40 aufgehängt. Die Kinder hängen die Zahlenkarten aus der Reihe bis 40 auf und begründen die jeweilige Position. L. gibt Impulse: „Was fällt euch auf?" „Welche Zahl ist in der Mitte?" „Was hat sich verändert?"
Gespräch über die gleiche Gesamtlänge der Rechenstriche bei unterschiedlichen Zahlräumen: „Darf man das eigentlich so machen?" „Was für Folgerungen ergeben sich daraus für die Abstände zwischen den Zahlen?"

Ggf. Information durch L.: Es gibt keine feste Einteilung auf dem Rechenstrich. Wichtig ist die Beziehung zwischen den Zahlen. Die „Skalierung" wird festgelegt durch Orientierungskarten (Anfangs- und Endzahl).

Mögliche Vorgehensweisen der Kinder

Die Anordnung der Zahlen an den Rechenstrichen fällt Kindern i.d.R. leicht und geht schnell. Deshalb empfiehlt es sich, die „Rechenstrichleinen" vor der Stunde zu befestigen. Leistungsschwächere Kinder gehen oft von links nach rechts vor und zählen dabei kleine Einheiten ab. Diese Strategie trägt bei den ersten beiden Zuordnungen zum Rechenstrich noch gut. Die Zahlenkarten des dritten Rechenstrichs zielen auf eine andere Strategie ab, nämlich die des Halbierens der Gesamtstrecke. Diese Strategie sollte in der Reflexion besonders besprochen werden.

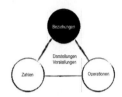

Zahlbeziehungen am Rechenstrich

Darum geht es

In dieser Einheit werden nicht zu vorgegebenen Zahlen passende Positionen gesucht, sondern Positionen am Rechenstrich Zahlen zugeordnet. Dies kann nur gelingen, wenn Kinder die Beziehungen zwischen den angegebenen Zahlen nutzen und bspw. die Nachbarzahlen finden.

Die Stunde bereitet auf den letzten Baustein vor, in dem an Rechenstrichen Operationen dargestellt und vorgenommen werden sollen.

Einstig

L. gibt informierenden Einstieg: „Heute machen wir noch mal etwas mit den Rechenstrichen wie in der letzten Stunde. Nur habe ich heute keine Leine mehr mitgebracht. Ich male den Rechenstrich jetzt einfach auf". L. zeichnet einen Freihandrechenstrich an die Tafel und trägt die Randzahlen 0 und 20 ein.

L. macht einen Strich in die Mitte des Rechenstrichs. „Welche Zahl steht hier?" L. macht weitere Striche bei ungefähr 11, 19 und 5 und 6. Die Kinder nennen die Zahlen und begründen ihren Vorschlag.

Im Mittelpunkt des Unterrichtsgesprächs stehen: Strategien zum Ermitteln von Zahlen durch Stützpunkte (Halbieren, Orientierung an Zehnerzahlen, Nachbarzahlen).

Material/Tafelbild

Arbeitsphase

 Die Paare erhalten Rechenstriche auf Streifen mit unterschiedlichen Randzahlen. Die Kinder tragen zunächst jeder für sich an vorgegebene Striche Zahlen ein.

Die Arbeitsphase wird nach bestimmter Zeit abgebrochen.

Die Paare ordnen bearbeitete Rechenstriche und vergleichen die eingetragenen Zahlen.

Die Paare wählen einzelne Rechenstrichstreifen aus und kleben diese zu einem großen Rechenstrich zusammen.

Streifen

AB Va Streifen

Reflexion

Die Paare hängen ihre Rechenstriche an einem Tafelflügel auf. Die Rechenstriche werden gewürdigt, evtl. verglichen.

Rechenstrich mit den Zahlen 0, 20, 40, 60, 80 und 100 und den Strichen bei den fehlenden Zehnern steht an der Tafel. Die Kinder tragen fehlende Zehner ein.

L. zeigt dann Zahlenkarten mit fehlenden Stellen. Die Kinder vermuten, welche Zahl dies sein könnte und in welchem Abschnitt sie stehen müsste. Für jede Zahl werden mehrere Alternativen besprochen.

Zahlenkarten mit fehlenden Stellen
(dreifach vorhanden)

Mögliche Vorgehensweisen der Kinder

Die Deutung von Strichen am Rechenstrich fällt einigen Kindern deutlich schwerer als das Zuordnen von Karten. Vor allem bei den Rechenstrichen 1 und 3 muss die Strategie des Halbierens angewendet werden, um zum richtigen Ergebnis zu kommen. Kinder sind sich z. T. nicht sicher, ob die Striche beim zweiten Rechenstrich als 1 und 19 oder 2 und 18 interpretiert werden sollen. Beides kann begründet werden und sollte zugelassen werden. Dies ggf. spontan in der Reflexion aufgreifen.

6 Struktur-fokussierende Deutungsaushandlungen im Rahmen des kooperativen Lernens

Interaktionen im Rahmen des kooperativen Lernens können dazu führen, dass Kinder durch die Deutungsdifferenzen einen stärker fokussierenden Blick auf den Gegenstand werfen. Mit anderen Worten: Unterschiedliche Deutungen von mathematischen Zeichen können den Kindern in der Kommunikation und Kooperation bewusst werden und zu einer Erweiterung ihrer eigenen Deutungen führen. Im Hinblick auf die Ablösung vom zählenden Rechnen interessiert insbesondere welche Strukturen von den Kinder erkannt, diskutiert und genutzt werden, die alternative Deutungen zu zählenden Sichtweisen sind. Als alternative bzw. erweiternde Sichtweise zum zählenden Rechnen können auf der Grundlage der theoretischen Überlegungen diejenigen Deutungen angesehen werden, bei denen Kinder Strukturen zwischen Zahlen und zwischen Aufgaben in den Blick nehmen. Ebenso entsprechen Deutungen, die auf ein Operationsverständnis schließen lassen, bspw. wenn zwischen unterschiedlichen Repräsentationsebenen Verbindungen hergestellt werden können, einer Erweiterung eines ausschließlich zählenden Zugangs. Diese Art der Deutungen sollen im Folgenden struktur-fokussierende Deutung genannt werden. Sowohl der Begriff als auch die Zuordnung zu dem Begriff wird sich im Rahmen des abduktiven Prozesses der Interpretation weiter ausschärfen (vgl. Kap. 4.2.2).

In diesem Kapitel werden die Interaktionen der zählend rechnenden Kinder und ihre Partnerkinder dahingehend analysiert, inwiefern sich zwischen den Kindern in der Kooperation unterschiedliche Deutungen zeigen. Dabei sind zwei Fragen handlungsleitend: (1) Kann in der Interaktion eine strukturfokussierende Deutung rekonstruiert werden und was macht dies aus? (2) Kommt es zwischen den Kindern zu Deutungsdifferenzen und führt die Aushandlung dieser zu einer Erweiterung oder Modifizierung eigener Deutungen und ggf. zu einer struktur-fokussierenden Deutung. Einleitend werden, aufbauend auf den Ausführungen zur epistemologischen Sicht auf Interaktion (Kapitel 3.2) und Grundannahmen der interpretativen Unterrichtsforschungen (Kap. 4.2.2), Überlegungen zu Deutungsaushandlungen diskutiert und daraufhin prototypische Szenen analysiert.

6.1 Anstöße für Deutungsaushandlungen

Zu einer Aushandlung von Deutungen kommt es nicht automatisch – auch nicht in kooperativ-kommunikativen Situationen. Sind sich Kinder in ihrer Deutung, ihrem Vorgehen oder in ihrem Ergebnis einig, gibt ihnen die Kooperation kaum

Anlass einen alternativen Blick auf die Strukturen einzunehmen. Das „Mehr" der Kooperation zeigt sich deshalb vor allem in der Uneinigkeit, oder wie Miller formulieren würde, in der Strittigkeit (Miller, 2006, S.217; Gellert & Steinbring, 2012). Diese kann sich produktiv auswirken und zu fundamentalem Lernen führen: Learning opportunities occur for children both as they attempt to resolve conflicts and as they build on each other's activity as they meaningfully interpret each other's actions and comments (Yackel, Coob, & Wood, 1993, S. 44).

Bei jüngeren Kindern besteht die Gefahr, dass sie trotz aller kommunikativen Prozesse vor allem relational lernen, d. h. eine Erweiterung des Wissens durch neue Fakten und Regelwissen, ohne systematische Überschreitung des alten Wissens (Nührenbörger, 2009). Auf der Grundlage der Ergebnisse aus den ersten beiden Grundschuljahre ist bei Kindern mit (mathematischen) Lernschwächen zu Beginn des zweiten Schuljahres nicht zu erwarten, dass fundamentale Lernprozesse auf der Basis kollektiver Argumentationen rekonstruiert werden können (Schwarzkopf, 2000). Vielmehr geht es darum, Anlässe für differente Deutungen oder Deutungserweiterungen zu rekonstruieren und dabei zu analysieren, inwieweit strukturelle Sichtweisen auf mathematische Zeichen eingenommen werden. Für verfestigt zählend rechende Kinder ist es ein großer Schritt, alternative Deutungen zu Zahlen, Operationen und Mustern zu entwickeln, nachzuvollziehen und ggf. in den eigenen Deutungskanon aufzunehmen. Dabei muss kein vollständiges Verstehen einer alternativen Deutung erreicht werden, denn „für das Auslösen struktureller Lernprozesse ist es noch nicht einmal erforderlich, einen Konsens über den Dissens zu erzielen. Erforderlich ist lediglich, dass das Verfahren des gegenseitigen Verstehens von Differenzen in Gang kommt" (Miller, 2006, S. 217f).

Nührenbörger (2010b) beschreibt unterschiedliche, als produktiv für Deutungshandlungen eingeschätzte, Geschehnisse (Kap. 3.2.2), durch eine Deutungsdifferenz entstehen kann, welche dann ausgehandelt werden kann. Zentral ist, dass eine „Differenz", etwas Fremdes, Unerwartetes oder eine Irritation vorliegt. Nührenbörger und Schwarzkopf (2010b S. 719) sprechen von »produktiven Irritationen«, die entstehen, „wenn bisherige Ansichten, Zugangsweisen, Vorstellungen oder Erwartungen im Zuge der fachlichen Notwendigkeit versagen". Diese Irritation kann sich in der Kooperation natürlich entwickeln, wenn die beiden Kinder durch ihre individuelle Auseinandersetzung die vorliegenden mathematischen Zeichen unterschiedlich gedeutet haben.

Durch die Konstruktion der Aufgaben wurde versucht die Chance der Deutungsdifferenzen zu erhöhen und Mehrdeutigkeiten zu initiieren (Kap. 4). Dabei wurden offene und diskursive Aufgabenformate eingesetzt, die in den kooperativen Settings »Wippe« und »Weggabelung« von den Kinderpaaren bearbeitet wurden (Kap. 5). Allen Designs liegt das Streben nach einer mehrdeutig zu interpretieren Struktur zu Grunde, wobei die Aufgabensetting nicht »theoretisch mehrdeutig« sind (Steinbring, 1994), sondern vielfältige »empirische« Deutungen zulassen. Mit anderen Worten: Die in den Lernumgebungen verwendeten Zeichen lassen vielfältige Interpretationen zu, „jedoch unter Aufrechterhalten der empirischen Bedeutungskonstruktion für mathematische Zeichen" (Steinbring, 1994, S. 17), also der konkreten Zuweisung einer Anzahl zu der Zahl oder zu den dargestellten Objekten[9].

Beim Vergleich von *analogen Aufgaben* (Kap. 5) können von den Kindern unterschiedliche Aspekte des entstehenden arithmetischen Musters in den Blick genommen werden.

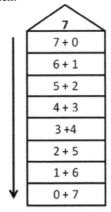 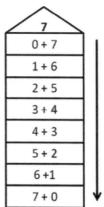

Abbildung 6.1: Analoge Zahlenhäuser

Der Vergleich der analogen Zahlenhäuser in der zweiten Phase des kooperativen Settings »Weggabelung« (Kap. 5) erlaubt das Erkennen unterschiedlicher Strukturen des, durch die beiden Zahlenhäuser entstehenden, mathematischen Musters. So können sowohl kommutative Beziehungen innerhalb als auch zwischen den Häuser erkannt werden - also auch die Veränderung eines Summanden oder der Summe. Während diese als struktur-fokussierende Deutungen angesehen werden, ist es gleichwohl auch möglich eine empirisch konkrete Deutung vorzunehmen. Hierbei wird möglicherweise festgestellt, dass jede Aufgabe in jedem Haus zu finden ist – ohne dass weitergehende strukturelle Beziehungen betrachtet werden. Durch die vorhergegangene individuelle Bearbeitung in der ersten Phase der »Weggabelung« ist zudem bereits eine Deutung – bezogen auf das Muster in dem eigenen Haus – nahegelegt, welche dann anderen Deutungen

---

[9] Steinbring (1994) unterscheidet von der empirischen Mehrdeutigkeit die theoretische Mehrdeutigkeit, in der jedes Objekt nicht mehr für eine konkrete Anzahl steht, sondern, unter Berücksichtigung von Relation in der Darstellung, für eine beliebige Anzahl stehen kann und die Elemente im Diagramm eine elementare Variablenfunktion erhalten.

oder dem durch das Betrachten beider Teile neu entstehendem Muster gegenüber steht.

Wird die kooperative Lernsituation durch die *gemeinsame (Weiter)Arbeit*
an einem Muster bestimmt (vgl. 6.2.3), so ist dieses Muster bewusst so komplex
gestaltet, dass unterschiedliche, von den Kindern fokussierte, Strukturen offen-
gelegt, besprochen und ggf. in ihrer Bedeutung für die Fortsetzung des Musters
ausgehandelt werden können (vgl. Abb. 6.15)

Ein ähnliches Prinzip liegt dem *gemeinsamen Sortieren* von Aufgaben,
Zahldarstellungen, Zahlenfolgen o.ä. zu Grunde. Die vorgegebenen „Teile"
können zu unterschiedlichen Mustern sortiert werden, so dass auch hier Differenzen zum Tragen kommen können und zu einer möglichst produktiven Deutungsaushandlung führen können und auch sollen (vgl. Kap. 5.1.2).

In Sinne der *mehrdeutigen Interpretation von Darstellungen* wurde z. B.
bei Zerlegungen in Punktbildern auch eine Deutungsdifferenz ermöglicht, die
direkt ausgehandelt werden muss, bspw. beim Einzeichnen der gesehenen Zerlegungen in Punktebildern (vgl. 5.1.1 & 5.1.3)

Für alle diese konstruktiven Überlegungen gilt, dass sie natürlich keine
Differenz oder einen Dissens garantieren, sondern lediglich die Chance erhöhen,
dass Deutungen besprochen und diskutiert werden. Sind sich die Kinder in ihrer
Deutung einig oder werden eigene Interpretationen nicht vorgebracht, z. B. weil
die Rollen der Kinder dominieren und das leistungsstärkere Kind entgegen des
eigentlichen Arbeitsauftrags auch die Aufgaben des zählend rechnenden Kindes
übernimmt, sind weder relative noch fundamentale Lernprozesse zu erwarten.
Zusätzlich zum Aufgabendesign kann und sollte die Lehrkraft deshalb versuchen, eine Deutungsaushandlung zu initiieren, indem sie die Deutungen der
Kinder bewusst hinterfragt oder alternative Deutungen einnimmt. Dies ist in der
Arbeitsphase möglich, kann (zusätzlich) jedoch auch in die Reflexion geschehen
(Nührenbörger & Schwarzkopf, 2010b).

Neben diesen „konstruierten" Anlässen für Deutungsdifferenzen, die an
kooperative Tätigkeiten gebunden sind (vergleichen, sortieren, weiterführen,
interpretieren) können Gespräche zwischen Kindern stattfinden, die sich aus
anderen Geschehnissen ergeben, z. B. wenn ein Kind dem anderen ein Frage
stellt, wenn ein Fehler passiert und dieser von den Kinder diskutiert wird oder
ein Kind dem anderen bei der (eigentlich) individuell zu leistenden Bearbeitung
hilft. Da solche Ereignisse i.d.R. auf eine individuelle Irritation folgen (z. B. ein
Fehler fällt nur auf wenn bemerkt wird, dass das Muster gestört ist) besteht hier
bereits eine produktive Irritation (Nührenbörger & Schwarzkopf, 2013a), die
nicht erst durch die Aufgabenkonstruktion erzeugt werden muss.

Zusammenfassend lassen sich somit folgende „Anlässe" für ein Initiieren
von Deutungsaushandlungen unterscheiden, zu denen im Weiteren die Vorgehensweisen der Kinder rekonstruiert werden.

1) Initiierte Anlässe durch mehrdeutige Aufgabenkonstruktion konkretisiert durch
   a) Vergleich analoger Aufgaben
   b) Sortieren
   c) gemeinsame Weiterführung eines mehrdeutigen Musters
   d) Interpretation von Zahlen / Aufgaben in empirisch mehrdeutigen Anschauungsmitteln
2) Informelle Anlässe durch Fehler, Nachfragen oder Helfersituationen

6.2 Rekonstruktion von Deutungsaushandlungen

Bei den im Folgenden analysierten Szenen handelt es sich um Episoden, die ihren individuellen Charakter zeigen und nicht als „auszählbare" Prototypen von „Interaktionsbeispielen" fungieren. Trotzdem sind sie mehr als Einzelfälle, da an ihnen exemplarisch deutlich wird, wie Deutungsaushandlungen erfolgen und auf welche Art und Weise dies zum Lernen der Kinder beiträgt. Die Verallgemeinerbarkeit liegt dabei nicht in der empirisch-statistischen, sondern in der empirisch begründeten Theoriebildung (Beck & Maier, 1993)

6.2.1 Thomas und Max erkennen die Kommutativität von Zahlenhäusern

Überblick über die Fördereinheit und zeitliche Einordnung der Szene

Der Förderbaustein „Zahlenhäuser" hat das Ziel, die Kinder zum Nutzen von Strukturen anzuregen. Deshalb ist eine Voraussetzung, dass den Schülerinnen und Schülern des zweiten Schuljahres das Aufgabenformat Zahlenhäuser bekannt ist oder gezielt eine Stunde zum Kennenlernen des Aufgabenformats vorgeschaltet wurde (Häsel-Weide et al., 2014). Dies ist deshalb wichtig, da in der Stunde im Rahmen der unterrichtsintegrierten Förderung die Aufgaben gemäß des Ordnungssystems »Aufzug« (Nührenbörger & Pust, 2011) ins Zahlenhaus eingetragen werden sollen, um die Konstanz der Summe in besonderer Weise zu betonen. Hiermit wird an den vorhergehenden Baustein angeknüpft, in dem Zahlzerlegungen an der Punktreihe vorgenommen und in der Reflexion alle Zerlegungen einer Zahl gesammelt und sortiert wurden. Diese systematische Anordnung der Zerlegungen kann Kindern helfen, auf der symbolischen Ebene die Zahlzerlegungen zu finden, indem sie die operative Beziehung zwischen den Termen ausnutzen. Gerade das Nutzen von Aufgabenbeziehungen ist für die Ablösung vom zählenden Rechnen von entscheidender Bedeutung. Neue Zerlegungsaufgaben werden aus bereits aufgestellten Termen abgeleitet und die mathematische Struktur so zum Lösen der Aufgaben genutzt.

Im Einstieg werden vorgegebene Zerlegungen in das Zahlenhaus zur Zahl fünf eingeordnet, günstige Anordnungen besprochen und eine Sortierung gemäß des »Aufzugs« vorgegeben (Häsel-Weide et al., 2014, S. 74). Die Kinder erhalten in der Arbeitsphase die Zahlenhäuser und sollen diese in der ersten Phase der Partnerarbeitsform »Weggabelung« (vgl. Kap. 5.1.3) unter Berücksichtigung des Sortierkriteriums »Aufzug« füllen. Anschließend werden die Zahlenhäuser zur Zahl sieben bzw. 70 verglichen. Gemäß den Konstruktionsprinzipien der Fördereinheiten liegen die Aufgabenstellungen in parallelisierter Form für den Zwanzigerraum und als Zerlegungen von Zehnern im Hunderterraum vor. Die Häuser für ein Kinderpaar sind analog, aber nicht identisch (vgl. Abb. 6.2).

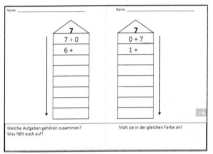 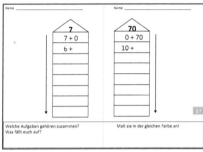

Abbildung 6.2:   Struktur-analoge Zahlenhäuser zu 7 bzw. 7 und 70 (ABs werden in der Mitte zerschnitten, jedes Kind bekommt eine Hälfte)

Diese Differenz zwischen den Häusern soll die auf- bzw. absteigende Folge der Summanden sowie die Kommutativität innerhalb eines Hauses und zwischen den Häuser deutlicher machen, also den Blick der Kinder auf die Strukturen lenken. Die Kinder werden aufgefordert, die Häuser zu vergleichen, Auffälligkeiten zu markieren und zu notieren. Die Stunde schließt mit dem Austausch der Kinder in der Gesamtgruppe über unterschiedliche Strukturen, die von den Kinderpaaren gemeinsam an der Tafel sichtbar gemacht und beschrieben werden. (Häsel-Weide et al., 2014, S. 77).

Zusammenfassende Charakterisierung des bisherigen Verlaufs

Den Schülern Thomas und Max aus der zweiten Klasse einer Grundschule mit Gemeinsamen Unterricht wurden die Zahlenhäuser zu sechs und sieben ausgehändigt. Die Kinder sitzen nebeneinander an einem Gruppentisch im Klassenraum und beginnen jeder für sich die Zerlegungen zu den Zahlenhäusern zu finden. Max startet mit dem Zahlenhaus zu Sechs, findet schnell Aufgaben, scheint jedoch nicht sicher, da er häufig radiert. Da er seinen Arm vor die Aufgabenbearbeitung hält, ist nicht zu rekonstruieren, was ihm Schwierigkeiten macht. Das Zahlenhaus zur Sieben« füllt er anschließend zügig aus (vgl. Abb. 6.3). Thomas, ein Junge mit Förderbedarf im Lernen, der im Vortest als verfestigter zählender Rechner eingestuft wurde, beginnt mit dem Zahlenhaus zur sieben. Er ergänzt die vorgegebene Zerlegung von „1 + _" richtig mit 6, notiert dann während fast sieben Minuten die Aufgaben 2+7, 7+0 (diese wird wieder wegradiert), 1+6, 3+5, 1+4, 1+3. Die hinzukommende Lehrkraft weist ihn auf den »Aufzug« hin, indem sie spaltenweise auf die Summanden tippt. Thomas radiert daraufhin viele der Aufgaben aus, bis ihm das unten dargestellte Dokument vorliegt. Max ist mittlerweile mit beiden Zahlenhäusern fertig und holt die Lehrkraft. Als diese den Arbeitsplatz der Kinder erreicht, liegen folgende Zahlenhäuser mit der Dachzahl sieben vor:

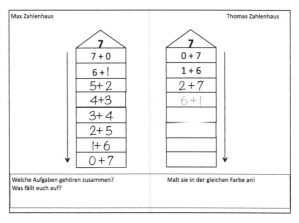

Abbildung 6.3:   Zahlenhäuser der Kinder zu Beginn der Szene[10]

Rekonstruktion der Deutungen

Die Lehrkraft kommentiert die Bearbeitung von Thomas nicht inhaltlich, sondern sie schiebt das Blatt in Mitte zwischen die Kinder und fordert Max auf, Thomas einen Tipp zu geben. Max zieht daraufhin das Zahlenhaus von Thomas zu sich hin und radiert die vierte Aufgabe (6+1) vollständig oder sauberer aus. Dann trägt er die Aufgabe 3+4 in die vierte[11] Etage ein. Thomas scheint nicht damit zufrieden, dass Max nun sein Zahlenhaus bearbeitet und zieht das Blatt mit den Worten „Sag mir einfach nur die Zahlen" wieder zu sich. Ihm scheint deutlich zu sein, dass er Hilfe beim Finden der Aufgaben benötigt und er kann diese Hilfe auch von Max annehmen. Doch zumindest das Notieren der Zahlensätze scheint er selbst erledigen zu wollen. Als er das Zahlenhaus wieder vor sich liegen hat, stellt er folgendes fest.

---

[10] Beim Zahlenhaus von Thomas ist nicht sicher, inwieweit er die Aufgabe 6+1 bereits vollständig ausradiert hat oder sie noch (leicht oder in Teilen) sichtbar ist.

[11] Da die Kinder die Zahlenhäuser von oben nach unten ausfüllen, werden die Etagen von oben nach unten nummeriert, d.h. die erste Etage entspricht der obersten, die achte Etage der untersten.

Thomas	Das ist doch ne sieben (*tippt mit dem Finger auf die zweiten Summanden 7, 6, 7, 4, unverständlich 2 Worte*) sieben, vier, das passt ja gar nicht (*streicht mit dem Finger von oben nach unten zuerst über Spalte der linken Summanden dann über die Spalte der rechten Summanden*)

Thomas betrachtet hier von sich aus die eingetragenen Aufgaben im Zahlenhaus und scheint zu kontrollieren, ob sie dem Muster entsprechen, das erzeugt werden soll und auf das er im Vorfeld bereits von der Lehrkraft hingewiesen worden ist. Es sieht so aus, als ob er zunächst nur die rechten Summanden betrachtet und prüft, ob diese der Zahlenfolge folgen. Hier scheint es vor allem die Folge von sieben und vier zu sein, die ihn irritiert. Anlass für die Fokussierung der Struktur ist die von Max notierte Aufgabe, welche das Muster stört, so dass zu prüfen ist, ob irgendwo ein Fehler vorliegt. Die vorliegende Folge 7, 6, 7 hat möglicherweise der Deutung von Thomas entsprochen, dass die notierten Zahlen mit Abstand eins aufeinander folgen sollen. Jetzt ist jedoch dieses Muster gestört. Obwohl Thomas hier auf eine mathematische Struktur schaut, nämlich die Folge der natürlichen Zahlen, kann im Hinblick auf die Ablösung des zählenden Rechnens nicht von einer den zählenden Zugang erweiternden Deutung gesprochen werden. Gerade die Folge der natürlichen Zahlen wird als zentraler Referenzkontext beim Zählen genutzt.

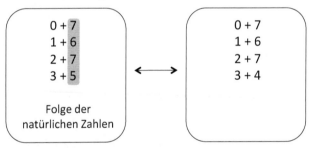

Abbildung 6.4:   Thomas' Deutung der zweiten Summanden[12]

Als Konsequenz radiert Thomas die Aufgabe 3+4 wieder aus. Max konstatiert zudem, dass die Aufgabe 2+7 falsch ist, so dass Thomas auch diese komplett ausradiert. Im Zahlenhaus stehen nun die Zerlegungen 0+7, 1+6 in den beiden oberen Etagen. Max nennt die Aufgabe 5+2, wahrscheinlich mit der Intention, dass Thomas diese in die nun freie dritte Etage eintragen kann. Dabei schaut er

---

[12] Deutungen in Bezug auf den Referenzkontext „zählendes Rechnen" werden dünn umrandet dargestellt, während struktur-fokussierende Deutungen dick umrandet werden.

zuvor auf sein Arbeitsblatt, so dass davon ausgegangen werden kann, dass er die Aufgabe vorliest, welche in seinem (analogen) Zahlenhaus in der dritten Etage eingetragen ist.

Max	Fünf plus zwei.
Thomas	(*schaut auf sein Arbeitsblatt und verharrt etwa 3 Sekunden in dieser Position*) Zwei plus fünf müssen wir doch (*nimmt sich Max' Arbeitsblatt und zeigt darauf mit einem Stift auf die Aufgabe „5+2", guckt dann wieder auf sein Arbeitsblatt, nimmt den Finger schnell von Max' Arbeitsblatt weg*).
Max	(*lehnt sich nach vorne an den* Tisch) Fünf.
Thomas	(*zeigt auf das Zahlenhaus auf Max' Arbeitsblatt*) Bei dir ist es anders herum (*guckt wieder auf sein Arbeitsblatt und zeigt mit dem Stift auf* etwas). Ich muss hier, ich muss hier 'ne Zwei hinmachen (*zeigt auf Max*). Bei dir ist es anders herum.
Max	(*beugt sich zu Thomas, guckt mit auf sein Arbeitsblatt und zieht dieses ein Stück zu sich heran*)
Thomas	Guck, da ist die Null und bei dir ist da die Null. (*zeigt auf die Aufgabe „0+7" auf seinem Arbeitsblatt; Max zieht das Arbeitsblatt weiter zu sich, Thomas zieht es zurück, um etwas zu notieren*). Also muss zwei plus fünf. (*notiert die Aufgabe „2+5" während er sie leise zu sich selbst sagt*) Zwei plus fünf.

Thomas scheint die Passung der Aufgabe wieder in Bezug auf das Muster der Zahlenfolge zu prüfen und stellt fest, dass die Aufgabe in der Form, in der sie Max genannt hat, nicht zum zu erzeugenden Muster passt. Möglicherweise erinnert er sich jedoch, dass er bereits die Aufgabe 2+7 in seinem Zahlenhaus eingetragen hatte und es könnte sein, dass hier die Ursache für die Idee liegt, die Summanden der Aufgabe zu tauschen und aus der Aufgaben 5+2 die Aufgabe 2+5 zu bilden. Thomas sieht hier eine Differenz zwischen den Zahlenhäusern. Seine Beschreibung: „Ich muss hier 'ne Zwei hinmachen" weist darauf hin, dass er an dieser Stelle vor allem die Positionen der Zahlen beachtet und nicht die mathematischen Gesetzmäßigkeit der Kommutativität erkannt hat. Er scheint seine Beobachtung dann an einem zweiten Beispiel zu überprüfen und wählt hierzu die bereits vorgegebenen Zerlegungen. Der Versuch der Verallgemeinerung geht damit über ein zweites Beispiel, bei dem davon ausgegangen werden kann, dass die Zahl sicher richtig ist.

Auch wenn Thomas eine konkrete empirische Deutung der Zeichen einnimmt, kann festgehalten werden, dass er die „vorgelesene" Zerlegung nicht einfach überträgt, sondern im Hinblick auf die erkannte Struktur überprüft und ihm hierbei eine bisher nicht besprochene Beziehung zwischen den Aufgaben in den Zahlenhäuser auffällt. Das Erkennen der vertauschten Zahlen und damit der erste Ansatz zum Erkennen der Kommutativität scheint durch die analoge Konstruktion der Zahlenhäuser beeinflusst zu sein. Die Konstruktion des Settings löst somit an dieser Stelle eine neue Deutung aus. Allerdings scheint sich auch diese Deutung eher an konkret sichtbaren Elementen zu orientieren, wie die Position der Zahlen und nicht die dahinterliegende mathematische Struktur in den Blick zu nehmen.

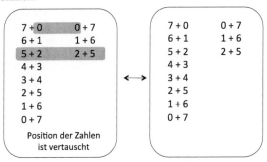

Abbildung 6.5: Erste Deutung der Differenzen zwischen Zahlenhäusern

Thomas notiert als nächstes die Aufgaben 3+4 und 2+5, wobei er die Aufgabe 3+4, die zuvor von Max notiert und zwischenzeitlich ausradiert wurde, nun wieder einzutragen scheint. Im Anschluss erfragt er von Max die nächste Aufgabe, worauf Max auf seinem Zahlenhaus die Aufgabe 3+4 sucht und die darunter stehende vorzulesen scheint. Thomas trägt 2+5 in sein Zahlenhaus ein. Als Max die Aufgabe 1+6 vorliest, scheint Thomas stutzig zu werden, denn er hält inne und betrachtet die Summanden der ersten Spalte und liest laut vor „Null, eins, zwei, drei, zwei". Wieder überprüft er also die Zahlen im Hinblick auf die Passung in der Zahlenfolge und erkennt so den Fehler in der Reihenfolge. Nun betrachtet er jedoch die ersten Summanden. Der zählende Rechner Thomas greift wieder auf die Folge der natürlichen Zahlen zurück – ein Muster, das ihm möglicherweise vertraut ist, aber auch durch die Lernumgebung nahegelegt wird.

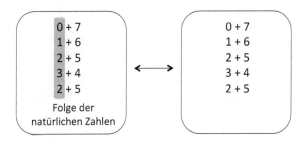

Abbildung 6.6: Thomas' Deutung der ersten Summanden

Max ist selbst auch irritiert, betrachtet sein Zahlenhaus und radiert die Aufgabe 1+6 aus, welche er gerade genannt hat und die ihm bereits beim Finden der Zerlegungen Schwierigkeiten bereit hat, die jedoch an dieser Stelle völlig korrekt ist. Max scheint die Passung der ersten Summanden gemäß der Zahlenfolge zu überprüfen, die bei ihm absteigend ist und notiert die eins wieder als ersten Summanden. In diesem Moment ergänzt Thomas die Zerlegung:

Thomas	(*schaut zu Max herüber*) Eins plus (..) sechs.
Max	(*reagiert nicht, sondern schaut weiter auf sein Arbeitsblatt*)
Thomas	(*beugt sich zu Max herüber*) Das, das ist doch die Umkehraufgabe.
	(*nimmt Max' Arm zur Seite und zeigt auf die Aufgabe „7+0", dann auf die Aufgabe „0+7", danach auf die Aufgabe „6+1"*). Eins. Da hast du sechs plus eins, aber eins plus sechs (*zeigt auf Max' Arbeitsblatt auf die Aufgabe „1+6"*) (.) geht doch auch.
Max	(*ergänzt „ +6" in seinem Zahlenhaus*)
Thomas	Sechs (*beugt sich mit seinem Stift über sein Arbeitsblatt, schaut dann zurück auf das von Max*)
Max	Das ist die Tauschaufgabe und jetzt
Thomas	Also, Max, hilf mir doch mal.

Thomas ist hier in der Lage von eins auf sieben zu ergänzen. Dabei kann er sich an den zweiten Summanden orientiert oder sich an die Aufgabe erinnert haben, die zum einen in seinem Zahlenhaus steht, zum anderen ihm von Max genannt worden ist. Es bleibt also unklar, inwieweit er in Lage ist, die Struktur zu nutzen, um die Zerlegungsaufgabe selbst zu finden. Davon abgesehen erkennt Thomas in dieser Szene einen neuen Zusammenhang. Er sieht die Kommutativität zwischen den Zerlegungen in einem Haus. Dabei führt die Lücke durch die ausradierte Aufgabe von Max im Muster möglicherweise dazu, dass der Fokus auf die unterste Aufgabe 0+7 und die oberste vorgegebene fällt. Während in der Szene zuvor die Tauschaufgaben horizontal zwischen den Häuser erkannt wurden, wird nun die Beziehung innerhalb eines Hauses in den Blick genommen. Thomas versucht einen Begriff für diesen Zusammenhang zu finden und spricht von „Umkehraufgaben", was Max korrigiert und seinerseits den korrekten Begriff „Tauschaufgabe" einbringt.

Wieder ist Thomas derjenige, der eine Struktur im Zahlenhaus erkennt und seinen Partner in der Interaktion darauf hinweist. Es gelingt ihm die erkannte Struktur zu nutzen um die gefundene Zerlegung zu überprüfen. Das Nutzen von Strukturen beim Rechnen ist etwas was bei einer Ablösung vom zählenden Rechnen zentral ist. Insofern könnte Thomas hier eine struktur-fokussierende Deutung vornehmen. Allerding bleibt offen, inwieweit der von ihm verwendete Begriff „Umkehraufgaben" die Deutung zum Ausdruck bringt, dass die Zahlen in umgekehrter Reihenfolge notiert sind. Seine Bemerkung „geht doch auch" scheint darauf hinzudeuten, dass ihm zu diesem Zeitpunkt nicht klar ist, dass die Tauschaufgaben natürlich im Zahlenhaus vorkommen müssen. Max seinerseits korrigiert zwar den Begriff, ergänzt aber die Bedeutung nicht. Es bleibt bei der Formulierung der Auffälligkeit im Sinne eines lokalen Phänomens. Hier zeigt sich möglicherweise die von Baroody und Ginsburg (1986, S. 83) beschriebene „Protocommutativity". Sie beschreiben sie als Form des Nutzens und Erkennens der Kommutativität, indem Kinder z. B. die Summanden beim Addieren vertauschen, um beim Weiterzählen die Anzahl der Schritte zu minimieren. Damit nutzen sie die Kommutativität, ohne dass ihnen die Gleichheit der Aufgaben 1+6 und 6+1 im eigentlichen Sinne bewusst ist. Ähnliches könnte hier bei Thomas zu sehen sein. Er formuliert die Beziehung zwischen den Aufgaben, ohne dass entschieden werden kann, ob er die Kommutativität im kardinalen Sinne mit Bedeutung füllen kann (also struktur-fokussierend) oder stattdessen auf der empirisch konkreten Ebene an der Position der Zeichen argumentiert.

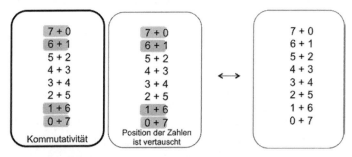

Abbildung 6.7: Mögliche Deutung von Thomas zu den Strukturen innerhalb des Zahlenhauses

Die Vorgabe, die Aufgaben im Sinne des »Aufzugs« in das Zahlenhaus zu notieren, ist möglicherweise der Anlass für eine Fokussierung auf genau diese Struktur. Auch wenn die Tauschaufgaben bei dieser Art der Strukturierung weniger im Fokus stehen, als wenn die Aufgaben „päckchenweise" (Nührenbörger & Pust, 2011), also Aufgabe und Tauschaufgaben untereinander, aufgeschrieben werden, kann die kommutative Gesetzmäßigkeit hier besser gesehen werden, als wenn die Aufgaben ohne vorgegebene Struktur eingetragen werden können.

Obwohl Thomas über die erkannten Strukturen der Zahlenfolge und der Tauschaufgabe in der Lage sein müsste, sein eigenes Zahlenhaus eigenständig zu füllen, erfragt er wieder die Hilfe von Max. Sowohl die fehlenden Aufgaben im Zahlenhaus zur Sieben als auch das Zahlenhaus zur Sechs bearbeiten die Schüler, indem vor allem Max die Aufgaben nennt und Thomas diese einträgt. Zum Anfang der Bearbeitung des Zahlenhauses mit der Dachzahl sechs ergänzt Thomas die vorgegebene Zerlegung „5+_" mit 1 und beginnt die nächste Zerlegung zu notieren: „ 4+". Hier scheint er die Folge der natürlichen Zahlen zu nutzen, um den ersten Summanden zu bestimmen und scheint zu versuchen, von diesem auf sechs zu ergänzen. Da ihm dies nicht sofort gelingt, wendet er sich

an Max, woraufhin das Interaktionsmuster des „Vorsagens und Aufschreibens"
wieder aufgenommen wird.

Als Thomas und Max die fertigen Zahlenhäuser zur Zahl sieben vergleichen, zeigt sich, dass Thomas auch die Ebene der horizontalen Kommutativität
noch vor Augen hat.

Thomas	Hast du Null plus sieben? (*schaut auf sein Zahlenhaus*)
Max	[Wobei? Bei einmal sieben?]
Thomas	Ja, bei sieben.
Max	Null, (*schaut auf sein Arbeitsblatt*) ja, null plus sieben, (*nimmt einen roten Buntstift aus seiner Federmappe*) das machen wir rot (*beginnt die Aufgabe „7+0" rot zu* färben)
Thomas	Okay, (*nimmt sich ebenfalls einen roten Buntstift und markiert auf seinem Arbeitsblatt die Aufgabe „0+7"*) null plus
Max	(*hört auf zu malen*) Nee, ich hab sieben plus null.
Thomas	Ja egal, aber das ist ja nur umgekehrt bei dir. (*markiert dabei weiter seine Aufgabe*)
...	
Thomas	(*schaut wieder auf sein Arbeitsblatt*) Hast du eins plus sechs?
Max	(*hört auf zu malen und schaut auf seine Aufgaben*) Äh, ich hab nur sechs plus eins.
Thomas	Okay, (*nimmt einen orangen Buntstift*) das kommt orange (*markiert die Aufgabe „1+6" orange*)
Max	Orange (*sucht in seiner Federmappe nach einem orangen Buntstift und markiert dann die Aufgabe „6+1" auf seinem Arbeitsblatt*)
Thomas	(*ist fertig mit markieren*) So, (*schaut auf sein Arbeitsblatt*) Hast du, (*schaut herüber zu Max*) Bist du fertig Max?
Max	(*legt seinen Stift zur Seite und schaut auf seine Aufgaben*) Ja.
Thomas	Hast du zwei plus fünf? (*zeigt die Aufgabe „2+5" auf seinem Arbeitsblatt*)
Max	Ich hab nur fünf plus zwei. (*zeigt auf die Aufgabe „5+2" auf seinem Arbeitsblatt*)
Thomas	Das ist das Gleiche. (*nimmt sich einen braunen Buntstift*) Das kommt braun (*beginnt die Aufgabe „2+5" zu markieren*)

Thomas scheint klar zu sein, dass es sich um gleiche Aufgaben handelt („das ist
das Gleiche") weil die gleichen Zahlen an unterschiedlichen Positionen stehen:
„aber das ist ja nur umgekehrt bei dir". Er greift hier seine in der Interaktion
entwickelte Deutung auf, das die Zerlegungen aus den gleichen Zahlen besteht,
die in der Position der Notation vertauscht sind.

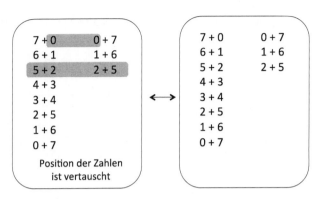

Abbildung 6.8: Thomas' Deutung der Kommutativität zwischen den
Zahlenhäusern

Zusammenfassende Deutung der Szene

Vorrangige Deutungen im Referenzkontext zählendes Rechnens

Die Szene zeigt deutlich, dass der zählend rechnende Schüler Thomas in der
Lage ist, Strukturen innerhalb und zwischen den Zahlenhäuser zu erkennen.
Thomas sieht zweierlei Tauschaufgaben und erkennt – auch durch den Hinweis
der Lehrkraft – die Folge der natürlichen Zahlen, sowohl auf- als auch absteigend. Dabei bleiben seine Deutungen jedoch im Referenzkontext des zählenden
Rechnens. Es fokussiert auf die Folge der natürlichen Zahlen als wesentliches
Muster und beschreibt die Kommutativität mit Blick auf die Position der Zahlen
und nicht mit Blick auf die dahinterliegende Beziehung der Mengen (vgl. Kap.
2). Seine Deutungen sind somit der empirisch-situierten Ebene zuzuordnen, d.h.
„mit Verweis auf direkt sichtbare, konkrete Merkmale der Zahlzeichen […]
wurden beobachtete bzw. interaktiv verstandene arithmetische Zusammenhänge
als Basis für die Konstruktion weiterer mathematischer Wissens herangezogen"
(Nührenbörger, 2009, S. 68). Allein an einer Stelle konnte eine protokommuta-
tive Deutung im Sinne eines Nutzens von Strukturen für das Rechnen bzw. das
Überprüfen der Rechnungen rekonstruiert werden und damit der Kontext des
zählenden Rechnens überschritten werden.

   Doch im weiteren Verlauf der Interaktion greift Thomas auf dieses Wissen
nicht zurück und nutzt es nicht, um die fehlenden Aufgaben in seinem Zahlenhaus zu finden. Es zeigt also die *Diskrepanz zwischen dem Erkennen von Strukturen und dem Nicht-Nutzen genau dieser Strukturen.* Weder die Kommutativität
noch die Folge der natürlichen Zahlen hilft ihm, die Zerlegungsaufgaben selb-
ständig zu finden. Trotz der Fokussierung unterschiedlicher Strukturen nimmt er
damit im Sinne Nührenbörgers keine eigentlich »strukturelle Deutung« vor, „da

sich keine über das einzelne Phänomen hinausgehende Änderungen des Wissens erkennen lassen".

Differenz zwischen hoher Aktivität und inhaltlichem Verstehen in der Interaktion

Im Verlauf der Aufgabenbearbeitung zeigen sich auf der Ebene des „Ausrechnens" deutlich größere Schwierigkeiten bei Thomas. Trotzdem ist er in der Interaktion der Kinder derjenige, der unterschiedliche Strukturen während des Interaktionsprozesses erkennt und beschreibt. Thomas zeigt vielfältige Schlüsselaktivitäten wie das »Zeigen« und »Beschreiben« von Phänomenen (vgl. Kap. 3; Dekker & Elshout-Mohr 1998). Der Partner Max bleibt hier deutlich zurückhaltender; er bestätigt die gefundene Beziehungen innerhalb eines Zahlenhauses, indem er den richtigen Begriff beisteuert, trägt aber ansonsten weder zu den Beziehungen zwischen den Summanden noch zur Struktur zwischen den Zahlenhäusern aktiv bei.

Deutungsaushandlungen durch Fehler als informelle Anlässe und analoge Aufgaben

Das Erkennen der Strukturen in der Interaktion scheint durch die Konstruktion des Aufgabensettings begünstigt zu werden. Das Vorlesen der Aufgaben aus einem Zahlenhaus, mit der Intention diese genauso im Haus des Partners zu notieren, führt dazu, dass die kommutative Struktur zwischen den Häusern erkannt wird. Ebenso scheint das Muster »Aufzug« die kommutative Struktur zwischen oben und unten stehenden Aufgaben zu stützen. Doch dass es überhaupt dazu kommt, dass die Kinder die Strukturen bemerken, ist vor allem den Schwierigkeiten der Kinder geschuldet. Die gesamte Kooperation wird an dieser Stelle dadurch ausgelöst, dass die Lehrkraft Max auffordert, Thomas in einer Situation zu helfen, in der vom Aufbau der Förderbausteine einen individuelle Auseinandersetzung gefordert ist. Es liegt also ein »informeller Anlass« für die kommunikativ-kooperative Situation vor; Kooperation findet im informellen Sinne statt (vgl. Kap. 3). Obwohl sich in dieser Situation typische Elemente finden, wie das Vorsagen von Aufgaben oder das Wegradieren von falschen Lösungen durch den Partner, entwickelt sich die Interaktion produktiv. Dies scheint vor allem an zwei Faktoren zu liegen. Erstens sind die vorgeschlagenen Lösungen von Max nicht vollständig korrekt, bzw. alte falsche Lösungen bleiben bestehen. Es liegen also Fehler vor, die die Struktur des Musters für die Kinder hervorheben und hier zu produktiven Lernprozessen führen. Zweitens zieht sich Thomas nicht aus der Verantwortung zurück, sondern bleibt aktiv und überprüft die „vorgeschlagenen" Zerlegungsaufgaben auf Passung. Max und Thomas ringen somit gemeinsam um das Finden der Zerlegungsaufgaben. Hinzu kommt, dass auch für Max das Finden der Aufgaben nicht ohne Herausforde-

rungen scheint, so dass beide Kinder im besten Sinne gemeinsam an der Lösung arbeiten.
Im Kleinen zeigt sich in dieser Szene die Produktivität der Fehler (Führer, 2004). Sowohl das Ausradieren einer vermeidlichen falschen Aufgabe von Max als auch das Nicht-Finden der Zerlegungen von Thomas und daraus resultierende vorsagende Vorlesen der Aufgaben führt zu einer auf die „empirisch-konkreten" Objekte fokussierenden Interaktion, auf die beim Vergleich der Zahlenhäuser aufgebaut wird. Während der eigentlichen kooperativen Phase des Vergleichs festigt vor allem Thomas seine Deutung, die er zuvor in der informellen, kooperativen Situation aufgebaut hat. In der informellen Lernsituation entwickelt sich produktive Kooperation, welche in diesem Fall sogar zu mehr Lernprozessen führt als die anschließende formelle Kooperation. Dies ist jedoch auch darin begründet, dass die Kinder bereits während der informellen Kooperation auf die analogen Strukturen der Aufgabenkonstruktion stoßen.

6.2.2 Kolja und Medima konstruieren analoge Zahlenfolgen

Überblick über die Fördereinheit und zeitliche Einordnung der Szene

Der Förderbaustein »Zahlenfolgen« hat das Ziel, Folgen als Ergebnisse von Zählprozesse in Schritten zu erzeugen, fortzusetzen, zu beschreiben und in Beziehung zueinander zu setzen. Der Förderbaustein spricht damit die basale, aber fundamentale Kompetenz der Entwicklung flexiblen Zählens an (vgl. 2.1.1). Im zuvor von den Kindern bearbeiteten Baustein lag der Schwerpunkt auf dem Zählprozess, indem von unterschiedlichen Startzahlen in Schritten vorwärts und rückwärts gezählt wurde und dann erste gemeinsame Merkmale der Zählfolgen thematisiert wurden. Nun geht es darum, die flüchtigen Prozesse des Zählens durch die Zahlenfolgen sichtbarer zu machen und den Blick reflexiv auf Abstände, Standzahlen und anderen Beziehungen zu legen (Häsel-Weide et al., 2014).
Die Folgen, die von den Kindern im ersten Schritt fortgesetzt werden sollen, sind so konstruiert, dass unterschiedliche Kompetenzen, bezogen auf die Zählentwicklung, aufgegriffen werden (vgl. Kapitel 2.1.1; Fuson, 1987): Weiterzählen in Einerschritten von unterschiedlichen Ausgangszahlen, Rückwärtszählen in Einerschritten sowie vorwärts und rückwärts in Zweier- oder Zehnerschritten. Den Kindern liegen die Folgen in Streifen vor; diese sollen zunächst ausgefüllt werden.
In einem zweiten Schritt sollen die Kinder die Streifen sortieren und hierbei Beziehungen zwischen den Zahlen in den Blick nehmen (z. B. gleicher Abstand, gleiche Startzahl, Verzehnfachung der Folge, …). Damit soll die Aufmerksamkeit vom schrittweisen Zählen auf das Erkennen von mathematischen Strukturen gerichtet werden. Nach dem Sortieren vorgegebener Streifen stehen

freie Streifen zu Verfügung, die die Kinder nutzen können, um weitere passende Folgen zu erfinden (vgl. Kap. 5.1.2). Diese Eigenproduktionen verdeutlichen die Einsicht der Kinder in die Beziehungen der Folgen und ermöglichen allen Kindern ein Arbeiten auf ihrem Niveau.

Zusammenfassende Charakterisierung des bisherigen Verlaufs

Kolja und Medima, zwei Kinder mit Förderbedarf im Lernen, die die vierte Klasse einer Förderschule mit diesem Förderschwerpunkt besuchen, haben die Folgen bereits ausgefüllt. Kolja, welcher im Vortest als verfestigter zählender Rechner eingestuft wurde, hat folgende fünf Folgen bearbeitet (vgl. Abb. 6.9).

10	20	30	40	50	60	70	80

1	2	3	4	5	6	7	8

6	7	8	9	10	11	13	15

12	14	16	18	20	22	24	26

1	2	3	4	5	6	7	8

Abbildung 6.9: ausgefüllte Zahlenfolgen von Kolja[13]

Die Dokumente zeigen, dass Kolja in der Lage zu sein scheint, Folgen mit Abstand eins korrekt sowohl vorwärts als auch rückwärts fortzuführen. Auch das Vorwärtszählen in Zweierschritten scheint kein Problem zu sein. Allein in der Folge, welche Rückwärtszählen in Zweierschritten erfordert, finden sich Fehler. Hier scheint Kolja entweder nicht erkannt zu haben, dass der Abstand zwischen den Zahlen zwei beträgt, oder er ist nicht in der Lage in Zweierschritten rückwärts zu zählen. Im Hinblick auf die von Fuson beschrieben Entwicklung des Zählens (1987, vgl. 2.1.1) macht Kolja genau die Zahlenfolge Schwierigkeiten, die auch die höchsten Kompetenzen erfordert. Es scheint, dass ihm das Rück-

---

[13] Fett gedruckte Zahlen waren vorgegeben.

wärtszählen in Einerschritten bereits gelingt, während ihm das rückwärts in Schritten Zählen noch Schwierigkeiten macht. Betrachtet man jedoch Koljas Vorgehen im Video so wird deutlich, dass er beim Ausfüllen der Reihe _, _; _, _, _, 6, 7, 8 nicht rückwärts zählt, sondern vorwärts zählt und dabei zu prüfen scheint, mit welcher Startzahl er beginnen muss, damit diese Zählfolge zur ersten (aus der Schreibrichtung gesehen) notierten Zahl führt. Kolja hat also möglicherweise generell mit dem Rückwärtszählen Schwierigkeiten.

Rekonstruktion der Deutungen

Nachdem die Kinder wie oben beschrieben die vorgegebenen Folgen arbeitsteilig ausgefüllt haben, holen sie die Lehrkraft. Diese initiiert den zweiten Bearbeitungsschritt und gibt den Kindern den Auftrag, die Folgen gemeinsam zu ordnen. Kolja schlägt vor, die Folgen, bei denen durch Vorwärts- bzw. Rückwärtszählen der vorgegebenen Zahlen eine Zahlenfolge mit gleichen Zahlen entstanden ist, einander zuzuordnen:

Lehrkraft	So, ihr habt jetzt alle Zahlenfolgen ausgefüllt. Guckt mal, ob ihr die passenden Folgen zusammenfindet, ob ihr die ordnen könnt, ob die vielleicht zusammenpassen könnten (*schiebt Medimas Streifen neben die von Kolja*), ob es was gibt, was zu einer anderen passt. Ne, wir hatten ja vorhin an der Tafel so Sachen gemacht auch, ne?
Kolja	Ja, das (*zeigt auf den Zahlenstreifen 1 2 3 4 5 6 7 8*) passt zu das (*zeigt auf den Zahlenstreifen 1 2 3 4 5 6 7 8*)
...	
Kolja	Eins, eins, zwei, zwei, drei, drei, vier, vier fünf, fünf, sechs, sechs, sieben, sieben, acht, acht
Medima	Achso
Lehrkraft	Wieso passen die?
Medima	Weil die gleich sind (*zeigt abwechselnd auf die Zahlen auf dem oberen und dem unteren Zahlenstreifen*).
Lehrkraft	Die sind völlig gleich, ne?

Kolja beschreibt die Passung, indem er die gleichen Zahlen in beiden Folgen nacheinander nennt. Der Lehrkraft scheint dieses „Vorlesen" der Zahlen als Begründung für die Passung nicht auszureichen, da sie nachfragt. Darauf nimmt Medima die Idee Koljas auf, indem sie abwechselnd auf die gleichen Zahlzeichen deutet, nennt aber einen allgemeinere Beschreibung „Weil die gleich sind", welche von der Lehrkraft bestätigt wird. Die Kinder orientieren sich an der äußeren Gestalt und sehen die Passung in übereinstimmenden Identitäten. Es wird damit keine mathematischen Beziehung zwischen den Folgen betrachtet.

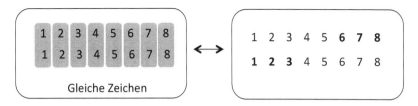

Abbildung 6.10:   Erste Deutung von Passung in der Interaktion

Im weiteren Verlauf der Arbeitsphase versuchen die Kinder zunächst, das Ordnungskriterium auch auf weitere Folgen anzuwenden, doch es gibt keine gleichen Folgen mehr. Anschließend versuchen sie, nach dem Kriterium "gleiche Startzahl" passende Folgen zu finden. Da sie jedoch die gleiche Schrittgröße als weiteres Kriterium einbeziehen, suchen sie letztlich wieder gleiche Folgen. Bei den Folgen 14, 16, 18 usw. und 14, 15, 16 usw., diskutieren sie längere Zeit, ob diese nicht doch passen könnten, bspw. wenn man die Streifen auf dem Tisch so verschiebt, dass gleiche Zahlen untereinanderstehen. Da dies aber immer nur für eine Zahl gelingt, kommen sie zu dem Schluss, dass keine ausreichende Passung besteht. Die Beziehungen, die von den Kindern betrachtet werden, scheinen sich somit an der Oberfläche der Zahlenfolgen zu orientieren. Struktur-fokussierende Deutungen mit Bezug auf Abstände, gerade/ungerade Zahlen oder Folgen in unterschiedlichen Zahlenräumen werden nicht betrachtet.

Erst als das beschriebene Vorgehen zu keinen Ergebnissen führt, schlägt Medima eine neue Sortiermöglichkeit vor, indem sie Folgen mit dem Unterschied 10 zwischen einzelnen Zahlen einander zuordnet. In der Erläuterung der Passung nennt sie wie Kolja zuvor die Zahlwörter „Vierzehn, vier, fünfzehn, fünf, sechzehn, sechs, siebzehn, sieben, achtzehn, acht" und zeigt dabei auf die entsprechenden Zahlen. Dabei ist nicht zu erkennen, ob sie eine andere Form der Identität, nämlich die gleichen Einerstellen, gesehen hat oder die strukturelle Beziehung des Abstands um zehn in den Blick nimmt. Da sie Zahlen nennt (und nicht einzelne Ziffern) ist zu vermuten, dass sie zwischen Zahlen eine Struktur sieht, also eine struktur-fokussierende Deutung vornimmt (vgl. Abb. 6.11). Dies bestätigt sich in der späteren Interaktion, als Medima der Lehrkraft die Passung zwischen den Folgen erläutert mit den Worten „eine kleine Zahl und eine große Zahl". Diese Formulierung, die über das Nennen der Zahlen hinaus eine allgemeine Beschreibung anbietet, beinhaltet jedoch nicht die Explizierung des Abstands. Insofern ist unsicher, inwieweit sich bei Medima ein Verständnis von Beziehungen zwischen Zahlen mit äußeren Merkmalen mischt oder bei der Relation von Zahlen die Größenrelationen nicht als bedeutsam betrachtet werden.

Sie findet jedoch mit dieser neuen Idee zwei Paare von Folgen (vgl. Abb. 6.11) und weist Kolja explizit auf ihrer Zuordnung hin, indem sie die Folgen in die Tischmitte schiebt und Kolja anspricht: „siehst du". In dieser Phase der Interaktion zeigen sich die Lernprozesse Medimas in der aktiven Ausführung der Schlüsselaktivitäten „zeigen" und „erklären" (Dekker & Elshout-Mohr, 1998; Pijls et al., 2007).

Kolja scheint die Idee aufzugreifen und seinerseits zu prüfen, ob zwei der noch nicht sortierten Folgen in Hinblick auf dieses Kriterium zusammen passen könnten.

Kolja   (*schiebt zwei Zahlenstreifen, die vor ihm liegen, zusammen*)

6	7	8	9	10	**11**	**13**	**15**
10	**20**	**30**	40	50	60	70	80

Guck. Sechs, zehn, sieben, zwanzig, acht, dreißig (*zeigt jeweils auf die genannte Zahl auf den Zahlenstreifen, die genau untereinander liegen*) (*zeigt auf die „9" des oberen Zahlenstreifens*) (.) passt nicht.

Auch bei Kolja ist zu vermuten, dass er nach einer Struktur zwischen den Zahlen sucht, die möglicherweise auch in der klanglichen Passung der Zahlworte (z.B. „vier" „vierzehn") für die Kinder realisiert wird. Kolja spricht sich zur Prüfung der Passung die Zahlen laut vor.

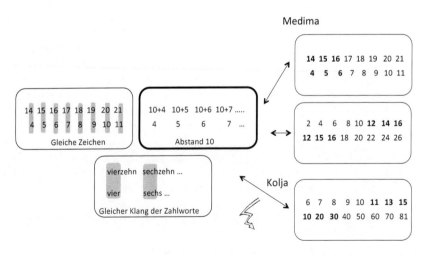

Abbildung 6.11:   Deutungen von Medima und Kolja zu Zahlenfolgen mit gleichem Abstand

Insgesamt bleibt an dieser Stelle unklar, inwieweit vor allem Kolja strukturelle Beziehungen zwischen den Zahlenfolgen erkannt hat oder ob er sich eher auf oberflächlich wahrnehmbare Phänomene beschränkt, wie die gleichen Ziffern an der Einerstelle oder gleiche Klang zu Beginn des Zahlworts. Es scheint eher eine Identitäten vorzuherrschen und weniger eine struktur-fokussierende Deutung.

Als die Kinder von der Lehrkraft aufgefordert werden, passende Folgen zu den Streifen zu erfinden, die noch nicht zugeordnet werden konnten, produziert Kolja durch „Kopieren" der vorliegenden Folgen neue gleiche Paare. Medima führt ihre Idee der Erhöhung um zehn weiter. Dabei scheint sie unterschiedliche Verfahren zu mischen, um analoge Folgen zu konstruieren. Während die einstelligen Zahlen durch Anhängen einer Null verzehnfacht werden, erhöht sie bei den zweistelligen Zahlen die Zehnerziffer um eins, so dass eine Erhöhung um zehn stattfindet. Beide „Wege" werden auch innerhalb einer Folge angewendet.

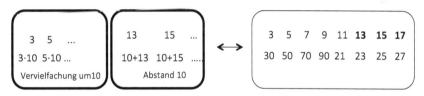

Abbildung 6.12: Deutung der konstruierten Zahlenfolge von Medima

Medima betrachtet an dieser Stelle strukturelle Beziehungen zwischen einzelnen Zahlen. In ihrer struktur-fokussierenden Deutung trennt sie entweder die Folge in zwei Teile, zu denen sie jeweils eine analoge Folge entwirft, oder fokussiert auf die Beziehung zwischen je zwei Zahlen. Auch scheint sie an dieser Stelle nicht zwischen der Erhöhung um zehn oder der Vervielfachung um zehn zu differenzieren. Möglicherweise ist der Wechsel der Strategie auch darin begründet, dass die Kinder im Mathematikunterricht erst den Zahlenraum bis hundert erschlossen haben.

Nachdem alle leeren Folgen verbraucht sind und die Streifen zugeordnet wurden, holen die Kinder die Lehrkraft. Als diese ankündigt, dass die Kinder sich noch ganz viele Streifen ausdenken können, entwickelt Kolja eine neue Idee.

Lehrkraft	Ich denke mal, da ihr ja so fix seid, könnt ihr euch gleich noch ganz viele ausdenken, die dazu passen -
...	
Kolja	Was ist mit 100, 200, 300, 400, 500, 600, 700, 800, neun- , zehn-
Lehrkraft	Das ist ja super. Wo würde die zu passen? Zu welchem, was ihr da geordnet habt? Wenn ihr aufschreibt 100, 200, 300, 400?
Medima	(nimmt den abgebildeten Zahlenstreifen, lacht und zeigt ihn L)

10	20	30	4	50	60	70	80

...
Kolja   (*füllt den Streifen aus*)
        Ja.

...
Lehrkraft   Super. Und dann könnt ihr euch ja überlegen, welche dazu noch passen
            könnte. (.)Wie die dann (*unverständlich*).

...
Medima   Hast du schon das? Ok. (*nimmt zwei leere Zahlenstreifen, die L auf den
         Tisch gelegt hatte, und legt sie in die Mitte*) Dann müssen wir so anei-
         nander machen (*schiebt ihren Streifen kurz unter Koljas Streifen, dann
         wieder etwas zu sich*) Aber was sollen wir denn schreiben? (*schaut auf
         den Streifen*)
Kolja   (*zieht seinen Streifen etwas zu sich und schaut ihn an*)
         Unendlich, zweiunendlich, dreiunendlich, vierunendlich, fünf-

Kolja scheint in dieser Szene die Idee Medimas zu einer Idee des Vervielfachens
abzuändern. Dabei bleibt fraglich, inwieweit er die Verzehnfachung der ersten
Zahlen in Medimas Streifenpaaren weiterführt oder eine eigene, neue Idee entwickelt. Die Lehrkraft bestätigt ihn und lobt die kreierte die Folge, die über den
bisher bekannten Zahlenraum der Kinder hinausgeht. Auch Medima kann sofort
mit der genannten Folge weiterarbeiten und findet einen Streifen, zu dem die
von Kolja genannte Folge passt.

Bei Koljas Deutung ist ähnlich wie bei Medima zuvor unklar, ob eine Beziehung von Zahlen erkannt ist oder an der Gestalt der Zahlen eine Null ange-
hängt wird. Beide Kinder füllen in der Folge einen Hunderterstreifen aus (100,
200, 300) und ordnen diesem einen Zehnerstreifen zu (10, 20, 30). Anschließend
stellt sich die Frage, wie sie weitermachen. Dabei scheint ihnen klar, dass sie
weitere passende Folgen finden sollen, es also nicht – wie im letzten Arbeitsschritt – bei Paaren bleiben soll. Der Anspruch einer allgemeineren Passung
führt möglicherweise dazu, dass Kolja eine weitere passende Zahlenfolge kre-
iert. Es scheint so, ob er über die Idee der Vervielfachung des „Unendlichen"
ausdrücken will, dass dieses Prinzip mit jeder großen Zahl funktioniert. Kolja,
der sich bis dahin ausschließlich im Zahlenraum bis hundert bewegt, zeigt hier,
dass er das Verzehnfachen einer Zahl nutzen kann, um eine Serie von passenden
Folgen zu bilden. Er scheint damit eine relationale Einsicht zu nutzen. Ganz
auszuschließen ist natürlich nicht, dass die Folgen auch auf der Grundlage des
unverstandenen, mechanischen „Anhängens einer Null" entstanden sein könnten. Dagegen spricht jedoch, dass Kolja sowohl zu Beginn der Szene die Folge
zunächst verbalisiert und nicht notiert (vgl. Abb. 6.13). Es könnte sich jedoch
auch ähnlich zur beschriebenen „Protocommutativity" (Baroody & Ginsburg,
1986, S, 83 vgl. 6.2.1) um eine Vorform dekadischen Verständnisses handeln,
welches genutzt wird ohne in allen Bezügen verstanden zu sein. Für ein zählend

rechnendes Kind mit Förderbedarf im Lernen, welches bisher ausschließlich im Hunderterraum gearbeitet hat, wäre jedoch auch diese bereits einen Erweiterung des Referenzkontextes. Neben der Ablösung vom zählendem Rechnen ist das Verständnis des Stellenwertsystems eine der weiteren in der Literatur beschrieben kritischen Stellen (Freesemann, 2014; Mosandl, 2013; Moser Opitz, 2013; Scherer, 2009a).

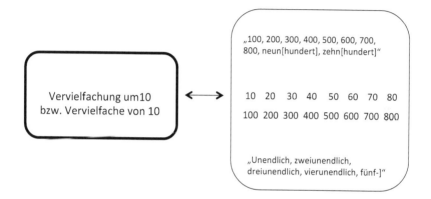

Abbildung 6.13:   Deutungen von Kolja und Medima in der Interaktion

In der weiteren Arbeit behalten die Kinder die Idee der Vervielfachung bei. Sowohl Medima als auch Kolja kreieren Folgen, indem sie die Folgen um Vielfache von 10 verändern. Hierbei zeigen sich die schon zu Beginn bei Medima gesehenen Schwierigkeiten des Wechsels zwischen Vervielfachung um 100 und Addition um 100 auch bei Kolja; sicherlich auch bedingt durch den für die Kinder unbekannten Zahlenraum. Dies wird auch in den Schwierigkeiten der Kinder deutlich, die von ihnen notierten Zahlen zu lesen.

2	4	6	8	10	**12**	**14**	**16**
200	400	600	800	100	112	114	116

Abbildung 6.14:   Analoge Folge, gefunden von Kolja

Trotz aller Hindernisse wird die von Medima entwickelte Fokussierung auf parallele Folgen in der Interaktion nach und nach von Kolja aufgegriffen und gemeinsam weiterentwickelt. Dekadische Zahlbeziehungen oder deren prototypische Vorformen werden von beiden Kindern fokussiert.

Zusammenfassende Deutung der Szene

Deutungserweiterung in der Interaktion

Die Szene zeigt, dass die von Medima entwickelte und in der Interaktion nach und nach von Kolja aufgegriffene und gemeinsam weiterentwickelte Idee dekadischer Zahlenbeziehungen von beiden Kindern fokussiert wird. Bereits das gemeinsame Sortieren, vor allem aber das Finden von weiteren Folgen führt bei beiden Kindern zu einer Auseinandersetzung mit den Beziehungen zwischen den Folgen. Hier gelingt es Kolja seine zunächst auf Gleichheit ausgerichtete Sichtweise zu erweitern und strukturelle Analogien nachzuvollziehen, dann selbst zu finden und zu beschreiben. Die erkannten Beziehungen scheinen möglicherweise in ihrer Allgemeinheit angedeutet. Dabei überschreiten sie den bisher vertrauten Zahlenraum. Wie tief das dekadische Verstehen an dieser Stelle ist oder ob es sich eher um ein Nutzen noch nicht vollständig verstandenen Strukturen handelt, kann nicht geklärt werden. Auf dem Hintergrund der Vorerfahrungen der Kinder scheint jedoch eine neue Deutung erstmals eingenommen.

Gleichwohl beschränken sich die Kinder, und vor allem Kolja, auf eine erkannte Beziehung, die erst am Ende einer langen Phase der Auseinandersetzung mit dem Material deutlich wird. Dies deutet darauf hin, dass für zählend rechnende Kinder ggf. eine ausführliche Phase der Auseinandersetzung mit dem Material und mehrere Gelegenheiten zur strukturellen Einsicht notwendig sein können. Zudem bleiben viele (Fehl)Vorstellungen unkorrigiert. Angefangen von der fehlerhaften Folge, die Kolja zu Beginn ausfüllt, bis zu den mit unterschiedlichen Konzepten ausgefüllten Folgen von Medima und natürlich auch der mathematisch nicht korrekten Idee der Vervielfachung des Unendlichen.

Deutungsaushandlung durch initiierte Anlässe

Die Interaktion der Kinder ist vor allem in der Phase produktiv, in der die Aufgabenstellung ein gemeinsames Arbeiten erfordert. Sowohl das gemeinsame Sortieren als auch das geteilte Finden neuer passender Folgen sind die Aktivitäten, in denen Lernen stattfindet. Die im Rahmen der konstruktiven Überlegungen analysierten Chancen, beim Sortieren auf Strukturen zu stoßen (Kap. 4, 6.1), finden ihre Entsprechung im Vorgehen der Kinder. Zunächst hat es den Anschein, als ob Kolja vor allem von der Kooperation profitiert, dann ist Medima diejenige, die zuerst eine alternative Deutung zur ganzheitlichen Übereinstimmung einbringt. Doch Kolja selbst bringt ebenso Ideen in die Kooperation ein. Er hat die erste Idee, wie die Streifen passend sortiert werden können, er bringt die neue Idee der Zahlenfolge mit Abstand hundert und die unendliche

Weiterführung im Sinne des dekadischen Systems ein. Während Medima vor allem zu Beginn und zum Ende die Interaktion sowohl durch regulierende Aktivitäten als auch Schlüsselaktivitäten leitet (Dekker & Elshout-Mohr, 1998), wird Kolja zur Mitte der Kooperation, als die zentralen Ideen erarbeitet werden, immer aktiver und bringt eigene Ideen ein. Ohne dies im Detail analysiert zu haben, scheint dies ein Hinweis darauf zu sein, dass wie Dekker und Elshout-Mohr (1998) betonen, eine produktive Kooperation von einer hohen Dichte an Aktivitäten des Zeigens, Erklärens, Begründens aber auch des Nachfragens und in-Frage-stellens geprägt ist. Dabei zeigt sich, dass die Kinder auch dann die gegenseitigen Aktivitäten wahrnehmen, wenn sie gleichzeitig eigene Ideen verfolgen. Es ist zu vermuten, dass beide Kinder deutlich weniger unterschiedliche Passungen und Beziehungen betrachtet hätten, wenn sie die Aufgaben in Einzelarbeit gelöst hätten.

Differenz zwischen Interaktion mit und ohne Begleitung durch die Lehrkraft

Bei der Betrachtung der Transkripte wird deutlich, dass die Kinder untereinander in einer anderen Art und Weise sprechen als im Beisein der Lehrkraft. Die Kinder selbst erläutern untereinander weitgehend ohne allgemeine Beschreibungen, nutzen Zeigegesten bzw. Verschieben das Material, um sich z. B. über Passungen zu einigen und formulieren die mathematischen Ideen in Form konkreter Beispiele. Auf Nachfrage der Lehrkraft versuchen sie allgemeinere Beschreibungen zu finden. Eine Explizierung und Verbalisierung der Deutungen scheint durch die Lehrkräfte initiiert werden zu müssen, da die Kinder ein derartiges Bedürfnis möglicherweise von sich aus nicht haben. Hier zeigen sich Bezüge zu den von Nührenbörger aufgezeigten Grenzen der Rolle der jahrgangsälteren Kinder im jahrgangsgemischten Unterricht. Er zeigte, dass die jahrgangsälteren Kinder ihre Rolle in der Kooperation nicht „mit dem Bewusstsein realisiert [haben], dass gezielt mathematische Strukturen in den Blick genommen werden sollen" (Nührenbörger, 2009, S. 169).

6.2.3 Thomas und Max handeln die Fortsetzung eines Musters zu Verdopplungsaufgaben aus

Überblick über die Fördereinheit und zeitliche Einordnung der Szene

Mit dem Förderbaustein »Verdoppeln mit dem Fünfertrick« werden zwei unterschiedliche Ziele verfolgt. Zum einen geht es um ein gestütztes Üben der Verdopplungsaufgaben, indem diese in der Darstellung auf Streifen gedeutet und gelöst werden (Häsel-Weide et al., 2014, S. 127). Zum anderen sollen Beziehungen zwischen Verdopplungsaufgaben erkannt, weitergeführt und beschrieben werden (vgl. Abb. 6.15). Die Kinderpaare erhalten für den zweiten Schritt differenzierte Arbeitsblätter, die entweder im Zahlenraum bis 20 verbleiben und vorrangig Beziehungen zwischen Aufgabenpaaren verdeutlichen oder Verdopplungsaufgaben, die über das Einspluseins hinaus gehen und zugleich als operative Serie angeordnet sind.

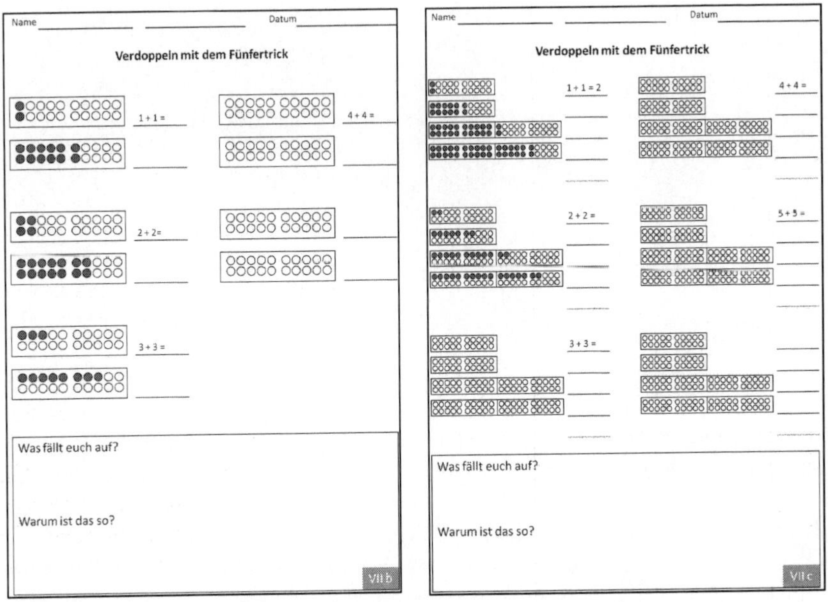

Abbildung 6.15: Arbeitsblatt zum Verdoppeln mit dem Fünfertrick
(20er-Raum & 100er-Raum)

Bei der Aufgabenpaaren bzw. Aufgabenserien erhöhen sich die Summanden jeweils um fünf, entsprechend erhöht sich die Summe um zehn (Wittmann & Müller, 2012a). Die zeigt sowohl die Darstellung im Punktefeld (ein Doppelfünfer kommt hinzu) und ist auch an den Ergebnissen sichtbar. Zudem folgen die jeweils ersten Aufgaben einer Serie bzw. eines Paares der Zahlreihe, d.h. die Summanden erhöhen sich jeweils um eins und die Ergebnisse der Verdopplungsaufgaben erhöhen sich jeweils um zwei.

Nachdem im Einstieg kurz die Darstellung der Verdopplungsaufgaben thematisiert wird, sollen die Kinder in der Arbeitsphase zunächst zu Darstellungen im Punktefeld, die auf einzelnen Streifen gegeben werden, die Verdopplungsaufgaben notieren und lösen (Häsel-Weide et al., 2014, S. 129). Anschließend bearbeiten sie als Paar gemeinsam das Arbeitsblatt zum Fünfertrick und erkennen einzelne Strukturelemente des Musters. Diese werden notiert, in der Reflexion vorgestellt und gemeinsam am Punktefeld begründet.

Zusammenfassende Charakterisierung des bisherigen Verlaufs

Thomas und Max, die Schüler aus dem Gemeinsamen Unterricht (vgl. 6.2.1), haben sowohl die Verdopplungsaufgaben auf den Streifen ausgefüllt als auch die linke Spalte des Arbeitsblattes im Zwanzigerraum bearbeitet. Auf dem Arbeitsblatt notieren sie zu den als Punktebild dargestellten Aufgaben die Termen und berechnen diese. Hier zeigen sich sowohl beim Finden der passenden Aufgabe als auch bei der Ermittlung des Ergebnisses keine Auffälligkeiten. Die Kinder wechseln sich ab, so dass jedes Kind bei jeder Aufgabe einen Summanden notiert und je eine Zeile Punkte ausmalt. Nachdem sie die Aufgabe 4+4 bearbeitet haben kommt die Frage auf, welche Aufgabe nun zu notieren sei. Die Lehrkraft, die in der Nähe der Kinder steht, schlägt vor, dass die Kinder zunächst auch die vorgegebenen Aufgaben lösen, denn „vielleicht hilft es dir, wenn du erst alle ausrechnest". Nachdem die Jungen auch die Aufgaben 1+1, 2+2, 3+3 und 4+4 gelöst haben, schlägt Max als zu Partneraufgabe zu 4+4 die Aufgabe „Fünf plus fünf" vor (vgl. Abb. 6.16)

Die Lehrkraft weist die Kinder daraufhin auf die paarweise Anordnung der Aufgaben hin, indem sie beginnt die Aufgaben und Ergebnisse der Aufgaben-paare paarweise vorlesen zu lassen. Thomas scheint aus der dieser Phase der Interaktion vor allem mitzunehmen, dass jede Aufgabe einen Partner hat, d.h. nicht das gesamte Muster im Vordergrund steht, sondern die paarweise Interpre-tation: „Also sollen wir die Aufgabe, die da ist (*zeigt mit dem Finger auf die Aufgabe „6+6=12"*) auch da machen? (*zeigt mit dem Finger auf das letzte Zwanzigerfeld des Arbeitsblattes*)". Er überträgt somit die Idee der Partnerauf-gabe auf die Aufgabe 4+4, wobei es so zu sein scheint, als ob er als Partnerauf-gabe der Aufgaben 4+4 ebenfalls die Aufgabe 6+6=12 notieren möchte. Damit stände nicht die mathematische Struktur zwischen Aufgaben und Partneraufga-ben im Mittelpunkt, sondern die formale Tatsache, dass jede Aufgabe mit einer Partneraufgabe einhergeht (vgl. Abb. 6.16)

Die Lehrkraft lässt die Kinder daraufhin die Ergebnisse der Aufgabe auf der linken Arbeitsblattseite vorlesen und schließt mit den Worten: „Und überlege auch immer, wie sich die Punkte verändern vorne". Sie scheint die Kinder auf den Zusammenhang zwischen den sich verändernden Ergebnissen auf der sym-bolischen Ebene mit den verändernden Anzahlen im Zwanzigerfeld hinweisen zu wollen.

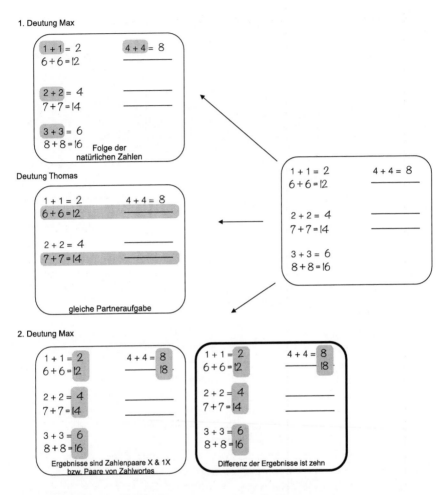

Abbildung 6.16:   Deutung von Thomas und Max beim Finden der
Partneraufgabe zu 4+4

In der Folge entwickelt Max die Idee, dass das Ergebnis der passenden Verdopplungsaufgabe 18 sein muss, nimmt somit die implizit durch das Vorlesen der
Ergebnisse fokussierte Struktur der Differenz zehn in den Ergebnissen auf. Da
er seine Überlegungen zum Ergebnis 18 nicht erläutert, ist allein aus der Nen-
nung „achtzehn" nicht sicher zu sagen, ob er sich empirisch an der Gestalt der
Zahlen (eine 1 vor dem Ergebnis der oberen Aufgabe), dem Zahlwort (acht,

achtzehn) orientiert oder die Differenz zehn zwischen den Ergebnissen der Verdopplungsaufgaben erkannt hat (vgl. Abb. 6.16).

Thomas hingegen bleibt bei seiner Idee der gleichen Partneraufgaben und schlägt vor, dass die als Partneraufgabe von 4+4 zu notierende Aufgabe das Ergebnis 12 haben müsse: „Ich hab ja die Idee, dass wir da dann zwölf hinmachen müssen". Nachdem Max jedoch die passende Verdopplungsaufgabe zum Ergebnis 18 nennt, scheint Thomas seine Idee aufzugeben und beginnt neun blaue Punkte im Zwanzigerfeld anzumalen.

Rekonstruktion der Deutungen

Nachdem sich die Kinder auf diesem Wege auf die Aufgabe 9+9=18 verständigt haben, finden sie einvernehmlich die Verdopplungsaufgaben 10+10=20 und 11+11=22, die sie als letztes Aufgabenpaar notieren. Bei der Aufgabe 11+11 diskutieren sie länger auf welche Weise diese im Zwanzigerfeld dargestellt werden kann und finden dann eine Lösung, die für den weiteren Verlauf der Interaktion aber keine entscheidende Rolle spielt. Zum Zeitpunkt der im Folgenden ausführlich dargestellten Interaktion mit der hinzu gerufenen Lehrkraft, sieht die Aufgabenbearbeitung wie folgt aus (vgl. Abb. 6.17):

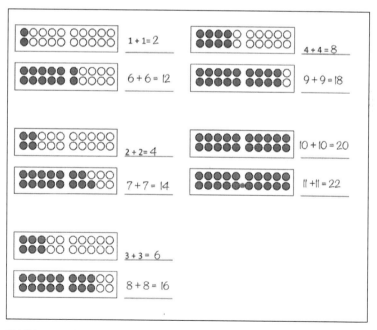

Abbildung 6.17:   Stand der Bearbeitung zu Beginn der Szene

Da die Lehrkraft die Bearbeitung der Kinder mit Ausnahme der letzten beiden selbst gefundenen Aufgaben bereits kennt, fragt sie direkt nach den nun neu gefundenen Aufgaben.

Lehrkraft	So, wie seid ihr auf zehn plus zehn gekommen?
Max	Weil da neun plus neun ist (*zeigt auf die Aufgabe „9+9=18*) und weil ehm hier ist achtzehn (*zeigt auf das Ergebnis der Aufgabe*) # und hier ist zwanzig (*zeigt auf das Ergebnis der Aufgabe „10+10"*)
Thomas	# Ach Max wollte das immer nach der Reihenfolge machen.
Lehrkraft	Mmh. Hier war euch ja aufgefallen (*deutet auf die Aufgaben „1+1=2" und „6+6=12"*), was ihr hier auch prima gemacht habt (*deutet auf die Aufgaben „4+4=8" und „9+9=18"*), dass immer ein Zehner mehr ist (*zeigt auf die Ergebnisse der Aufgaben „1+1" und „6+6"*).
May	Mmh.
Lehrkraft	Hast du das hier unten auch berücksichtigt? (*deutet auf die Aufgaben „10+10=20" und „11+11=22"*)
Thomas	Nein, wir haben da immer nur einen mehr gemacht.
Max	Mmm, zwei (*zeigt erst auf den zweiten Summanden, die 11 und dann auf das Ergebnis die 22*).
Thomas	Hm? Ach ja, zwei, doch.
Lehrkraft	Ihr habt eine neue Regel gefunden?
Thomas	Ja.

Max begründet die Frage, wie sie die Aufgabe 10+10 gefunden haben, mit der bereits im Vorfeld erarbeiteten Passung zu Verdopplungsaufgaben (Summanden erhöhen sich im Sinne der Zahlenreihe). Dabei nimmt er die Deutung wieder auf, die zu Beginn der Bearbeitung konstruiert wurde. Zudem nennt er die Ergebnisse, möglicherweise, weil die Passung der Ergebnisse bei Finden der Verdopplungsaufgaben 9+9 entscheidend war. Dass die Ergebnisse 18 und 20 der von ihm genannten Aufgaben in einer anderen Beziehungen zueinander stehen als die zuvor betrachtete Differenz der Ergebnisse von zehn, scheint ihn hier nicht zu irritieren.

Thomas bezieht sich auf die Deutung von Max und versucht eine allgemeinere Erläuterung für die Passung zu finden. Er sieht in dem Muster auf die Folge der Summanden gemäß der Zahlenfolge (vgl. Abb. 6.18). Hierbei zeigt sich wie schon in der Szene zu den Zahlenhäusern, dass die Folge der natürlichen Zahlen als Struktur vom Thomas gesehen wird, hier mit Fokus auf die ordinale Deutung der Reihenfolge. Der querschnittliche Blick über die Kinder der Studie zeigt, dass dies keine rein individuelle Deutung ist, sondern sich die Fokussierung auf die Folge der natürlichen Zahlen bei allen zählend rechnenden Kindern erkennen lässt (vgl. Kap. 7).

Ob Thomas mit dem Zusatz „Max wollte…" ausdrücken will, selbst keine Verantwortung für die gefundenen Aufgabe zu haben oder deskriptiv den Verfasser der Aufgaben benennt, bleibt spekulativ. Im Weiteren nimmt Thomas jedoch von sich aus eine kardinale Deutung der Veränderung der Summanden ein, indem er sagt: „Wir haben da immer nur einen mehr gemacht". Hier ist ein Unterschied in der Deutung im Vergleich zur Folge der natürlichen Zahlen, da nun nicht ausschließlich mit Bezug auf die „Zählfolge" gedeutet, sondern eine Deutung der Zahlen als Anzahlen vorgenommen wird und diese Anzahlen miteinander verglichen werden. Es wird also auf eine Zahlbeziehung fokussiert, die nicht dem Referenzkontext „Zählen" zuzuordnen ist und deshalb als strukturfokussierend angesehen wird (vgl. Abb. 6.18).

Max greift die Deutung auf und erweitert sie, indem er die Differenz zwischen den Ergebnissen betrachtet. In der Interaktion werden somit unterschiedliche Deutungen der Kinder zu dem von ihnen fokussierten Muster verbalisiert. Alle sind zu dem betrachteten Ausschnitt passend, allerdings greifen sie nur einen Teil der Strukturen des Musters auf.

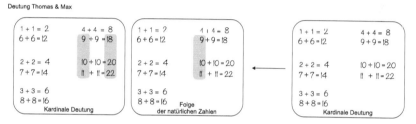

Abbildung 6.18: Erste Deutungen der Kinder zur Fortsetzung der Musters

Um die Kinder auf die Veränderung der Struktur des vorgegebenen Gesamtmusters aufmerksam zu machen, erinnert die Lehrkraft an die bereits betrachtete Differenz der Ergebnisse eines Aufgabenpaares und unterstellt, dass die Kinder die Differenz als ein Zehner erkannt hätten. Dies ist, wie oben beschrieben, zumindest in dieser Explizität nicht verbalisiert worden. Beide Kinder sind in der Lage zu sehen, dass das von ihnen gefundene Aufgabenpaar 10+10=20 und 11+11=22 diesem Muster nicht entspricht – Max sofort und Thomas nach konkreter Zeigegeste. Sie scheinen jedoch beide keine Störung zu empfinden, was sich in der Bestätigung ausdrückt, hier eine neue Regel gefunden und angewendet zu haben.

Der Lehrkraft scheint daran gelegen, dass die Kinder die „Störung" im Muster erkennen und verändern. Entsprechend deutet sie nacheinander auf die jeweils oberen Aufgaben der Paare, die von den Kindern vorgelesen werden (1+1, 2+2, 3+3, 4+4). Nachdem zudem über die Frage „Würdet ihr die da stehen lassen?" in der Interaktionslogik (Voigt, 1994) deutlich geworden ist, dass die Aufgabe 10+10=20 verändert werden soll, nennt Max „fünf plus fünf" als zu notierende Aufgabe. Die Lehrkraft bestätigt die Korrektheit dieser Aufgaben, indem sie Max auffordert, Thomas „auch nochmal" zu erklären, warum.

Max	Weil guck mal, hier ist eins plus eins (*zeigt auf die Aufgabe „1+1"*), da ist zwei plus zwei (*zeigt auf die Aufgabe „2+2"*), da ist drei plus drei (*zeigt auf die Aufgabe „3+3"*), da ist vier (*zeigt auf die Aufgabe „4+4"*)
Thomas	Vier plus vier.
Max	Und dann muss hier fünf plus fünf (*zeigt auf die Aufgabe „10+10"*).
Thomas	Ah, okay.

Max greift nicht die „Reihenfolge" auf, die von Thomas vorher genannt wurde, sondern erläutert die Passung, indem er die Aufgaben nennt und auf die entsprechende Zahlensätze zeigt. Er verbalisiert nicht, dass er ausschließlich die erste Aufgabe der Paare betrachtet, da die Summanden hier der Struktur der Folge der natürlichen Zahlen folgen. Insofern bleibt unklar, inwieweit Max den Unterschied zwischen der von ihm und Thomas fokussierten Zahlenfolge bei der Konstruktion der Aufgabenfolge (9+9, 10+10, 11+11) und der nun von der Lehrkraft fokussierten Folge (1+1, 2+2, 3+3, 4+4, 5+5) erkennt. Zudem macht eine genaue Beschreibung der betrachteten Folgen schwierig, dass die Summanden der oberen Aufgaben eines Paares im Sinne der Zahlenfolge ansteigen und durch das weitere Muster Partneraufgabe zugleich eine versetzte Fortsetzung der Zahlenfolge im Sinne einer „Wiederholungsschleife" entsteht. Dies ist bisher in der Interaktion nicht thematisiert worden, sondern die Kinder fokussierten auf die den Paaren zu Grunde liegende Struktur und auf die Folge der natürlichen Zahlen. Beide Deutungen werden in der folgenden Szene wieder aufgebracht:

Max	Warte (*schaut einen Moment lang auf das Arbeitsblatt*). Ah, dahin muss dann zehn plus zehn.
Thomas	Oh, okay.
Max	Weil guck doch mal. Hier vier plus vier (*zeigt auf die Aufgabe „4+4"*) und neun plus neun (*zeigt auf die Aufgabe „9+9"*).
Thomas	Aber (…) das ist doch vier plus vier (*zeigt auf die Aufgabe „4+4"*)
Max	Ja, aber
Thomas	Fünf plus fünf (*zeigt auf die Aufgabe „5+5"*), dann muss doch sechs plus sechs.
Max	Warte, mal überlegen (*schaut auf das Arbeitsblatt*)
Thomas	Max, eins plus eins (*zeigt auf die Aufgabe „1+1"*), zwei plus zwei (*zeigt auf die Aufgabe „2+2"*), drei plus drei (*zeigt auf die Aufgabe „3+3"*), vier plus vier (*zeigt auf die Aufgabe „4+4"*), fünf plus fünf (*zeigt auf die Aufgabe „5+5"*) #
Max	# Warte, welche ist denn das? Zehn
Thomas	Sechs plus sechs (*zeigt auf den leeren Strich unter der Aufgabe „5+5"*) muss dann dahin.
Max	Nein. Warte. Was gibt denn, da muss, warte (…) zwanzig hin.
Thomas	Nee. Da muss sechs, da muss, muss sechs plus sechs hinkommen, Max.
Max	Sechs plus sechs, warte.
Thomas	Da muss sechs plus sechs, sechs plus sechs (*sticht Max mit dem Bleistift in

	die Wange)
Max	Lass es, Thomas. Sechs plus sechs
Thomas	Ja, sechs plus sechs, ne Max?
Max	Sechs plus warte (*schaut auf das Arbeitsblatt*). Aber stimmt, schau doch mal hier (*deutet auf den Aufgabenblock mit „2+2" und „7+7"*), zwei plus zwei (*zeigt auf die Aufgabe „2+2"*), dann muss da sieben plus sieben (*zeigt auf die Aufgabe „7+7"*) und dann kann doch hier jetzt nicht sechs plus sechs (*zeigt auf den leeren Strich unter der Aufgabe „5+5"*).
Thomas	Max, wir müssen doch immer einen, da, da können wir mit Bleistift hinschreiben und da auch, aber da müssen wir nur, da ist doch vier plus vier (*zeigt auf die Aufgabe „4+4"*), fünf plus fünf (*zeigt auf die Aufgabe „5+5"*), sechs plus sechs (*zeigt auf den leeren Strich unterhalb der Aufgabe „5+5"*) muss dann da doch. Also, schreib sechs plus sechs hin. Sechs plus sechs.
Max	Nein, ich mach zehn plus zehn.
Thomas	Sechs plus sechs.
Max	Nein, zehn plus zehn.
Thomas	Wenns gleich nicht richtig ist, ne, schreibst du da sechs plus sechs hin.

In der Interaktion zeigt sich bei Thomas sehr vehement vorgebracht die erkannte Struktur der Folge der natürlichen Zahlen (vgl. Abb. 6.19), die er deutlich formuliert und der Max letztendlich nicht argumentativ begegnen kann. Max scheint deutlich zu sein, dass diese Struktur beim Finden der Partneraufgabe nicht maßgeblich ist. Möglicherweise ist ihm das vorhergegangene Gespräch mit der Lehrkraft noch präsent, in dem es genau darum ging. Es scheint jedoch nicht so zu sein, dass er die erarbeitete Struktur der Differenzen der Ergebnisse um zehn (vgl. Abb. 6.16) zur Erläuterung heranziehen kann und vielleicht auch nicht ganz sicher verstanden hat. Dies zeigt sich daran, dass er sich von Thomas Äußerung verunsichern lässt und zwar auf die Partneraufgaben 2+2 und 7+7 sowie 1+1 und 6+6 deutet, aber weder die Veränderung der Summanden noch die Wirkung auf das Ergebnis beschreibt. Als Gegenargument zur Passung der Aufgabe 6+6 bringt er nur vor, dass diese Aufgabe bereits im Muster vorhanden ist. Max scheint also klar zu sein, dass an dieser Stelle nicht die Folge der natürlichen Zahlen als Struktur herangezogen werden kann, ohne dass er explizit formuliert, welche andere Beziehung zum Finden der Partneraufgabe zentral ist. Thomas versucht gegen Ende des Dialogs Gründe vorzubringen. Die Aussage „wir müssen doch immer einen" könnte auf die von ihm bereits im Vorlauf formulierte Beziehung der Erhöhung der Summanden abzielen. Er nennt die Begründung jedoch nur in Ansätzen und untermauert sie dann mit Beispielen. Nachdem Max nicht seine Aussage eingeht, zieht er sich aus dem Diskurs zurück und überlässt Max die Deutungshoheit, allerdings nur wenn die Aufgabe auch richtig ist.

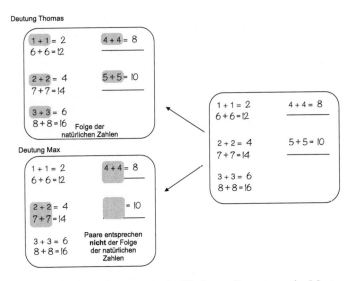

Abbildung 6.19:   Zweite Deutung der Kinder zur Fortsetzung des Musters

Zusammenfassende Deutung der Szene

Vorrangige Deutungen von Ausschnitten des Musters

Obwohl die Kinder im Rahmen der Kooperation zu einer korrekten Lösung des Arbeitsblattes kommen, bleibt die Frage, welche Strukturen sie tatsächlich erkannt haben. Es wird deutlich, dass sie sich sowohl miteinander als auch mit der Lehrkraft über das Muster austauschen, doch die Gesamtstruktur bleibt in beiden Diskussionsphasen in ihrer Komplexität unklar. Thomas fokussiert auf einzelne Strukturelemente, wie die Folge der natürlichen Zahlen und formale Strukturen wie Aufgabe und Partneraufgabe, wobei letztere nicht inhaltlich, sondern regelgeleitet im Sinne „zu jeder Aufgabe gehört eine Partneraufgabe" gedeutet wird. Sowohl in der Interaktion mit der Lehrkraft als im Diskurs mit Max wird sein Verständnis nicht aufgebrochen, weil keine wesentliche andere Deutung (z. B. am Punktefeld) angeboten wird, sondern in der Interaktion immer wieder auf die Zahlenfolge zurückgegriffen wird. Trotz einer *hohen Kommunikationsdichte gibt es nur geringe mathematische Erkenntnisse.*

Die Folge der natürlichen Zahlen wird ausschließlich auf der symbolischen Ebene thematisiert. Die Wirkung bei einer operativen Erhöhung der Summanden auf das Ergebnis wird ebenfalls nur auf der symbolischen Ebene am Rande gestreift. Damit birgt die Interaktion für den zählenden rechnenden Thomas nur wenig Lernchancen – Verdopplungsaufgaben löst er bereits zu Beginn der Stunde korrekt und die ordinale Folge der natürlichen Zahlen gepaart mit kardinalen Einsichten im Sinne der Deutung von „einer mehr einer weniger" (vgl. Kap. 7) hat er als mathematische Struktur auch bereits in vorhergegangen Fördereinheiten erkannt (vgl. 6.2.1). Trotz der für ein zweites Schuljahr recht umfangreichen, mathematischen Kommunikation in der gemeinsamen Phase des kooperativen Lernens und der vielfältigen Schlüsselaktivitäten der Kinder wird die eigentliche Beziehung zwischen den Aufgaben nicht expliziert.

Kaum Deutungsaushandlungen trotz hoher Interaktionsdichte im initiierten Anlass

Max scheint in der Interaktion mit Thomas und der Lehrkraft seinen Blick etwas auszuschärfen und nimmt im Verlauf unterschiedliche, mathematische Aspekte war, unter anderem auch die Differenz der Ergebnisse (vgl. Abb. 6.16), so dass er am Ende auch die passende Partneraufgabe findet. Jedoch kann er das möglicherweise erworbene Wissen nicht verbalisieren oder gar argumentativ verteidigen. Da er diese Schlüsselaktivitäten nicht zeigt, bleibt einerseits ungewiss, was er genau verstanden hat und andererseits bleibt Thomas von diesem Lernzuwachs ausgeschlossen. Obwohl die Kinder den gemeinsamen Arbeitsauftrag zusammen bearbeiten und sich dabei austauschen, findet kaum eine Deutungsaushandlung im eigentlichen Sinne statt.

Diese Szene macht deutlich, dass ein alleiniger Blick auf die Dichte der Kommunikation und die Aktivitäten der Kinder nicht ausreicht. Um die Güte einer Interaktion im Hinblick auf mathematisches Lernen zu erfassen, braucht es neben dem Blick auf Rolle oder Tätigkeiten (vgl. Kap. 3) immer auch die Analyse der mathematischen Erkenntnisse. Dies zeigt sich auch in den späteren Arbeiten von Piljs, Dekker und von Hout-Wolters zeigt (2007), in denen über die Schlüsselaktivitäten hinaus Inhalte betrachtet und diesen Verständnisstufen zugeordnet werden.

6.3 Zusammenfassende Betrachtung (struktur-fokussierender) Deutungsaushandlungen

Die Aufgabenstellungen wurden so konstruiert, dass zählend rechnende Kinder und ihre Partner auf methodisch unterschiedliche Weise angehalten wurden, (struktur-fokussierende) Deutungen von Zahlen und Operationen vorzunehmen. Die Zahlen und Operationen wurden im Sinne des operativen Prinzips verändert oder sollten zu einem operativen Muster gelegt werden. Die Materialien erlauben unterschiedliche Deutungen, die durch Vergleichen, Sortieren, Fortführen und gegenseitiges Interpretieren zu einer produktiven Irritation und einem alternativen, von einer Deutung mit Referenzkontext des zählenden Rechnens abweichenden, Blick führen sollten. Auf diese Weise erhalten (zählende rechnende) Kinder die Chance, alternative Deutungen kennenlernen, nachzuvollziehen und ihre Sichtweise von Zahlen, Operationen und Beziehungen zwischen diesen zu einer zunehmenden struktur-fokussierenden Sicht zu erweitern.

Bei den Analysen sollte das Konstrukt der „struktur-fokussierenden Deutungen" ausgeschärft und untersucht werden, inwiefern es zwischen den Kindern zu Deutungsdifferenzen kommt, wie diese ausgehandelt werden und ob die Aushandlung dieser zu einer Erweiterung oder Modifizierung eigener Deutungen und ggf. zu einer struktur-fokussierenden Deutung führt.

Struktur-fokussierende Deutungen versus Deutung mit Referenzkontext Zählen

Wie erwartet zeigt sich, dass die Deutungen der zählend rechnenden Kinder häufig an konkrete Zeichen gebunden sind oder sich auf bestimmte Strukturen wie die Folge der natürlichen Zahlen konzentrieren. Eine Deutung findet somit häufig mit Bezug auf den Referenzkontext Zählen statt. Sowohl in hier ausführlich dargestellten Szenen als auch in den darüber hinaus erfolgten Analysen wurde deutlich (vgl. auch Kap. 7 & 8), dass die Kinder, die gerade mit dem Erkennen von Strukturen Schwierigkeiten haben (Lüken, 2012; Mulligan, 2011) dies natürlich auch im Rahmen dieser Förderung zeigen und möglicherweise auch nur in eingeschränkten Maße erweitern (vgl. dazu Kap. 8). Erste struktur-fokussierende Deutungen konnten rekonstruiert werden. Die Kinder erkannten (Vorformen) kommutativer und dekadischer Beziehung und interpretierten die Folge der Zahlen kardinal, d.h. unter Berücksichtigung der quantitativen Veränderung der Anzahlen. Bei diesen struktur-fokussierenden Deutungen standen vor allem relationale Beziehungen zwischen Zahlen im Mittelpunkt. Aufgabenbeziehungen wurden möglicherweise im Hinblick auf die Kommutativität gedeutet, jedoch wahrscheinlich eher in der protokommutativen Form, also ohne Bezug auf die dahinterstehende Beziehung von Mengen.

Auch die leistungsstärkeren Kinder initiieren von sich aus nur punktuell einen Blick auf die Beziehung zwischen Aufgaben. Sowohl Max als auch Medima zeigen selbst eine Sicht auf Strukturen, die z. T. von einer konkreten Deutung geprägt war. Der Zweitklässler bzw. die Viertklässlerin einer Förderschule mit dem Förderschwerpunkt Lernen waren selbst mit der Erkundung des Gegenstandes beschäftigt und es zeigte sich, dass dieser für sie keinesfalls trivial war. Dies führte dazu, dass einige Strukturen auch von beiden Kindern konkret empirisch und ohne Sicht auf wesentliche Strukturen gedeutet wurden. Der erwartete Gewinn durch die Kooperation ist möglicherweise deshalb geringer als erhofft, weil die Partnerkinder selbst, zumindest in dieser Form der Auseinandersetzung mit dem Material, nur punktuell eine struktur-fokussierende Deutung vornehmen, die über die Folge der natürlichen Zahlen[14] bzw. über das Betrachten von

---

[14] Bei der Folge der natürlichen Zahlen handelt es sich selbstverständlich um eine für die Mathematik wesentliche mathematische Struktur, die jedoch eng mit dem zählenden

Beziehungen zwischen Zahlen hinausgeht. Diese gehen jedoch über eine eher oberflächliche Sicht auf Identitäten und auf die Folge der natürlichen Zahlen hinaus, wie z. B. in den Szenen von Kolja und Medima oder auch Thomas und Max.

Deutungsaushandlungen in der Kooperation

Initiierte versus informelle Anlässe

Wie an den Szenen zu sehen ist, können die initiierten Anlässe kooperativen Lernens zu einer Interaktion über die mathematische Inhalte führen. Die Tätigkeiten des Vergleichens, Sortierens und auch des Gemeinsamen Arbeitens wirken als Anlässe des gegenseitigen Austausches, der Bewusstwerdung der Ergebnisse der anderen und der Diskussion über mathematische Beziehungen. Ebenso konnte dargestellt werden, dass sich auch informelle Anlässe zu produktiven, kooperativen Lernsituationen entwickeln können. Beides zeigt, dass sowohl kooperatives Lernen im Mathematikunterricht zwischen Kindern mit unterschiedlichen Lernvoraussetzungen möglich ist, als auch, dass die im Rahmen dieser Kooperation analysierten Interaktionen mathematisch gehaltvoll waren.

Gleichwohl verlaufen nicht alle Kooperationen auf diese produktive Art und Weise, sondern lediglich dann, wenn die Kinder sich auf die Fragestellung einließen und diese im Mittelpunkt der Auseinandersetzung stand. Natürlich nutzten die Kinder das kooperative Lernen auch immer wieder zu einem informellen Austausch über andere Dinge (Geschehnisse in der Pause, Verabredungen etc.) also in Form von »kommunikativen Lernsituationen« wie Wocken (1998) sie beschreibt, jedoch meist nur in sehr kurzen Sequenzen. Zudem konnte in einigen – aber wenigen Fällen – beobachtet werden, dass die Kinder das gemeinsame Arbeiten in dem Sinne interpretierten, dass einer arbeitete und der oder die andere (meist das zählend rechnende) Kind wartete, bis die Arbeit erledigt war. Dies war am häufigsten bei der gemeinsamen Bearbeitung eines Arbeitsblattes zu beobachten und hier insbesondere dann, wenn Auffälligkeiten notiert werden sollten. Nur sehr selten waren es die schwächeren Kinder, die etwas notierten; häufig wurde diese Rolle wie selbstverständlich von dem leistungsstärkeren Kind übernommen. Das führte oft auch dazu, dass nur dieses Kind überlegte, was notiert werden sollte. Diese Situationen ähnelten dann klassischen Formen informeller Kooperation, deren Wirkung wie in Kap. 3 aufgezeigt nicht eindeutig ist. Bei den Aufgaben zum Sortieren oder Vergleichen – also bei Formen kooperativen Lernens, die stärker strukturiert waren – war eine derartige Aufgabenverteilung seltener zu beobachten. Doch da diese Fragestel-

---

Rechnen in Verbindung steht und deshalb in den Analysen nicht als struktur-fokussierend markiert ist (vgl. Kap. 6).

lung nicht im Mittelpunkt des Interesses stand, stützen sich letztere Ausführungen auf unsystematische Beobachtungen, die bei der Frage nach der inhaltlich mathematischen Auseinandersetzung in den Phasen kooperativen Lernens gemacht wurden und erheben nicht den Anspruch eines empirische fundierten Forschungsergebnisses.

Deutungserweiterung durch kooperatives Lernen?!

Die analysierten Szenen zeigen, dass zählend rechnende Kinder in der kommunikativ-kooperativen Auseinandersetzung mit einem Partnerkind angeregt werden, Deutungen zu mathematischen Zeichen vorzunehmen. Sowohl die hier vorgestellten Szenen als auch weitere Analysen machen deutlich, dass die Kinder die gestellten Anforderungen bewältigen können und eine eigene Deutungen vornehmen, die sie auch in die Kooperation einbringen. Im Vergleich zu den Untersuchungen zum jahrgangsübergreifenden Lernen, in denen deutlich wurde, dass „Kinder mit unterschiedlichen Einschulungsjahrgängen [...] gemeinsam anregend über mathematische Fragestellungen kommunizieren [können] (Nührenbörger, 2009, S. 168 im Original hervorgehoben), zeigt sich hier, dass *zählend rechnende Kinder gemeinsam mit anderen in kooperativen Lernsituationen über mathematische Aufgaben kommunizieren können.* Die Kinder zeigen sich als echte Partner in der Kooperation, indem sie auch Ideen entwickeln und Vorschläge machen und es keineswegs ausschließlich die leistungsstärkeren Kinder sind, die neue Deutungen einbringen. Kolja und Thomas zeigen sich in den interpretierten Szenen in der Lage, alternative Deutungen zu ihren eigenen Sichtweisen vorzunehmen und damit ihre eigene Sicht zu erweitern. Sie bringen einerseits eigene, neue Ideen hervor und reagieren andererseits auf die Anregungen ihrer Partner.

Rolle der Lehrkraft

In den Szenen bestärken die Lehrkräfte die Kinder eher in ihrer Sicht auf Identitäten (Szene 6.2.2) oder in der Deutung der Folge der natürlichen Zahlen (Szene 6.2.3). Sie scheinen zunächst froh, dass die Kinder überhaupt eine (richtige) Deutung vornehmen und wollen den Lernprozess möglicherweise positiv unterstützen und vor allem die schwächeren Kinder stärken und motivieren. Zudem ist es schwierig, in einer Klassensituation so schnell die Vorgehensweise zu erfassen und passende Anregungen zu geben. So machte die Lehrkraft von Thomas und Max zwar in der letzten Szene deutlich, dass die gefundenen Aufgaben nicht dem Muster entsprachen, wechselte jedoch nicht die Darstellungsebenen zu den Punktmustern, die möglicherweise eine Hilfe beim Erkennen des „Fünfertricks" gewesen wären. Es zeigt sich somit hier – ähnlich wie bei den Analysen zu den verwandten Subtraktionsaufgaben – dass von allen Beteiligten hauptsächlich auf der symbolischen Ebene gearbeitet wird, was möglicherweise für (lernschwache) Kinder in diesem Alter eine struktur-fokussierende Sicht erschwert. Hier könnte eine parallel zum Unterricht laufende Fortbildung und die Reflexion anhand eigener Unterrichtsszenen möglicherweise eine Hilfe und Stärkung sein (Nührenbörger & Bräuning, 2009; Scherer & Steinbring, 2006). Zudem muss beachtet werden, dass die Unterrichtsstunden mit einer Reflexion abschließen, in welcher Strukturen verbalisiert und vertieft werden sollten. Hier besteht für die Lehrkraft die Möglichkeit sowohl auf der Ebene der Darstellung die Strukturen im Material deutlich zu machen, als auch über das moderierten Klassengespräch wesentliche Aspekte aufzugreifen und zu vertiefen. Dabei ist jedoch zu bedenken, dass selbst eine umfassende vorgetragene und in der Anschauung begründete struktur-fokussierte Deutung, die in der Reflexion von einem anderen Kind oder der Lehrkraft vorgenommen wird, nicht bedeutet, dass das zählend rechnende Kind diese sofort versteht und aufnimmt. Letztlich besteht hier nur eine Gelegenheit möglicherweise aufgekommene Fragen oder erste Einsichten aufzugreifen und zu vertiefen. Die eigene Auseinandersetzung, das eigene Deuten und Nutzen von Strukturen kann niemanden abgenommen werden – allerdings können die hier thematisierten Deutungen ähnlichen Effekt haben wie alternative Deutungen beim kooperativen Lernen und auf diese Weise Lernen begünstigen (Hartkens, 2011).

Erste Ergebnisse und erste Folgerungen

Wesentlich, um das Lernen in der kooperativen Lernsituationen zu erfassen, ist es, neben den Aktivitäten in der Interaktion, den Blick auf die Inhalte der Interaktion zu legen. Dies bestätigen auch Arbeiten aus der Gruppe um Dekker, die nach einer ersten Fokussierung ausschließlich auf Schlüsselaktivitäten (Dekker & Elshout-Mohr, 1998), das sich dort zeigende mathematischen Level des Verständnisses analysieren (Dekker, Elshout-Mohr, & Wood, 2006; Pijls et al., 2007).

Die Analysen zeigen, dass die Deutungen der (zählend rechnenden) Kinder schwerpunktmäßig konkret, empirisch auf Zahlen und die Beziehungen zwischen Zahlen fokussieren. Das heißt, dass struktur-fokussierende Deutungen im Hinblick auf Zahlenbeziehungen vorgenommen wurden. Was das kooperative Setting somit leistet, ist zählend rechnenden Kindern eine Anregung zur Aufmerksamkeitsfokussierung (Dörfler, 1986; Lorenz, 1992) auf elementare mathematische Zusammenhänge (vor allem Zahlbeziehungen) zu geben.

Fraglich ist, ob durch eine Paarzusammenstellung mit größeren Leistungsdifferenzen eine über diese Relationen hinaus gehende Deutungsvielfalt initiiert werden kann. Dazu müsste zum einen untersucht werden, ob leistungsstarke Kinder, die in Reflexionen Deutungen mit Bezug auf die Aufgabenbeziehungen gezeigt haben, diese Deutungen auch bereits in der kooperativen Situation zeigen. Auf der anderen Seite müsste untersucht werden, wie sich die größere Leistungsspanne – ggf. auch über die Klassenstufe hinaus – auf die Kooperation auswirkt. In der Folge könnte eine Paarkonstellation entstehen, die mehr einem peer-tutoring entspräche und zu einer anderen Art der Kommunikation führen würde als die hier gesehen Interaktion als „collaboration" (Goos, Galbraith, & Renshaw, 1996). Vor allem sogenanntes »cross-age-tutoring« zeigt zwar bei Lernenden mit Förderbedarf im Lernen im Fach Mathematik gute Effekte (Gersten et al., 2009), würde jedoch nicht mehr dem gewählten Design der Lernumgebungen entsprechen.

Möglich ist auch, dass die Deutungsvielfalt der Kinder insgesamt gesteigert werden kann, wenn eine Sicht auf Strukturen nicht nur punktuell im Rahmen eines Förderprogramms im Mittelpunkt steht oder stehen sollte, wie in der vorliegenden Studie, sondern wie im Lehrplan (2008) vorgesehen den gesamten Mathematikunterricht als durchgängiges Prinzip bestimmt.

7 Struktur-fokussierende Deutungen zu verwandten Subtraktionsaufgaben[15]

Wesentliche Aufgabe auf dem Weg zur Ablösung vom zählenden Rechnen ist das Herausbildung alternativer Strategien mit Bezug auf Beziehungen zwischen Zahlen und Operationen – also struktur-fokussierende Deutungen vorzunehmen. Dazu wurden in Kap. 6 bereits erste Analysen vorgenommen und an ausgewählten Szenen die Deutungen der Kinder im Hinblick auf die fokussierten Referenzkontexte betrachtet. Im Weiteren muss systematischer untersucht werden, welche Deutungen zählend rechnende Kinder rund ihre Partnerkinder in der Auseinandersetzung mit Lernumgebungen zur Ablösung vom zählenden Rechnen vornehmen. Dabei geht es um die Frage, ob die zählend rechnenden Kinder gegen Ende der Förderung struktur-fokussierende Deutungen vornehmen oder ihre Deutungen in der Interaktion erweitern können. Zudem muss geklärt werden, inwiefern auch Aufgabenbeziehungen erkannt und genutzt werden.

Die Analysen des vorliegenden Beitrags konzentrieren sich deshalb auf den Förderbaustein IXb „verwandte Subtraktionsaufgaben" und werden ergänzt durch Erkenntnisse aus der ähnlich aufgebauten Einheit „verwandte Additionsaufgaben" (Häsel-Weide et al., 2014). Bewusst werden dazu Bausteine gewählt, die in der zweiten Hälfte der Förderung bearbeitet wurden. So lassen sich möglicherweise bereits vielfältige struktur-fokussierende Deutungen rekonstruieren. In beiden Bausteinen soll die Beziehung zwischen Aufgaben erkannt und genutzt werden. Natürlich können auch Zahlbeziehungen fokussiert werden. Um die Deutungen der Kinder besser zu verstehen, werden zunächst die fachdidaktischen Grundlagen der Konstruktion der Bausteine und der Ablauf der Stunde exemplarisch am Baustein „verwandte Subtraktionsaufgaben" erläutert.

---

[15] Große Teile des Kapitels 7 wurden bereits veröffentlicht. Die Unterkapitel 7.1 und 7.2 sind bis auf formale Anpassungen unverändert entnommen aus dem Aufsatz: Häsel-Weide, U. (2013). Ablösung vom zählenden Rechnen: Struktur-fokussierende Deutungen am Beispiel von Subtraktionsaufgaben. *Journal für Mathematik-Didaktik, 34*(1), 21-52. Auch Passagen des Kapitels 7.3 entstammen dieser Veröffentlichung.

7.1 Fachdidaktische Grundlagen und Überblick über die Stunde

Bei verwandten Subtraktionsaufgaben lassen sich zwei strukturell verschiedene Beziehungen unterscheiden, wenn jeweils eine Zahl konstant gehalten und die andere operativ verändert wird. Erhöht man den Minuenden um eine beliebige Zahl bei konstantem Subtrahend, erhöht sich die Differenz ebenfalls um diese Zahl $[(a+x) - b = (a–b) + x]$. Wird jedoch der Subtrahend erhöht, verringert sich die Differenz um genau die vorgenommene Erhöhung $[a - (b+x) = (a–b) - x]$. Bei konstantem Minuenden verändern sich Subtrahend und Differenz gegensinnig (Marx & Wessel, 2010). In der im Weiteren dargestellten Sequenz werden ausschließlich Aufgabenpaare eingesetzt, bei denen der Subtrahend um eins verändert wurde. Zudem ist jeweils eine der Aufgaben eine sogenannte „leichte Subtraktionsaufgabe", d. h. Aufgabe und Ergebnis können bei der Darstellung der Subtraktion am Punktefeld ohne zu zählen abgelesen werden (z. B. $28 - 10$; $16 - 6$; $36 - 20$, $18 - 1$) (Schütte, 2004b; Wittmann & Müller, 2012a). Diese „leichten" Subtraktionsaufgaben, ihre Charakteristika, die Möglichkeiten ihrer Darstellung sowie deren nicht-zählende Lösung sind Bestandteil der vorhergehenden Einheit dieses Förderbausteins.

7.1.1 Methodische Überlegungen zur Anregung von Kommunikation und Kooperation

Im Stundeneinstieg werden unterschiedliche verwandte Subtraktionsaufgaben besprochen und die Möglichkeiten des Nutzens der Strukturen diskutiert. In der Arbeitsphase arbeiten die Kinder zunächst individuell und ggf. differenziert im Zahlenraum, um in einem zweiten Schritt die gleichen oder unterschiedlichen Strukturen in den zusammengehörigen Aufgabenkarten zu diskutieren. Dieser Arbeitsschritt hat mehrere Funktionen:

- Die zählend rechnenden Kinder werden zu einer Erweiterung ihres Blicks von isolierten Aufgaben auf Beziehungen zwischen Aufgaben angeregt.
- Durch den nachträglichen Blick und den Vergleich mit den parallelen Aufgaben erfolgt eine Kontrolle und ggf. Korrektur der Ergebnisse.
- Die Kinderpaare werden explizit zum Austausch über die Aufgaben angehalten. Gefundene Gemeinsamkeiten und Unterschiede werden auf einem Blankozettel festgehalten. Der Austausch über mathematische Strukturen hat einen festen Platz in der Einheit und steigt implizit auch in der Bedeutung sowohl für die Kinder als auch für die Lehrkräfte.
- Die ggf. einfacheren Aufgaben der zählend rechnenden Kinder werden in gleicher Weise gewürdigt und fließen in den weiteren Arbeitsprozess mit ein, wie die der leistungsstärkeren Kinder.

In der Reflexion stellen die Kinder als Paar gemeinsam die gefundene einfache Aufgabe vor – etwa in dem Sinne: Ein Kind zeigt die einfache Aufgabe am Punktefeld und beschreibt, wieso man das Ergebnis schnell sehen kann. Das andere Kind begründet, warum diese Aufgabe hilft. Auf diese Weise werden auch die zählend rechnenden Kinder zum Beschreiben und Begründen von Beziehungen herausgefordert, ohne allein verantwortlich zu sein.

7.1.2 Stundenverlauf

Einstieg: Zu Beginn der Stunde werden die „einfachen Subtraktionsaufgaben" 16 – 6 und 36 – 6 am Punktefeld dargestellt, gelöst und das Vorgehen bei der Lösung erläutert. Die Lehrkraft notiert zu jeder der beiden Aufgaben eine verwandte Subtraktionsaufgabe (16 – 7, 36 – 7) und fordert die Kinder auf, diese zu lösen, ohne neu zu rechnen.

Arbeitsphase: 1. Schritt der »Weggabelung« Die Kinder erhalten vier Karten (vgl. Abb. 7.1). Die leichte Subtraktionsaufgabe soll innerhalb der Aufgabenkarten A und B erkannt, gerechnet und dann zum Lösen der schwierigeren Aufgabe genutzt werden. In den Aufgabenkarten C und D sind die Kinder aufgefordert, die leichte Aufgabe selbst zu finden. Die schwierigen Aufgaben sind so gewählt, dass mehrere einfache Aufgaben passen, z. B. passen zur Aufgabe 28 – 9 die Aufgaben 28 – 8, 28 – 10 aber auch 29 – 9.

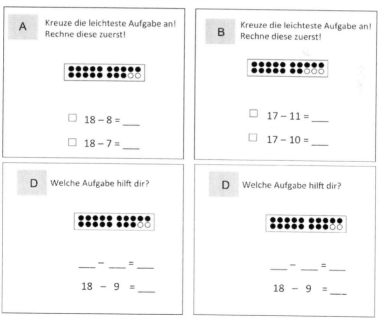

Abbildung 7.1: konstruierte Aufgabenkarten

Die Aufgabenpaare liegen strukturgleich aufgebaut für den Zwanziger- und Hunderterraum vor (Nührenbörger & Pust, 2011, S. 30). Dies ermöglicht eine qualitative Differenzierung – leistungsstärkere Lernende bearbeiten Aufgaben im Hunderterraum – und zeigt zudem durch parallele Aufgaben die Analogie der Struktur über den aktuell betrachteten Zahlenraum hinweg auf (vgl. 5.1.2).

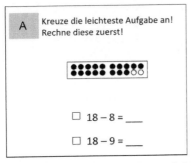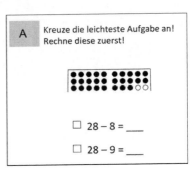

Abbildung 7.2:   Beispiel für parallele Aufgabenkarten

2. *Schritt der »Weggabelung«: Vergleich mit dem Partner* Nach der individuellen Bearbeitung der Karten soll der Vergleich der Aufgabenkarten eine struktur-fokussierende Sicht auf Zahlbeziehungen und Aufgabenbeziehungen initiieren (vgl. Abb. 7.2). Die Kinder notieren auf Blankokarten Gemeinsamkeiten und Unterschiede der Karten.

Reflexion: Zu ausgewählten, schwierigen Aufgaben aus den Aufgabenkarten des Typs C bzw. D nennen die Kinderpaare die gefundene, einfache Aufgabe und begründen, warum die gewählte Aufgabe bei der Lösung der schwierigeren, vorgegebenen Aufgabe hilft. Da mehrere passende, einfache Aufgaben möglich sind, entsteht möglicherweise ein Diskurs über *die* passende, einfache Aufgabe.

7.2   Struktur-fokussierende Deutungen zählend rechnender Kinder

Die Deutungen zählend rechnender Kinder werden mit Bezug auf das Erkennen von Strukturen einerseits und das Nutzen von Strukturen andererseits diskutiert. Im Rahmen der Einheit können zwei Typen von Mustern unterschieden werden. Zunächst erhalten die Kinder Aufgabenpaare auf Karten (vgl. Abb. 7.1) und sollen die Struktur beim Rechnen nutzen. In der zweiten Phase der Partnerarbeit werden diese Paare ergänzt von einem parallelen (analogen) Paar, so dass sich ein komplexeres Gesamtmuster ergibt (vgl. Abb. 7.2), das erkannt und beschrieben werden soll.

7.2.1 Nutzen von Strukturen beim Lösen von verwandten Aufgaben

In der Förderetappe werden im Einstieg exemplarisch an zwei bis drei Aufgabenpaaren das Erkennen und Nutzen von Beziehungen erarbeitet. Analog sollen die Kinder bei der Bearbeitung der Aufgabenkarten Beziehungen erkennen, herstellen und nutzen. Exemplarisch wird eine Szene aus der Bearbeitung der Karten dargestellt und analysiert.

1. Szene: Mary nutzt Strukturen beim Bearbeiten von Aufgabenkarten

Abbildung 7.3: Marys Bearbeitung der Karte D

Die Grundschülerin Mary notiert beim Bearbeiten der Aufgabenkarte D die Aufgabe 38 − 10 als verwandte Aufgabe zu 38 − 9 (Karte D; Abb. 7.3). Anschließend löst sie rückwärts zählend mit dynamischer Nutzung der Finger 38 − 10 mit 28 und notiert das Ergebnis. Sie schaut auf ihre Aufgabenkarte, sagt: „Das ist dann einer weniger" und notiert 27 als Ergebnis von 38 − 9. Mary leitet hier aus der bearbeiteten Aufgabe das Ergebnis der zweiten Aufgabe ab. Sie setzt also beide Aufgaben miteinander in Beziehung, evtl. weil sie selbst durch die Konstruktion der Aufgaben weiß, dass ein Zusammenhang besteht. Möglich ist natürlich auch, dass sie der langen Zählprozesse, die sie bei den Karten A und B verwendete, überdrüssig ist und die Rechnung abkürzen will. Mary hätte damit sowohl ein „Motiv" (Gaidoschik, 2010, S. 396) als auch die Voraussetzung zum Nutzen von Strukturen. Mary beachtet jedoch an dieser Stelle nicht, dass sich bei der Subtraktion eine Erhöhung des Subtrahenden gegensinnig auf die Differenz auswirkt und diese sich erhöht. Im Unterrichtseinstieg leitet sie das Ergebnis von 16 − 7 = 9 aus 16 − 6 = 10 richtig ab und erläuterte wie folgt: „Das (*zeigt auf die „6" der Aufgabe „16 − 6"*) ist ja einer weniger als der (*zeigt auf die „7" der Aufgabe „16 − 7"*) hier (*schaut zu L*) ... Und deshalb sind das hier neun (*zeigt hinter die Aufgabe „16 − 7 ="* und schaut kurz zu L) und das (*zeigt auf die „10" der Aufgabe „16 − 6 = 10"*) sind dann wieder einen mehr". Vor allem das Wort „deshalb" weist darauf hin, dass Mary die Veränderung des

Subtrahenden mit den Differenzen in Zusammenhang bringt. Allerdings scheint der Zusammenhang noch vage und es könnte auch sein, dass sie zwar jeweils die Beziehungen zwischen den Subtrahenden für sich und auch die Beziehung der Differenzen für sich, nicht aber den Zusammenhang zwischen Subtrahenden und Differenzen bedenkt. Da sie jedoch zunächst von „weniger" und dann von „mehr" spricht und so das gegensinnige der Veränderung auszudrücken scheint, ist dies unwahrscheinlich. Die Bearbeitung der Karte zeigt aber, dass sie die Beziehung noch nicht vollständig verstanden hat oder nicht auf die größeren Zahlen übertragen kann. Möglicherweise betrachtet sie im Kontext der Aufgabenkarte nicht (mehr) die Operation, sondern nimmt die Zahlenpaare in den Blick: 9 ist einer weniger als 10, dann ist das Ergebnis von 38 – 9 auch einer weniger als 28. Im Fokus stünde dann die Beziehung von Zahlen und nicht die Beziehung zwischen Aufgaben.

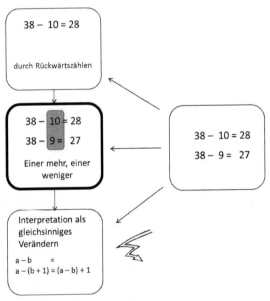

Abbildung 7.4: Marys Deutung des Aufgabenpaares

Zusammenfassende Betrachtung der Szene

Die Szene zeigt, wie voraussetzungsreich und schwierig das Nutzen von Strukturen zum Lösen verwandter Aufgaben ist. Obwohl Mary die Zahlbeziehungen erkennt und bereits im Klassengespräch im Einstieg analoge Strukturen korrekt genutzt hat, leitet sie das Ergebnis falsch ab. Das Erkennen von Zahlbeziehungen allein führt somit nicht zum Erkennen von Aufgabenbeziehungen und zum erfolgreichen Nutzen von Strukturen. Dafür müssen gleichzeitig zu den Zahlbeziehungen die Operation und somit die Auswirkungen der Zahlbeziehung in den Blick genommen werden.

Analogien zu verwandten Additionsaufgaben

Betrachtet man die Vorgehensweisen und Ergebnisse der Kinder bei Aufgabenserien zur Addition (z.b. 3 + 5, 4 + 5, 6 + 5, 7 + 5), die nach vergleichbarem Aufbau konstruiert wurden (Häsel-Weide, 2011), zeigt sich, dass die Zahlbeziehung in ähnlicher Form von zählend rechnenden Kinder genutzt wurde – hier aber aufgrund der anderen Operation mit Erfolg. Die Kinder erkannten häufig, dass ein Summand konstant blieb und der andere sich um eins erhöhte bzw. verringerte. Diese Zahlbeziehung übertrugen sie auf die Summe und „leiteten" erfolgreich ab. Dass auch hier vorrangig Zahlbeziehungen genutzt wurden und keine Aufgabenbeziehungen, zeigten die Aufgabenserien, die nach dem Prinzip der Konstanz der Summe konstruiert waren (z.b. 10 + 7, 9 + 8, 8 + 9, 7 + 10). Die Zahlbeziehungen wurden von keinem der fünf Kinder bei der Ergebnisfindung genutzt – in einigen Szenen war sogar Überraschung über die gleichen Lösungen zu sehen. Hier zeigen sich Unterschiede in der Mustererkennung die, auch aus anderen Studien bekannt sind (Gaidoschik, 2010; Link, 2012) Das gegensinnige Verändern ist möglicherweise deshalb schwerer zu erkennen und zu nutzen, weil bei beiden sich operativ verändernden Summanden die Beziehung zwischen den Zahlen erkannt und deren Auswirkung unter Berücksichtigung der Operation interpretiert werden muss. Bleibt ein Summand konstant, ist deutlich leichter zu erkennen, dass die Aufgaben ein Muster bilden; zudem wurden derartige Aufgabenserien möglicherweise auch häufiger im Unterricht thematisiert.

Zusammenfassend zeigt sich, dass für das Nutzen von Strukturen der Fokus auf die Beziehung zwischen Zahlen nicht ausreicht, sondern die Aufmerksamkeit über diese hinaus auf die Bedeutung dieser Veränderung im Hinblick auf die Operation gerichtet werden muss. Die Relation „einer mehr" hat zwischen Summanden eine andere Auswirkung auf die Ergebnisse als die gleiche Relation zwischen Subtrahenden. Das Betrachten der Auswirkungen der erkannten Zahlbeziehung scheint – vor allem bei der Subtraktion – entscheidend für das erfolgreiche Nutzen der Strukturen.

7.2.2 Erkennen von Strukturen durch den Vergleich von Aufgabenpaaren

Das Erkennen von Zahl- und Aufgabenbeziehungen soll durch den Vergleich von Aufgabenpaaren initiiert werden. Auf welche unterschiedliche Weise die Kinder hier vorgehen können und dass trotzdem vor allem Zahlbeziehungen betrachtet werden, soll an zwei Szenen aufgezeigt werden.

2. Szene: Björn und Justus beim Vergleich von analogen Aufgabenpaaren in unterschiedlichen Zahlenräumen

Dem Schülerpaar eines regulären zweiten Schuljahres liegen verwandte Aufgaben in unterschiedlichen Zahlenräumen vor und durch eine Unaufmerksamkeit der Lehrkraft beim Austeilen der Karten erhält der zählende Rechner Björn die Aufgaben im Hunderterraum. Nach der Lösung der Aufgaben beginnen beide Schüler nun mit dem Vergleich der Karten, indem sie sich zunächst die Karten A vornehmen. Die Szene beginnt damit, dass die Kinder spaltenweise die Zahlen betrachten. Dabei benutzen sie durchgehend den Begriff „Reihe" im Sinne von „Spalte".

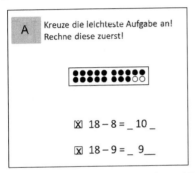 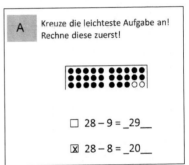

Abbildung 7.5: Karten von Justus und Björn

Justus	*(beginnt zu schreiben)* In der ersten *(geflüstert beim Schreiben)*, in der ersten Reihe
Björn	*(radiert das Kreuz aus und zieht es sorgfältig an gleicher Stelle nach)* Ist alles gleich
Justus	Reihe *(geflüstert, schreibt dabei)* In der ersten Reihe
Björn	Ist alles gleich *(guckt gerade aus in den Raum)*
Justus	Nein, sind, ist ein Zehner mehr
Björn	*(beugt sich zu Justus und guckt auf Justus Karte)*
Justus	Ist ein Zehner, Zehner, Zehner, Zehner *(spricht sich Wort während des Schreibens vor)* mehr, mehr. Gut.
Björn	*(guckt zu Justus und auf das Blatt mit der Notation „In der ersten reie ist ein zener mer")*
Justus	Fertig. *(liest vor:)* In der ersten Reihe ist ein Zehner mehr.
Björn	Bei mir.
Justus	Also bei dir von mir aus.

Björn scheint zunächst die Minuenden auf seiner Karte zu betrachten, die bei beiden Aufgaben gleich sind und vergleicht konkret die Zahlen. Er betrachtet also die Zeichen als konkrete Objekte und stellt ihre Gleichheit fest (Steinbring

& Nührenbörger, 2010). Justus hingegen vergleicht darüber hinaus die „gleichen" Minuenden miteinander und stellt die Differenz zwischen ihnen fest[16]. Er betrachtet die Beziehungen zwischen den Minuenden der beiden Karten, interpretiert die Zahlen als Anzahl und vergleicht diese. Diese Aussage scheint Björn aufzugreifen und auszudifferenzieren, indem er ergänzt „bei mir" und damit ebenfalls die Zahlen kardinal deutet (vgl. Abb. 7.6). Der zählende Rechner Björn nutzt demnach die elaborierte, strukturell tiefer gehende Deutung seines Partners und verwendet sie für eigene strukturelle Deutungen.

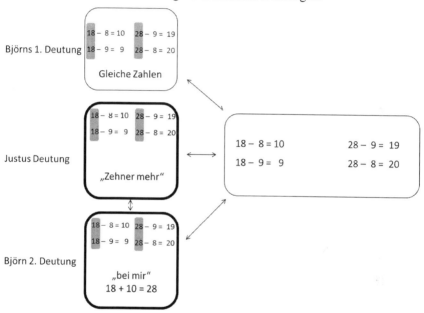

Abbildung 7.6: Deutungsentwicklung im Diskurs

Im Weiteren vergleichen die Jungen die Subtrahenden und anschließend die Differenzen der Aufgabenpaare. Björn formuliert als Erster eine Aussage zu den Subtrahenden, indem er den von Justus begonnenen Satz „In der zweiten Reihe" mit „ist ein, ein Einer weniger" ergänzt. Er ist also in der Lage, die Zahlbeziehung fachsprachlich zu fassen und kardinal zu interpretieren, ohne die konkreten Zahlen zu nennen.

---

[16] Auch wenn zunächst bei der Betrachtung des Ausschnitts der Szene der Eindruck entstehen kann, dass Justus zeilenweise die Minuenden betrachtet, zeigt sich in der Analyse der gesamten Szene, dass hier und in analogen Szenen nicht nur ein Minuend miteinander verglichen wird, sondern die gesamte Spalte der bereits als gleich erkannten Zahlen.

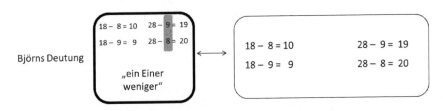

Abbildung 7.7: Björns Deutung der Beziehung der Subtrahenden

Justus nimmt die Äußerung von Björn entweder nicht wahr oder ignoriert sie. Er fokussiert seinerseits auf die Positionen der Subtrahenden und stellt fest, dass die Zahlen vertauscht sind („In der zweiten Reihe sind die Zahlen vertauscht"). Dies notiert er auf dem gemeinsamen Zettel und leitet dann über zur Betrachtung der Differenzen, die er mit den Worten: „und in der dritten Reihe auch alle vertauscht" beginnt.

Justus	...und in der dritten Reihe auch alle vertauscht.
Björn	Ein Zehner mehr.
Justus	Nein du
Björn	Oh.
Justus	*(tippt abwechselnd rechts neben die Ergebnisse seiner Aufgaben)*. Auch alle beide vertauscht.
Björn	*(legt zwei Finger auf seine Ergebnisse 19 und 20, guckt auf Justus Karte)*
Justus	*(guckt auf Björns Karte, nimmt seine Karte in die Hand und hält sie neben Björns Karte)* Neunzehn und neun *(überlegend)*, also ein Zehner mehr und und umgekehrt.

Wie schon bei der Betrachtung der Subtrahenden fokussiert Justus auf das Vertauschen. Dabei ist es möglich, dass er die schon betrachteten Zahlbeziehungen implizit mitdenkt und mit dem Ausdruck „auch alle vertauscht" ausdrücken will, dass die analogen Aufgaben als Gesamtes vertauscht sind. Dies würde bedeuten, dass er die strukturelle Ähnlichkeit der analogen Aufgaben erkannt hat. Möglich ist auch, dass Justus ausschließlich die vertauschte Position der Differenz anspricht. Dies erscheint allerdings schon allein aufgrund der Zahlenwerte der Differenzen unwahrscheinlich.

Björn scheint jedoch die Aussage von Justus im Hinblick auf das Vertauschen von Zahlen zu interpretieren. Er ergänzt Justus Deutung und beschreibt wieder einen kardinalen Vergleich der Zahlen „Ein Zehner mehr", wobei weder durch die Aussage selbst noch durch eine Geste deutlich wird, dass er den Vergleich der Differenzen meint. Justus widerspricht zunächst, doch über den gestischen Verweis auf die Ergebnisse scheint Björn Justus überzeugen zu können, der dann selbst die Beziehung zwischen neun und neunzehn erkennt und formuliert.

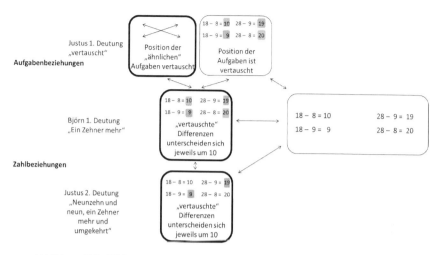

Abbildung 7.8: Diskurs der Deutungen zu den Differenzen

Zusammenfassende Betrachtung der Szene

Vergleicht man die struktur-fokussierenden Deutungen von Björn und Justus, fällt auf, dass die Kinder vor allem Zahlbeziehungen betrachten. Ihr spaltenweises Vorgehen führt zu einer Vernachlässigung der Operation Subtraktion und hat zur Konsequenz, dass die Zahlen als mehr oder weniger isolierte Zahlenpaare verglichen werden. Dabei scheinen beide Kinder implizit die gesamten Zahlensätze mitzudenken, wie etwa an Justus Vergleich der Differenzen deutlich wird, ohne jedoch Kausalbeziehungen zwischen den Charakteristika der Minuenden und Subtrahenden und den Folgen für die Differenzen zu formulieren. Diese Beziehungen wären jedoch im Hinblick auf den Nutzen von Zahlbeziehungen zur Ableitung von Ergebnissen wesentlich. Obwohl in der Szene vielfältige unterschiedliche Deutungen vorgenommen werden, wird nie in dem Sinne argumentiert wie: „Die Ergebnisse müssen sich ja um einen Zehner unterscheiden, weil die Minuenden sich auch um einen Zehner unterscheiden und die Subtrahenden gleich bleiben". Ursache und Wirkung von konstanten und sich verändernden Zahlen werden nicht thematisiert.

Mit Fokus auf den zählenden Rechner Björn wird deutlich, dass auch er strukturelle Beziehungen zwischen Zahlen erkennt und formulieren kann. Er verbleibt nicht auf der Ebene der oberflächlichen Betrachtung, sondern deutet bereits Beziehungen. Björn scheint in der Lage zu sein, die Deutungen seines Partners zu verstehen, aufzugreifen und – wie beim Vergleich der Differenzen sichtbar wurde – auch auszubauen. Beide Kinder benutzen beim Vergleich der Karten die mathematische Fachsprache. So sprechen sie nicht von konkreten Zahlen, sondern kennen und benutzen allgemeine Begriffe wie »Reihe«, »Tauschaufgaben«, »Zehner«, »gleich«. Ggf. deuten sie diese in der aktuellen Situation um und nutzen sie, um diese auf der Ebene mathematischer Beziehungen allgemein und unabhängig von konkreten Zahlen beschreiben zu können. Dabei werden die meisten Begriffe von Justus eingebracht. Ausnahme ist der Begriff »Einer«, der von Björn als erstes benutzt wird. Björn scheint jedoch alle Begriffe zu verstehen und kann sie selbst angemessen nutzen.

3. Szene: Thomas und Max beim Vergleich von Aufgabenpaaren im gleichen Zahlenraum

Den Schülern einer 2. Klasse im gemeinsamen Unterricht liegen die Aufgabenkarten im gleichen Zahlenraum vor. Der zählende Rechner Thomas (ein Kind mit Förderbedarf im Lernen) hat große Schwierigkeiten bei der Bearbeitung der Aufgaben, hat einige Aufgaben bei seinem Partner erfragt (u.a. $18 - 7 = 13$) und zur Lösung der Karten C und D eine Abdeckfolie von der Lehrkraft erhalten. Die Kinder bekommen nun den Auftrag, die Karten zu vergleichen:

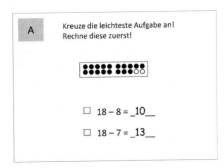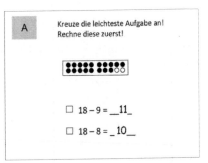

Abbildung 7.9: Stand der Bearbeitung von Thomas und Max nach der Lösung der Aufgaben

Thomas legt sich die Aufgabenkarten zurecht, so dass er beide Karten gut im Blick hat und weist Max an, dass dieser noch nichts sagen soll. Dann zeigt er auf die Aufgabe $18 - 8 = 10$ und sagt:

Thomas   Ich hab (*fährt mit dem Stift unter der Aufgabe „18 – 8 = 10" auf seinem Arbeitsblatt entlang ohne zu malen*). Hast du achtzehn (*zeigt auf die „18"*) minus hab ich acht gleich zehn.

Thomas identifiziert die auf beiden Karten identischen Aufgaben (vgl. Abb. 7.9) und erfragt bei seinem Partner, ob er diese auch hat. Max bestätigt, dass er die Aufgabe auch hat und unterstreicht diese. Dies wird von Thomas übernommen, der die Aufgabe auf seiner Karte ebenfalls unterstreicht. Thomas erfragt die nächste Aufgabe bei Max: „Hast du achtzehn minus sieben?", beantwortet sich die Frage selbst: „Nein" und dreht beide Karten um, so dass nun die Karten B zu sehen sind[17].

Thomas	Also was haben wir hier gleich?
Max	Ah
Thomas	Gar nichts.
Max	Doch. (*zeigt erst auf „17 – 10 = 7" auf Thomas Karte, dann auf „17 – 10 = 7" auf seiner Karte und unterstreicht die Aufgabe*)

Das gemeinsame Motiv beim Vergleich der Aufgabenpaare ist die Suche nach gleichen Aufgaben, die vor allem von Thomas initiiert und beim Vergleich der Karten A auch weitgehend von ihm allein durchgeführt wird. Der zählende Rechner Thomas, der beim Lösen der Aufgaben große Schwierigkeiten hatte, bringt sich nun beim Vergleich aktiv und selbstbewusst ein. Max lässt ihm den Raum und nimmt die Deutung der Suche nach gleichen Aufgaben auf, wie beim Vergleich der Karten B deutlich wird. Auffällig ist, dass die Ergebnisse beim Vergleichen nur bei der ersten Aufgabe genannt werden. Thomas liest hier zunächst die gesamte Aufgabe 18 – 8 = 10 vor, von Max wird jedoch das Ergebnis nicht mit unterstrichen. Im Weiteren nennen beide Kinder nur noch die gleichen „Aufgaben". Entweder ist ihnen klar, dass die Ergebnisse bei gleichen Aufgaben identisch sein müssten und sie formulieren in diesem Sinne „ökonomisch" oder sie betrachten beim Vergleich nur die vorgegebenen Aufgaben, ohne diesen Schritt mit der Berechnung in Verbindung zu bringen. Beide Kinder bleiben hier auf der Ebene eines Vergleichs, der sich an äußeren (vorgegebenen) Merkmalen ausrichtet. Sie sprechen keinerlei Zahl- oder gar Aufgabenbeziehungen an.

---

[17] Die Lehrkraft hat beide Karten auf ein DIN A5 Blatt kopiert und nicht auseinander geschnitten.

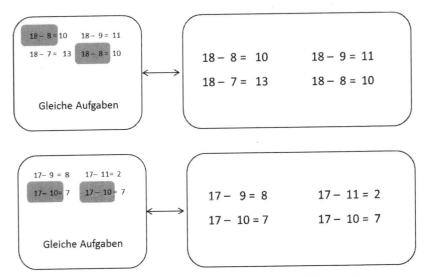

Abbildung 7.10: Erste Deutungen der Aufgabenkarten A und B durch Thomas und Max

Die Lehrkraft kommt hinzu und fragt nach den anderen, nicht unterstrichenen Aufgaben:

Lehrkraft   Also die, die gleich sind, habt ihr unterstrichen. Was ist denn mit den anderen Aufgaben, ist dir da auch etwas aufgefallen?

....

Thomas   Da ist einer weniger ge- geworden (*zeigt mit dem Stift auf die „18" der Aufgabe „18 – 8 = 10" auf seinem Arbeitsblatt*) und da ist (*zeigt auf die „8" der Aufgabe*) da ist einer weniger ja geworden (*zeigt auf die „17" der Aufgabe „17 – 9 = 8" auf seinem Arbeitsblatt*) da ist ja achtzehn (zeigt auf die „18"), da ist siebzehn (*zeigt auf die „17"*) da ist neun (*zeigt auf die „9"*) also einer mehr geworden und da ist acht (*zeigt auf die „8"*)

Lehrkraft   [Ja gut]

Max   Warte acht (*zeigt mit dem Stift auf die „9" der Aufgabe „18 – 9 = 11" auf seinem Arbeitsblatt*) neun (*zeigt auf die „9" der Aufgabe*) acht (*zeigt wieder auf die „8"*) [elf] (*zeigt auf die „11" der Aufgabe „17 – 11 = 2" auf seinem Arbeitsblatt*)

Ohne auf die Zuordnung zu den eigentlichen Karten zu achten, vergleicht Thomas positionsgerecht die Zahlen (Minuenden und Subtrahenden) miteinander und erkennt den Unterschied zwischen ihnen.

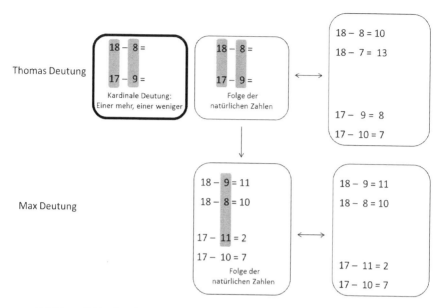

Abbildung 7.11: Zweite Deutung der Aufgabenkarten A und B durch Thomas und Max

Ob er an dieser Stelle einen kardinal orientierten Vergleich vornimmt und damit Beziehungen zwischen Mengen betrachtet oder er auf die Position in der Zahlreihe fokussiert und Vorgänger bzw. Nachfolger einzelner Zahlen erkennt, ist aus seiner Äußerung nicht klar zu erkennen. Seine Formulierung „einer weniger geworden" deutet auf ein kardinales Verständnis hin. Da Thomas bei der Lösung der Aufgaben mit dem Punktefeld und der Folie gearbeitet hat, ist dies vielleicht noch präsent. Sicher ist, dass Thomas auf Zahlbeziehungen fokussiert. Welche Bedeutung diese Beziehung innerhalb der verwandten Subtraktionsaufgaben hat, erkennt er von sich aus jedoch nicht. Max betrachtet dann die Subtrahenden der von ihm gelösten Karten A und B. Er tippt mit dem Stift auf die Zahlen und scheint sie in eine Reihenfolge bringen zu wollen. Der leistungsstärkere Schüler Max greift also die Idee der Folge der natürlichen Zahlen auf und führt sie weiter (vgl. Abb. 7.11).

Die Lehrkraft unterbricht an dieser Stelle und fordert die Schüler auf, nur die Aufgaben eines Kartensatzes miteinander zu vergleichen. Thomas legt sich die Karten zurecht und sagt:

Thomas	Hey hier ist das ja neun (*zeigt auf die „9" der Aufgabe „18 – 9 = 11" auf Ms Arbeitsblatt*) und da ist es acht (*zeigt auf die „8" der Aufgabe „18 – 8 = 10" auf seinem Arbeitsblatt*) also einer mehr ist es dann und da (*zeigt auf die „18" der Aufgabe „18 – 7 = 13" auf seinem Arbeitsblatt*) ist einer weniger.
Lehrkraft	Mhm. (*7 sec. Pause*) Stimmen denn dann auch alle Ergebnisse so wie sie sind?
Thomas	Mmm nein. Da hab ich zehn (*zeigt auf die „10" der Aufgabe „18 – 8 = 10" auf seinem Arbeitsblatt*) und dreizehn (*zeigt auf die „13" der Aufgabe „18 – 7 = 13" auf seinem Arbeitsblatt*) und Max hat zehn (*zeigt auf die „10" der Aufgabe „18 – 8 = 10" auf Ms Arbeitsblatt*) und elf (*zeigt auf die „11" der Aufgabe „18 – 9 = 11" auf Ms Arbeitsblatt*).

Thomas beschreibt zunächst die Beziehungen der Subtrahenden. Zunächst scheint er die Idee des Vergleichs der Minuenden auf die Subtrahenden der Karte A zu übertragen. Von den Minuenden spricht er nicht, ebenso wenig zieht er aus der Struktur Folgerungen für die Differenzen. Er betrachtet somit nicht die Beziehungen zwischen Aufgaben, sondern die Relation der Zahlen. Auch Max formuliert nichts Entsprechendes, so dass nach der obigen letzten Aussage von Thomas und einer Pause von sieben Sekunden, in der die Lehrkraft abzuwarten scheint, ob die Kinder von sich aus Schlussfolgerungen ziehen, die Lehrkraft den Blick auf die Ergebnisse lenkt, indem sie sagt: „Stimmen denn dann auch alle Ergebnisse so wie sie sind?" Die Formulierung „denn dann" weist darauf hin, dass der Blick der Kinder auf den Zusammenhang zwischen der Beziehung der Subtrahenden und den Differenzen gelenkt werden soll. Thomas betrachtet daraufhin die Ergebnisse der verwandten Aufgabenpaare, findet allerdings die Unstimmigkeit nicht. Die Lehrkraft fordert die Kinder daraufhin explizit auf, die Ergebnisse der Aufgaben zu kontrollieren. Thomas überprüft mit Unterstützung der Lehrkraft seine Aufgabe 18 – 7 mit der Folie und korrigiert sein Ergebnis. Er entdeckt darauf eine neue Gemeinsamkeit zwischen den Aufgaben und tippt auf die nun gleichen Ergebnisse der Aufgaben:

Thomas	Hey Max Max mir ist noch was aufgefallen. Hier du ich hab da oben zehn (*zeigt auf das Ergebnis „10" auf seinem Arbeitsblatt*) und du hast da unten zehn (*zeigt auf das Ergebnis „10" auf Ms Arbeitsblatt*).

Thomas führt den spaltenweisen Vergleich der Zahlen weiter und nimmt hier gemäß der Anregungen der Lehrkraft die Ergebnisse in den Blick. Analog zur ersten Phase der Szene, in der die gleichen Aufgaben unterstrichen wurden, sucht Thomas nach Gleichem und nimmt die gleichen Ergebniszahlen in den Blick. Dies scheint er unabhängig von seinen zuvor formulierten Zahlbeziehungen zu tun. Ansonsten müsste ihm auffallen, dass bei gleichbleibenden Minuenden und sich verändernden Subtrahenden die Ergebnisse nicht gleich sein können. Sein Vorgehen führt zu der Hypothese, dass ihm die operative Einsicht fehlt oder er diese zumindest in diesem Moment nicht aktiviert.

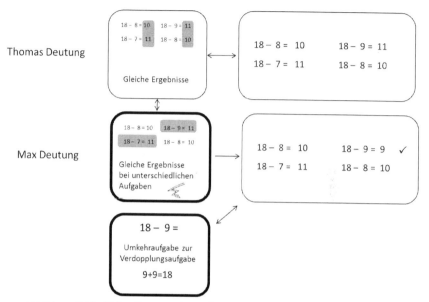

Abbildung 7.12: Dritte Deutung der Aufgabenkarten A und B durch Thomas und Max

Max scheint erst durch die Aussagen von Thomas auf seinen Rechenfehler aufmerksam zu werden, da er erst während der Aussage von Thomas zum Radiergummi greift und sein Ergebnis korrigiert. Trotz der vorhergegangenen Aufforderung der Lehrkraft zu prüfen, ob die Ergebnisse stimmen, scheint er zuvor die potentiellen Fehler in den von Thomas gelösten Aufgaben zu vermuten und wartet bis dieser seine Aufgaben korrigiert hat. Die dann von Thomas vorgebrachte Entdeckung der Gleichheit der Ergebnisse, scheint bei ihm ein Nachdenken über sein Ergebnis von 18 − 9 ausgelöst zu haben, welches nun identisch war mit dem der korrigierten Aufgabe 18 − 7 = 11. Thomas, der den Fehler nicht bemerkt hat, scheint verwirrt, dass das von ihm erkannte Muster nun „zerstört" wird. Max erläutert erklärend: „Weil guck doch mal (zeigt auf die „18" der Aufgabe): neun plus neun sind ja achtzehn". Er begründet also das korrigierte Ergebnis mit Bezug auf die Umkehraufgabe. Max nutzt zur Erläuterung der Aufgabe den in dieser Stunde bislang nicht thematisierten Zusammenhang zu den Umkehraufgaben. Dies ist überraschend, da aufgrund der Darbietung der Aufgaben als Nachbaraufgaben und der intensiven Beschäftigung der Kinder mit den Gemeinsamkeiten und Unterschieden zwischen den Aufgaben eine Erläuterung über die Nachbaraufgabe zu erwarten gewesen wäre. Doch Max wählt −

möglicherweise nach der üblichen Gewohnheit im Unterricht – die Umkehraufgabe, um die Korrektheit seines Ergebnisses zu erläutern. Nach einem kurzen Blick auf die Karte scheint Thomas einverstanden oder zumindest zufrieden mit dem nun erreichten Ende der Arbeitsphase und ruft: „Fertig!"

Zusammenfassende Betrachtung der Szene

Die Deutungen von Thomas und Max sind zunächst vergleichbar. Beide scheinen an der Oberfläche zu bleiben und gleiche Aufgaben zu suchen. Zahl- oder Aufgabenbeziehungen stehen nicht im Fokus und werden weder von Thomas noch von Max formuliert. Erst als die Lehrkraft explizit nach Auffälligkeiten über die gleichen Aufgaben fragt, nehmen die Kinder einen anderen Blick ein. Der zählende Rechner Thomas fokussiert auf die aufeinanderfolgenden Zahlen 18 und 17 sowie 8 und 9. Dabei ist aufgrund seiner Erläuterung anzunehmen, dass er diese kardinal miteinander in Beziehung setzt, also die Anzahlen vergleicht. Seine Deutungen verbleiben auch im Weiteren auf der Ebene der Zahlbeziehungen. Vertikal betrachtet er zunächst die Subtrahenden und dann die Differenzen, ohne beide Zahlbeziehungen im Sinne einer Aufgabenbeziehung miteinander zu verknüpfen. Thomas verbleibt auch im weiteren Verlauf bei der Beschreibung von Zahlbeziehung und nutzt auch auf Nachfrage der Lehrkraft die richtig erkannten Zahlbeziehungen nicht zum Finden von falschen Ergebnissen – ihm gelingt also keine Weiterführung auf der Aufgabenebene. Max hingegen nimmt zum Schluss der Szene Aufgabenbeziehungen in den Blick und kann so sein Ergebnis korrigieren. Zur Erläuterung nutzt er die Beziehung zwischen Aufgabe und Umkehraufgabe.

Analogien zu verwandten Additionsaufgaben

Beim Vergleich der operativen Aufgabenserien zur Addition fokussierten die Kinder ebenfalls zunächst auf gleiche Aufgaben oder gleiche Ergebnisse. Darüber hinaus wurde die innerhalb einer Spalte vorgegebene Zahlenfolge betrachtet. Nur das Kinderpaar Björn und Justus betrachtet ähnlich zum oben dargestellten Vorgehen spaltenweise alle Zahlen des Musters. Dies widerspricht auf den ersten Blick den Ergebnissen von Link (2012),der in regulären dritten Schuljahren eine doppelt so hohe Häufigkeit in der Beschreibung von operativen Veränderungen beim Konstantbleiben von Zahlen in einem „Schönen Päckchen" feststellt (Link, 2012, S. 137). Allerdings wurden dort auch einzelne operative Päckchen betrachtet und nicht zwei Serien miteinander verglichen. Möglicherweise ist der Fokus auf konstante Zahlen innerhalb eines Musters bei Link ähnlich zu dem Fokus auf Gleichheit in den Aufgaben und Ergebnissen bei struktur-analogen Aufgabenserien zu sehen.

In allen Paaren sind es jeweils die leistungsstärkeren Partnerkinder oder die Lehrkräfte, die die Betrachtung der Struktur des Musters über den konkreten

Vergleich der gleichen Zeichen hinaus anstoßen. Die zählend rechnenden Kinder sind i.d.R. in der Lage, eine strukturelle Sicht auf die Zahlfolge mit einzunehmen, und zeigen im Verlauf des Gesprächs durch eigene Äußerung, dass sie diese mathematische Struktur auch erkannt haben.

7.3 Zusammenfassende Betrachtung der struktur-fokussierenden Deutungen

In diesem Kapitel wird der Blick auf die (struktur-fokussierenden) Deutungen der zählend rechnenden Kindern bei der Bearbeitung der Bausteine „verwandte Additions- und Subtraktionsaufgaben" gerichtet (Häsel-Weide et al., 2014). Anhand der Analysen wird betrachtet, welche Strukturen von den Kinder beim Bearbeiten verwandter Aufgaben beachtet werden und ggf. im Sinne einer Hilfsaufgabe (Wittmann & Müller, 1992) genutzt werden. Zudem interessiert, welche Muster und Strukturen die Kinderpaare beim Vergleich der Aufgabenkarten fokussieren und inwieweit Beziehungen zwischen Zahlen und Aufgaben erkannt und verbalisiert werden. Dabei soll einerseits das Konstrukt struktur-fokussierender Deutungen weiter ausgeschärft werden, andererseits die Deutungen zählend rechnender Kinder im Rahmen einer Lernumgebung zur Ablösung vom zählenden Rechnen gegen Ende der Förderung betrachtet werden.

Erkennen von Strukturen

Die exemplarisch betrachteten Szenen zu den ausgewählten Bausteinen »verwandte Subtraktions- bzw. Additionsaufgaben« zeigen, dass zählend rechnende Kinder im Diskurs mit ihren Partnerinnen und Partnern in der Lage sind, Beziehungen zwischen Zahlen zu beschreiben und Strukturen zu erkennen. Dabei wird einerseits deutlich (z. B. in den Szenen mit Björn und Thomas), dass die Kinder struktur-fokussierende Deutungen zu Zahlen einnehmen, indem sie Zahlen relational oder kardinal deuten. Anderseits ist eine Sicht auf Identitäten zu erkennen, die, wie in der Szene von Thomas und Max gesehen, eher auf einer oberflächlich, empirisch konkreten Ebene verbleibt. Die Kinder fokussieren auf gleiche Aufgaben, gleiche Zahlen und gleiche Ziffern – gleiche Zeichen. Hier wird keine Sicht auf mathematische Strukturen eingenommen, es werden keine Relationen betrachtet.

Hier zeigen sich Analogien zur Untersuchung von Gray, Pitta und Tall (1999), die in einer Interviewstudie Kinder unterschiedlicher Kompetenzniveaus zu mathematischen Begriffen, Zahlen und Figuren befragt haben und ebenfalls das Phänomen der Konzentration auf »Gleiches«, bei den leistungsschwächeren Kindern beschreiben. „Each item triggered „low achievers" to provide description which were *qualitatively similar* whereas „high achievers" used each comment to trigger a *qualitatively different* comment" (E. Gray et al., 1999, S. 11f).

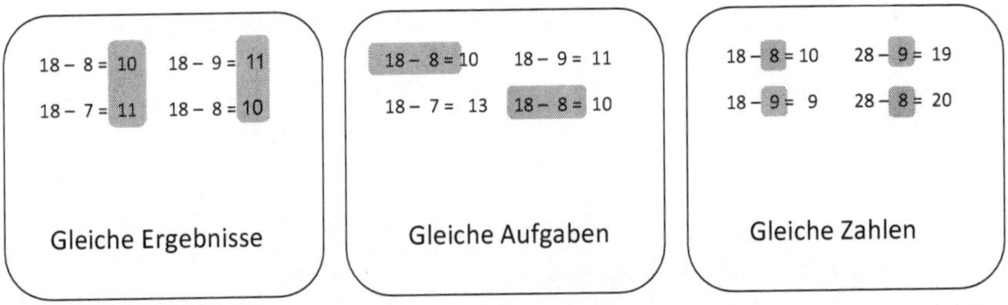

18 – 8 = **10** 18 – 9 = **11**	**18 – 8 =** 10 18 – 9 = 11	18 – **8** = 10 28 – **9** = 19
18 – 7 = **11** 18 – 8 = **10**	18 – 7 = 13 **18 – 8 =** 10	18 – **9** = 9 28 – **8** = 20
Gleiche Ergebnisse	Gleiche Aufgaben	Gleiche Zahlen

Abbildung 7.13:   Deutung aus dem Fokus auf Identitäten

Für ein Erkennen von Strukturen scheint somit der Blick auf die Unterschiede entscheidend. Im Sinne des operativen Prinzips entspricht die Veränderung von einem zum anderen Term der auf das *Objekt* ausgeführten *Operation* und die Veränderung des Ergebnisses der *Wirkung* (Wittmann, 1985). Das Objekt, im Falle der verwandten Subtraktionsaufgaben der Minuend, bleibt unverändert. Fokussieren die Kinder ausschließlich auf die sich verändernden Zeichen, betrachten sie vor allem die operative Veränderung des Subtrahenden ohne gleichzeitig die Wirkung auf der Seite des Minuenden in den Blick in zu nehmen (vgl. Abb. 7.14). Möglicherweise sehen sie auch ausschließlich eine bekannte Zahlenfolge ohne diese bereits im Hinblick auf eine kardinale Veränderung zu betrachten. Dies ist insofern erstaunlich, da nur Aufgabenpaare verwendet werden und die Muster entsprechend keine längere Folge der natürlichen Zahlen beinhalten (vgl. Abb. 7.1 & 7.2). Allein die (Reihen-)Folge zweier natürlicher Zahlen scheint für die Kinder eine Assoziation im Sinne der Zahlreihe auszulösen (vgl. Kap. 6). Dies zeigt möglicherweise die Bedeutsamkeit der Folge der natürlichen Zahlen (nicht nur) für zählend rechnende Kinder (Baroody, 1983). Denkbar ist auch, dass sie durch die operativen Aufgabenserien zur Addition, die vier Aufgaben umfassten, für dieses Muster sensibilisiert waren und es hier in den Aufgabenpaaren wiedererkannten.

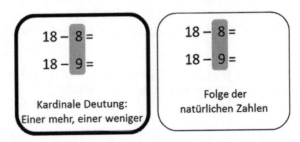

Abbildung 7.14:   Deutung der Subtrahenden

Die Szenen zeigen auf, dass es den Kindern – z. B. Mary und Thomas – gelingt, die Struktur nicht nur ordinal, sondern auch kardinal zu interpretieren. Nach Gerster (2009) besteht hier möglicherweise ein Anknüpfungspunkt für weitere Aktivitäten zur Ablösung vom zählenden Rechnen, denn er beschreibt den Übergang vom ordinalen zum kardinalen Zahlverständnis als eine von fünf Hürden die Kinder beim Erlenen des Rechnens überwinden müssen. Ein kardinales Verständnis ermöglicht die Zahlen im Sinne des Teile-Ganzes-Konzepts als Zusammensetzung aus anderen Zahlen, und letztendlich auch Rechenoperationen in diesem Sinne, zu verstehen und stellt auf diese Weise die Grundlage zur Überwindung der Hürden dar (Gerster, 2009).

Alle Kinder, auch die nicht-zählend rechnenden, bleiben in der hier analysierten Arbeitsphase bei der Betrachtung von Zahlbeziehungen. Dabei bestehen zwischen den Paaren Unterschiede in der Quantität und Qualität im Sinne der zu rekonstruierenden Struktur-Fokussierung. Nur in der Interaktion zwischen Thomas, Max und ihrer Lehrkraft kann eine Aufgabenbeziehung rekonstruiert werden. Der nicht-zählende Rechner Max nutzt nach entsprechenden Impulsen der Lehrkraft die Aufgabenbeziehungen, um einen Rechenfehler zu korrigieren und begründet die nun korrekte Lösung der Aufgabe 18-9=9 mit der Umkehraufgabe. Dies ist im Kontext der Aufgabeserien überraschend, da die Lernumgebung als Gesamtes auf Nachbaraufgaben fokussiert und weder in diesem noch im vorhergehenden Förderbausteinen Umkehraufgaben thematisiert wurden. Zudem zeigt Gaidoschik (2010), dass Kinder Ende des ersten Schuljahres den operativen Zusammenhang zwischen den additiven Nachbaraufgaben 7+7 und 7+8 im einem deutlich höherem Anteil erkennen und verbalisieren als den Zusammenhang zwischen 9+9 und der Umkehraufgabe 18–9 (Gaidoschik, 2010, S. 409).

Der Fokus auf die Zahlbeziehungen in den analysierten Sequenzen kann möglicherweise dadurch beeinflusst sein, dass die Aufgabenkarten (vor allem die in parallelen Zahlenräumen, vgl. Abb. 7.2) reichhaltige Zahlbeziehungen beinhalten und die Kinder hier deshalb beim Betrachten dieser Beziehungen verweilen. Dies entspricht den Ergebnisse Links (2012, S. 166), der untersuchte welche Strukturen Grundschulkinder bei der Erkundung von operativen Aufgabenserien wahrnehmen. Hier zeigte sich, dass die Kinder zwar einzelne oder mehrere Zahlbeziehungen beschrieben, jedoch der Zusammenhang zwischen verschiedenen struktur-fokussierenden Deutungen zu Zahlbeziehungen im Sinne einer „Wenn-dann-Beziehung" (Link, 2012) –also eine operative Beziehung zwischen Aufgaben nur vereinzelt beschrieben wurde.

Der Blick auf kausale Zusammenhänge zwischen den Aufgaben wird vor allem unter der Moderation der Lehrkraft eingenommen, insbesondere wenn entsprechend nachgefragt wird. Zudem fühlen sich die Kinder im Kontakt mit Erwachsenen möglicherweise eher zum Begründen aufgefordert. Dies würde auch den vergleichsweise hohen Anteil an klar verbalisierten operativen Einsichten in der Interviewstudie von Gaidoschik (2010, S. 372) erklären.

Nutzen von Strukturen

Die Kinder scheinen auch beim Finden von verwandten, einfachen Aufgaben weitgehend die Zahlbeziehungen zu nutzen und die Aufgabenbeziehung nur eingeschränkt zu sehen. Wie in der Szene mit Mary aufgezeigt wird, ist das Finden von passenden Aufgaben für die zählend rechnenden Kinder kein Problem. Allerdings kann daraus nicht geschlossen werden, dass sie die Beziehung zwischen den Aufgaben erkennen und nutzen können. Es scheint vielmehr so zu sein, dass Zahlbeziehungen zum Finden passender Aufgaben genutzt werden. Vor allem geschieht dies, indem der Subtrahend betrachtet und um eins erhöht bzw. erniedrigt wird. Zum Nutzen von Strukturen ist jedoch darüber hinaus auch die Einsicht in die Aufgabenbeziehung entscheidend. In Einzelfällen werden (richtige) Ableitungen vorgenommen. Dies entspricht den Ergebnissen Gaidoschiks (2010, S. 406), der „das Ableiten bei nicht wenigen Kindern [als] eine mehr oder weniger singuläre Angelegenheit" beschreibt. Die Schwierigkeiten der Kinder, Ableitungsstrategien bei Subtraktionsaufgaben zu nutzen, spiegeln auch die Ergebnisse internationaler Untersuchungen wider (Bettencourt de, Putnam, & Leinhardt, 1993; Steinberg, 1985). Während in der Studie Steinbergs (1985) deutlich mehr Kinder während und nach der Intervention Ableitungsstrategien bei der Addition verwendeten, werden bei der Subtraktion kaum Ableitungen benutzt. Eine Gruppe von Kindern blieb sogar komplett bei zählenden Strategien für Additions- und Subtraktionsaufgaben (Steinberg, 1985, S. 348), die sie vor allem bei Additionsaufgaben zu richtigen Ergebnissen führten. Steinbring erklärt dies wie folgt: „These children may have become so proficient in their counting that they did not see the need, and were unwilling to invest the effort, to learn new strategies that might be slower and less accurate when first used" (Steinberg, 1985, S. 351). Die Effektivität im zählenden Rechnen, die Steinberg beschreibt, kann durch die Analysen im Rahmen der hier vorgenommenen Untersuchung nur in Einzelfällen bestätigt werden. Es werden folgende Gründe vermutet, die das Nutzen der Strukturen erschweren:

- Ableitungsstrategien sind bei der Subtraktion komplexer als bei Additionsaufgaben, da unterschiedliche Aufgabenbeziehungen bestehen, wenn der Minuend oder, wie im Fall der vorliegenden Studie, der Subtrahend verändert wird.

- Die Grundvorstellung der Subtraktion scheint bei zählend rechnenden Kindern nicht so gefestigt zu sein, dass das gegensinnige Verändern vorgestellt, benannt und flexibel genutzt werden kann. Verfügen die Kinder über kein ausreichendes Operationsverständnis von der Subtraktion, sind sie nicht in der Lage Ableitungsstrategien verständnisvoll auszuführen (Wartha & Schulz, 2011).

- Gegensinniges Verändern zu erkennen und zu beschreiben, scheint auch für leistungsstärkere Kinder schwierig. Auch bei operativen Serien zur Addition, die gemäß der Struktur des gegensinnigen Veränderns aufgebaut sind, wird die operative Einsicht selten klar verbalisiert (Gaidoschik, 2010).

Die Analysen zeigen auf, dass bezüglich des Aufbaus von Vorstellungen zur Subtraktion Handlungsbedarf besteht. Vor oder begleitend zur Thematisierung von Aufgabenbeziehungen, die zum Ableiten genutzt werden können, sollte die Aufmerksamkeit der Kinder auf die Veränderungen bei der Operation (Dörfler, 1986) und auf allfällige Veränderungen gelenkt werden. Hierzu reicht eine Thematisierung von operativen Aufgabenserien, wie sie in vielen Schulbüchern zu finden ist, nicht aus. Zusätzlich zu den bereits in der hier vorgestellten Studie umgesetzten Fokussierungen auf operative Veränderungen durch den Vergleich von Aufgabenserien, scheint eine stärker an der Darstellung der Operation ausgerichtete Thematisierung notwendig, um auf diese Weise expliziter die operative Beziehung zwischen Aufgaben in den Mittelpunkt zu rücken. Denn das Nutzen von Strukturen im Sinne einer Ableitung erfordert eine Fokussierung der Aufgabenbeziehungen. Auch im Hinblick auf das funktionale Denken (Büchter, 2011) ist der Blick auf Veränderungen und ihre Wirkungen bereits in der Grundschule zentral.

Fazit

Struktur-fokussierende Deutungen zeigen die zählend rechnenden Schülerinnen und Schüler gegen Ende der Förderung im Hinblick auf Zahlen und Zahlbeziehungen. Dabei ist eine zentrale Deutung, welche über den Referenzkontext des Zählens hinaus geht, die kardinale Deutung von aufeinanderfolgenden Zahlen. Deutungen, die eher ordinal die Folge der natürlichen Zahlen in den Blick nehmen oder auf Identitäten fokussieren, existieren parallel dazu und zielen auf den Referenzkontext Zählen.

Struktur-fokussierende Deutungen von Zahlenbeziehungen scheinen genutzt zu werden, um passende Aufgabe im Sinne von »Schönen Päckchen« zu konstruieren und additive Aufgabenserien zu lösen. Bei Subtraktionsaufgaben helfen Zahlbeziehungen nicht, um Ergebnisse aus vorher gelösten Aufgaben abzuleiten. An dieser Stelle zeigt sich, dass in vielen Fällen noch kein ausreichendes Operationsverständnis aufgebaut ist, welches es erlaubt, die Auswirkungen der Relation der Zahlen bei der Subtraktion zu berücksichtigen.

Dies bedeutet auch, dass die vielfach verwendeten operativen Aufgabenserien zur Initiierung eines Rechnens mit Beziehungen (vgl. 2.3.1) nicht ausreichen, um Veränderung zwischen Aufgaben zu betrachten. Die Analysen machen deutlich, dass die Zahlbeziehung dominiert. Einer systematischen Erarbeitung von Aufgabenbeziehungen unter Bezug auf Material müsste demnach ein größerer Schwerpunkt werden. Auch im Rahmen der Förderbausteine in dieser Studie (Häsel-Weide et al., 2014) wurden gezielte Aufgaben zum Verändern von Mengen und zum Verändern von Aufgaben nur in zwei Bausteinen umgesetzt.

8 Längsschnittlicher Blick auf die Deutungsentwicklung am Beispiel von Mary

Der querschnittliche Blick auf die Deutungen der zählenden rechnenden Kinder im letzten Drittel der Förderung (vgl. Kap. 7) zeigt auf, dass die Kinder im Falle der struktur-fokussierenden Deutung auf Zahlbeziehungen achten. Dieser querschnittliche Blick soll nur ergänzt werden, durch eine Betrachtung des Deutungsverlaufs eines Kindes. Dabei liegt das Interesse darauf, fallanalytisch bei der zählend rechnenden Schülerin Mary die (sich ausdifferenzierenden) Deutungen von Zahlen und Operationen zu rekonstruieren und so eine Entwicklung aufzuzeigen. Ziel der längsschnittlichen Analyse ist dabei weniger den Prozess der Ablösung in seiner Vollständigkeit aufzuzeigen, da hierzu der Umfang des analysierten Zeitraums nicht ausreicht. Vielmehr soll über die längsschnittliche Betrachtung dargestellt werden, welche Deutungsprozesse vorgenommen werden, welche Hürden bereits überwunden werden konnten und welche noch bestehen.

8.1 Grundsätzliche Überlegungen zur längsschnittlichen Deutung

8.1.1 Einordnung des methodischen Zugangs

Klassische, längsschnittliche Untersuchungen erheben die Kompetenzen von Kindern zu verschiedenen Zeitpunkten mit eigens dafür konstruierten, diagnostischen Settings und verwenden dabei zu unterschiedlichen Zeitpunkten identische oder ähnliche Aufgabensets. Auf diese Weise soll die Entwicklung der Kinder rekonstruiert werden. Vorteil dieser Art von Studien ist, dass über einen Vergleich der gezeigten Kompetenzen in ähnlichen Aufgabensettings Veränderungen erfasst werden können. In qualitativen Forschungssettings sind längsschnittliche Designs eher selten zu finden, da die relevanten Prozesse vor Beginn der Untersuchung identifiziert sein müssen, um das Potential voll auszuschöpfen (Flick, 2012, S. 184), z. B. ist eine Veränderung der Untersuchungsaufgaben im Prozess nicht mehr möglich, auch wenn sich bei der qualitativen Analyse der Strategien etwas zeigt, was mit den gewählten Aufgaben oder dem Setting nur z. T. betrachtet werden kann. Qualitative Studien, die einen längsschnittlichen Blick einnehmen, wie z. B. zum Forschungsgegenstand »zählenden Rechnen« die Studien von Gaidoschik (2010) und Rechtsteiner-Merz (2014), arbeiten mit Aufgabensätzen, die den Kindern zu unterschiedlichen Zeitpunkten vorgelegt wurden und bei denen dann die Strategien kategoriengeleitet ausgewertet werden. Die erlaubt einen Vergleich der Vorgehensweisen zu unterschiedlichen Zeitpunkten, geht jedoch mit einer Beschränkung auf genau diese Aufgaben einher.

Im qualitativ angelegten Forschungsteil, aus dem hier die Analysen und Ergebnisse vorgestellt werden, wurden fünf Kinderpaare im Rahmen der Förderung videographiert, so dass mikrogenetisch eine detaillierte Rekonstruktion der Aufgabenbearbeitung möglich wurde (vgl. Kap. 5). Die Daten wurden im Unterrichtssetting erhoben, und können möglicherweise Forschungslücken schließen, wie die von Gaidoschik (2010) formulierte Forderung nach „Studien zur Evaluation der Wirksamkeit eines Unterrichts, der Kinder gezielt darin unterstützt nicht-zählende Rechenstrategien zu entwickeln, und der auch sonst den Forderungen und Empfehlungen der aktuellen Fachdidaktik entspricht" (Gaidoschik, 2010, S. 520). Ebenso können die Argumentationen der Kinder genauer betrachtet werden, um, wie Rechtsteiner-Merz empfiehlt, Entwicklungsunterschiede und Förderbedürfnisse gut erkennbar zu machen (2014, S. 291).

Allerdings ergeben sich im vorliegenden Setting andere Schwierigkeiten. Die gezeigten Kompetenzen der Kinder sind direkt mit der gestellten Aufgabe verknüpft und es können nur Kompetenzen beobachtet werden, die auch gefordert werden. D.h. die Zählkompetenz eines Kindes kann nur dann rekonstruiert werden, wenn eine entsprechende Aufgabe gestellt wird, die das Kinder möglichst in der Interaktion mit dem Partnerkind oder der Lehrkraft löst, so dass neben dem beobachtbaren Vorgehen auch die Erläuterungen und Argumentationen sichtbar werden. Beispielsweise kann eine sich weiterentwickelnde Zählkompetenz in den videografierten Szenen nicht beobachtet werden, weil das Kind keine entsprechenden Aufgaben mehr bearbeitet hat. Da unterschiedliche Lernumgebungen verschiedene Inhaltsbereiche ansprechen, ist es möglicherweise im methodischen Setting begründet, dass einige sich entwickelnde Kompetenzen nicht in den Interaktionen rekonstruiert werden können, da sie nicht ein zweites Mal zentral im Fokus standen oder die Bearbeitung der Kinder sich auf ein anderes Phänomen verlagerte. Insofern kann die im Folgenden vorgenommene längsschnittliche Betrachtung den forschungsmethodischen Anspruch an mikrogenetische Studien, fortschreitende Veränderungen von Versuchspersonen von Anfang bis zu einem quasi-stabilen Veränderungszustand zu erfassen, nur eingeschränkt erfüllen (Kuhn, 1995). Gleichwohl beinhaltet das vorliegende methodische Setting die Chance, eng an der unterrichtlichen Realität zu prüfen, welche struktur-fokussierenden Deutungen die Kinder (nicht) einnehmen und welche Deutungen in der Kooperation bzw. im Unterrichtsgespräch geteilt, ausgehandelt und als zentral und notwendig erkannt werden. Der Schwerpunkt liegt somit weniger auf einer klassischen Dokumentation der sich entwickelnden Kompetenzen als vielmehr auf der Rekonstruktion der sich (weiter)entwickelnden Deutungen der Kinder.

8.1.2 Informationen zur Schülerin und zur Auswahl der Szenen

Mary ist eine Schülerin aus dem zweiten Schuljahr einer Grundschulklasse. Während der gesamten Förderung arbeitete sie mit ihrer Partnerin Pia zusammen. Die Mathematiklehrkraft gab vor der Förderung an, dass Mary im Mathematikunterricht eher schwache Leistungen zeigte und häufig zählend rechnete. Im Vortest[18] löste Mary von 16 Kopfrechenaufgaben zehn richtig, allerdings zu einem hohen Anteil zählend. Es handelte sich dabei um Additions- und Subtraktionsaufgaben im Zahlenraum bis zwanzig (bei zwei Aufgaben auch bis 30). Die Aufgaben waren explizit keine einfachen Aufgaben, d.h. der Zehner wurde überschritten (z. B. 8+7, 14 – 5) oder einer der Summanden oder der Minuend war größer als 10 (z. B. 3+15, 19 – 4). Sie wurden den Kindern symbolisch als Zahlensatz vorgelegt.

Im Folgenden werden Episoden zu sechs Bausteinen aus der Förderung exemplarisch dargestellt und analysiert. Drei der Bausteine entstammen dem Anfang der Förderung (Baustein Ib, IIb & IIIb) und fokussieren jeweils auf unterschiedliche Zahlbeziehungen und Aspekte des Teile-Ganze-Konzepts (vgl. Kap. 5). Drei weitere Bausteine thematisieren (Kern)Aufgaben und die Beziehung zwischen Aufgaben (Baustein XIIb, XVIb & XVIIIb). Die Bausteine sind für die Analyse so gewählt, dass möglichst viele Kompetenzen der Schülerin bezüglich des Erkennens und Nutzens von Strukturen deutlich werden. Zudem wurden Situationen ausgewählt, in denen Mary in Situationen des Klassengespräches aktiv eingebunden war. Insgesamt konnte bei der Auswahl der Szenen auf zehn videographierte Stunden zurückgegriffen werden.

8.1.3 Analysefokus

Bei der Analyse der folgenden Szenen liegt der Fokus darauf, die Deutungen Marys einerseits in der Interaktion mit ihrer Partnerin Pia zu interpretieren. Dabei werden, wie in den Analysen zuvor (Kap. 6 & 7), die Deutungen der Schülerinnen dahingehend betrachtet, ob sie eine, gegenüber dem Referenzkontext zählendes Rechnen erweiternde, struktur-fokussierende Deutung beinhalten. Gleichzeitig werden über einzelne Sequenzen hinaus, Entwicklungen, Stagnation oder Rückschritte beschrieben. Dabei wird mit Blick auf zentrale zu erwer-

---

[18] Im Gesamtrahmen des Projekts »Zusammenhänge erkennen und besprechen – Rechnen ohne Abzählen (ZebrA)«, wurden die Kompetenzen der Kinder explizit mit einem Pre-Posttest-Design erhoben (Wittich et al., 2010) um anhand des Gruppenvergleichs Aussagen über die Effektivität der Förderung machen zu können. Die im Rahmen dieses Forschungsteils erhobenen Daten über einzelne Schülerinnen und Schüler werden im Weiteren verwendet, um neben der Einschätzung durch die Lehrkraft, einen ersten Anhaltspunkt für Kompetenzen aufzuzeigen.

bende Kompetenzen für die Ablösung vom zählenden Rechnen geschaut (vgl. 5.1.1). In den Blick genommen werden folgende Aspekte:

a) *Anzahlerfassung* zwischen Abzählen von Einzelelementen und struktur-fokussierender Deutung von Anzahlen

b) *Zahlbeziehungen* zwischen Deutungen im Referenzkontext zählendes Rechnen und struktur-fokussierenden Deutungen

c) *Operationsvorstellung* zwischen Deutungen als mechanisiertem Zählprozess und flexiblem Übersetzen zwischen unterschiedlichen Repräsentationsmodi

d) *Kernaufgaben* zwischen zählendem Lösen und Abrufen

e) *Rechenstrategien* zwischen zählendem Rechnen als einzige Strategie und struktur-fokussierender Nutzung von Aufgabenbeziehungen

f) *Aufgabenbeziehungen* zwischen Deutungen im Referenzkontext zählendes Rechnen und struktur-fokussierenden Deutungen.

8.2   Analyse einzelner Episoden zu Zahlbeziehungen

Die Förderbausteine»Mengen zusammensetzen«,»Zahlenhäuser« und»Kraft der Fünf« sind inhaltlich dem Themenblock»Teile-Ganzes-Zerlegungen erfahren« zuzuordnen (Kap. 5) und thematisieren auf unterschiedliche Weise Aspekte dieses Konzepts.

8.2.1   Baustein Ib: Mengen zusammensetzen

Überblick über die Fördereinheit und Charakterisierung des bisherigen Verlaufs

Mit Baustein 2»Mengen zusammensetzen« werden zwei Ziele verfolgt. Die Kinder sollen vorgegebene Zielzahlen aus vorgegebenen Punktmengen zusammensetzen, wobei die Anzahl nur durch Zusammenfügen von mindestens zwei Mengenbildern (≥ 2) erreicht werden kann. Auf den verwendeten Mengenbildern sind strukturierte Mengen von zwei bis sechs in Form von Würfelbildern oder von linearen Anordnungen (hier nur die Mengen 2, 3 und 4) abgebildet. Diese sollen von den Kindern simultan erkannt werden und möglichst nicht-zählend berechnet werden. Beim Legen der Anzahlen machen die Kinder die Erfahrung, dass eine Menge nicht nur in Teilmengen zerlegt werden kann (Baustein Ia), sondern aus Teilmengen zusammengesetzt werden kann (Häsel-Weide et al., 2014, S. 65).

Die Kinder arbeiten in diesem Baustein gemäß der»Wippe« (vgl. 5.1.3), d.h. ein Kind gibt die erste Teilmenge vor und das andere ergänzt zur Ziel-Anzahl (oder zu einer weiteren Teilmenge). Dabei besteht die mathematisch herausfordernde Aufgabe in der Ergänzung von der Teilmenge auf die Gesamtmenge.

In der Arbeitsphase zeigt sich, dass Mary und Pia sich nicht an dem kooperativen Setting »Wippe« orientieren, sondern die Zerlegungen zum großen Teil
von Pia genannt werden und diese dann arbeitsteilig notiert werden. An diesen
Stellen kann wenig über die Kompetenzen von Mary bezüglich des Findens von
Zerlegungsaufgaben bzw. bezüglich des Ergänzens zur Zielzahl ausgesagt werden. Deutlich wird jedoch, dass Mary sowohl Würfelbilder als auch lineare
Anzahlen ≤ 3 quasi-simultan erfassen kann.

Rekonstruktion der Deutungen

An zwei Stellen während der Arbeitsphase wird das beschriebene Interaktionsmuster unterbrochen und eigene Deutungen von Mary werden sichtbar. Zum
ersten Zeitpunkt haben die Mädchen bereits die ersten vier Ziel-Anzahl bearbeitet (vgl. Abb. 8.1) und wenden sich nun der Ziel-Anzahl zehn zu:

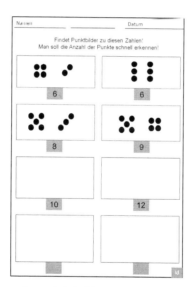

Abbildung 8.1: rekonstruiertes Arbeitsblatt zu Beginn der Szene

Pia   Und hier ists zehn. Könnten wir [plus] fünf plus fünf.
Mary   Ja. Fünf.
Pia   Oder.
Mary   Fünf (*tippt auf Würfelfünf*) plus fünf (*tippt auf andere Würfelfünf*). Machen
         wir doch (*beginnt ein Mengenbild mit Würfelfünf zu bekleben*).
Pia   Oder nehmen wir sechs plus vier?
Mary   Nee. Fünf plus fünf. Dann haben wir die fünf schon weg (*klebt das Men-
         genbild mit Würfelfünf in das Feld mit der Zielzahl 10.*
Pia   Aber wir brauchen vielleicht noch Fünfen (*bestreicht die andere Würfelfünf*

mit Klebe).

Mary   Ne. Die überbleiben. (..) Die sechs (*zeigt auf eine Würfelsechs*) plus sechs (*zeigt auf andere Würfelsechs*) können wir dahin machen (*zeigt auf die Zahl zwölf*). Bei zwölf.

Zu Beginn der Szene zeigt sich der bisher typische Interaktionsablauf, in dem Pia eine Zerlegung zur Ziel-Anzahl nennt, welche von Mary aufgegriffen wird. Hier sieht man, wie auch in den anderen Szenen, dass Mary zu der vorgeschlagenen Zerlegung die entsprechenden Mengenbilder finden kann, ohne die Punkte einzeln abzuzählen.

Interessant ist an dieser Stelle zum einen, dass Pia eine alternative Zerlegung von zehn in sechs plus vier vorschlägt. Hier zeigt sich, dass Pia zur zehn mindestens diese weitere Zerlegung kennt. Dies wird zwar von Mary als darzustellende Zerlegung zur Ziel-Anzahl zehn abgelehnt, möglicherweise weil sie bereits begonnen hat, das Mengenbild zu bekleben oder weil in den vorhergegangenen Zerlegungen jeweils Zerlegungen mit ersten Summanden fünf gewählt wurden. Inhaltlich stellt sie die Korrektheit des Vorschlags von Pia aber nicht in Frage – entweder weil sie das Ergebnis der Aufgabe abrufen kann, oder weil sie deren Kompetenzen vertraut. Doch nun schlägt Mary selbst eine Zerlegung für die nächste Ziel-Anzahl vor und nimmt hier möglicherweise Bezug zur Zerlegung sechs plus vier, indem sie den ersten Summanden aufgreift. Sie scheint sich an den Punktbildern zu orientieren, die sie antippt und dabei die Zerlegung sechs plus sechs nennt.

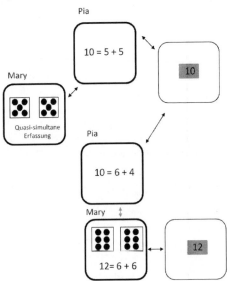

Abbildung 8.2: Deutungen von Mary und Pia zur Zerlegung von 10 und 12

Zur Zielzahl 12 findet Mary somit die Verdopplungsaufgabe 6+6, wobei unklar ist, ob sie die Aufgabe abruft und dann die entsprechende Darstellung in den Punktebilder sucht oder ob sie die Aufgaben mit Blick auf die Punktebilder generiert. Im weiteren Verlauf suchen die Kinder Ziel-Anzahlen, um diese in die leeren Felder (vgl. 8.1) einzutragen. Mary nennt die Zahl sieben, die sie in das linke untere Kästchen notiert. Bevor sie die Zahl nennt, schaut sie mehrere Sekunden auf die noch auf dem Tisch liegenden Mengenbilder, so dass der Eindruck entsteht, dass sie zunächst einzelne Punktmengen auswählt, die Gesamtmenge bestimmt und dann erst „sieben" nennt. Durch einen Hinweis der Lehrkraft auf das weitere Vorgehen, wird sie jedoch unterbrochen, so dass nicht zu erkennen ist, ob und welche Mengenbilder sie gewählt hätte. Stattdessen greift Pia ein und macht einen Vorschlag zur Zusammensetzung von sieben aus den Mengenbildern drei und vier. Diese Zerlegung wird dann von den Mädchen aufgeklebt. Im Anschluss überlegt nun Pia, welche Zahl sie noch wählen könnte.

Pia	Ne, was kann es denn noch geben? Acht!
Mary	(*tippt nacheinander auf die Punkte von zwei linearen Viererdarstellungen*) Eins, zwei, drei, vier, fünf, sechs, sieben, acht. (*nickt*) Acht!
Pia	Nein.
Mary	Doch hier, die zwei (*zeigt auf die zwei linearen Viererdarstellungen*).
Pia	Ja, dann nehmen wir acht, aber dann nehmen wir sechs (*zeigt auf das Würfelbild der sechs*) plus zwei (*zeigt auf das Würfelbild der zwei*).

Im Interaktionsverlauf wird deutlich, dass Mary sich bei der Suche nach der Zerlegung weiterhin aktiv einbringt. Dabei arbeitet sie konkret mit den Mengenbildern und scheint über das Abzählen der Mengen die Ziel-Anzahl erreichen zu wollen. Da sie sofort zwei lineare Vierermengen auswählt, ist zu vermuten, dass sie auf die Verdopplungsaufgabe 4+4=8 zurückgreift, es kann jedoch in dieser Situation auch Zufall sein, dass sie sofort eine passende Zerlegung findet. Unabhängig davon bestimmt sie die Gesamtanzahl über das einzelne Abzählen der Mengen. Ihr Nicken und die Wiederholung des Ergebnisses könnten daraufhin deuten, dass es für sie nicht klar war, bei der Wahl zweier Vierermengen das Ergebnis acht erreicht werden muss. Dies kann daran liegen, dass sie die einzelnen linearen Darstellungen nicht quasi-simultan erfasst. Indiz dafür ist auch, dass sie das „nein" von Pia in dem Sinne interpretiert, dass diese die Richtigkeit der Aufgabe in Frage stellt, wobei zu vermuten ist, dass Pia eher zum Ausdruck bringen will, dass sie die Ziel-Anzahl acht mit einer Zerlegung darstellen will.

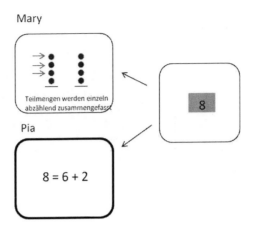

Abbildung 8.3:   Zerlegung von acht

Insgesamt zeigt sich in dieser Szene, dass Mary und Pia gemeinsam den Arbeitsauftrag erfüllen, wobei sie vom vorgegebenen kooperativen Setting abweichen. In der Folge ändert sich die mathematische Aufgabenstellung, da nun nicht mehr von einer Teilmenge auf die Zielanzahl ergänzt werden muss, sondern die Kinder zu einer Zahl eine Zerlegungsaufgabe suchen. Hier zeigen sich bei Pia flexible Kompetenzen, da sie von sich aus an mehreren Stellen unterschiedlichen Zerlegungen nennt. Diese flexible Deutung bleibt mehr oder weniger unkommentiert im Raum. Mary findet an zwei Stellen Zerlegungsaufgaben. Hier greift sie jeweils auf Verdopplungsaufgaben zurück, wobei sie das Ergebnis der Aufgabe 6+6 abzurufen scheint, während bei der Zerlegung von acht in 4+4 nicht deutlich ist, ob sie zur Sicherheit die Teilmengen nachzählt oder sich die Zerlegung in der Situation neu erarbeitet.

Zusammenfassung der Deutungen im Kontext der Ablösung vom zählenden Rechnen

Mit Fokus auf die Ablösung vom zählenden Rechnen gibt die Szene einen ersten Eindruck von Marys Kompetenzen zu Beginn der Förderung. Folgende Kompetenzen und Deutungen konnten in der Szene rekonstruiert werden:

Analysefokus	Rekonstruierte Kompetenzen und Deutungen
Anzahlerfassung	kleine Anzahlen in linearer Darstellung bis drei sowie Würfelbilder werden quasi-simultan erfasst
Zahlbeziehung	Zahlen können anhand von Punktebildern in zwei oder mehr Teile zerlegt dargestellt werden, wobei Mary nur zwei Zerlegungen selbst entwickelt
Operationsvorstellung	
Kernaufgaben	die Verdopplungsaufgabe 6+6 wird als Zerlegung zu 12 genannt; das Ergebnis von 4+4 wird gezählt
Rechenstrategien	
Aufgabenbeziehung	Isolierte Bearbeitung der Teilaufgaben

Insgesamt zeigt sich Mary bei der Bearbeitung des Bausteins Ib eine grundsätzliche Einsicht in die Zusammensetzbarkeit von Zahlen aus Teilmengen, wobei die (Teil)Aufgaben isoliert voneinander und in einer Mischung aus zählenden Strategien und erster Verfügbarkeit von Kernaufgaben sowie quasi-simultaner Anzahlerfassung gelöst werden.

8.2.2 Baustein IIb: Zahlenhäuser

Die Bearbeitung der Zahlenhäuser zielt auf das Erkennen und den Nutzen von Beziehungen zwischen den Zahlzerlegungen sowie auf das Erkennen der Kommutativität *innerhalb* aber auch *zwischen* den analogen Zahlenhäusern (vgl. 5.1.3 & 6.2.1). Zudem kann bei Kinderpaaren, die Zahlenhäuser in unterschiedlichen Zahlenräumen erhalten, auch die dekadische Analogie in den Blick genommen werden.

Mary und Pia bearbeiten jeweils Zahlenhäuser zur Dachzahl sechs und sieben bzw. 60 und sieben. Die Mathematiklehrkraft verändert den ursprünglichen Verlauf der Einheit insofern, dass beide Zahlenhauspaare verglichen werden sollen (Häsel-Weide et al., 2014, S. 74). Ein Erkennen und Nutzen der Strukturen kann demnach sowohl bei der Bearbeitung der Zahlenhäuser als auch bei beiden Vergleichen betrachtet werden.

Bei der Bearbeitung des Zahlenhauses mit der Dachzahl sechs ist nicht zu erkennen, inwieweit Mary die Zahlzerlegungen über die Konstanz der Summe bzw. die auf- oder absteigenden Folge der natürlichen Zahlen erschließt. Sie bearbeitet die Aufgaben zügig und scheint die Zerlegungen entweder abzurufen oder abzuleiten. Dabei hält sie die vorgegebene Ordnung gemäß des »Aufzugs« ein. Als die Lehrkraft zum Vergleich der Zahlenhäuser auffordert, hat Pia ihr Haus zur Dachzahl 60 noch nicht fertig gestellt, so dass Mary Gelegenheit hat, das dekadisch analoge Haus anzusehen, während Pia die letzten beiden Aufgaben notiert. Dabei stellt Mary fest, dass Pia das schwierige Zahlenhaus erhalten hat.

Lehrkraft	So, wenn du das bearbeitet hast schaut euch mal an, einer hat ja was Leichtes, der andere hat was etwas Schwieriges. Wo gibt es Gleichheiten? Wo gibt es Unterschiede?
Pia	[unverständlich, mehrere Worte] (*wendet sich ihrem Arbeitsblatt zu und notiert eine „10" in der vorletzten Etage ihres Zahlenhauses*)
Mary	(*schaut rüber zu Paula*) Ah, du hast was Schwieriges.
Pia	Nein (*unverständlich, mehrere Worte*). Zehn, zwanzig, dreißig, vierzig, fünfzig (*tippt mit ihrem Finger auf die jeweiligen Zahlen in ihrem Zahlenhaus*)
Mary	Ah, zehn, zwanzig, dreißig, vierzig.
...	
Pia	Ich weiß, was da gleich ist. (*nimmt ihren Zettel in die Hand und beugt sich zu Mary rüber*). Du hast nur die Sechs (*deutet mit dem Finger oben auf Marys Zahlenhaus*) Sechs, Null. (*deutet mit dem Finger oben auf ihr Arbeitsblatt*)
Mary	Ja. (*schiebt ihren Zettel weiter zu Paula und beugt sich etwas rüber*)
Pia	Und du hast sechzig null. Ich hab fünfzig
Mary	fünf. Ich hab fünf und vier und drei und zwei und eins und null. (*zeigt mit dem Finger auf den jeweiligen ersten Summanden in ihrem Zahlenhaus*)
Pia	Ja, wie bei mir. (*fährt mit dem Finger schnell von oben nach unten über die ersten Summanden in ihrem Zahlenhaus*

Pia scheint zum Finden der Zerlegungsaufgaben auf die Zehnerreihe zurückzugreifen, um durch schrittweises Zählen den nächsten ersten Summanden zu finden. Sie fokussiert also auf die Struktur des Zahlenhauses und nutzt dieses für ihre Bearbeitung. Mary scheint diese Deutung nachzuvollziehen und aufzunehmen, was sich in ihrer Aussage „Ah, zehn, zwanzig…" zeigt. Dabei bleibt unklar, inwieweit Mary hier neu die Zehnerreihe erkennt, Differenzen zu ihrem Zahlenhaus ausmacht oder ausschließlich auf die „großen Zahlen" als schwierigkeitssteigerndes Element schaut.

Nachdem Pia die letzten beiden Zerlegungsaufgaben notiert hat, formuliert sie sofort einen Unterschied zwischen ihrem Zahlenhaus und dem von Mary. Während Mary zu Beginn eine qualitative Einschätzung vorgenommen hat (leicht, schwierig), fokussiert Pia auf die Ebene der Zahlen. Sie spricht die dekadische Analogie an, allerdings eher auf der empirisch konkreten Ebene, also in dem Sinne, dass ihre Zahlen im Vergleich zu Marys Zahlenhaus um die Ziffer 0 „erweitert" sind. Inwiefern sie hier die Vervielfachung der Summanden erkennt ist fraglich. Mary geht nicht darauf ein, sondern verfolgt die Idee der Zahlenreihe weiter und beschreibt die absteigende Folge der natürlichen Zahlen in ihrem Haus. Möglicherweise versucht Mary hier einen Zusammenhang zwischen der Zehnerreihe in Pias Haus und der Folge der natürlichen Zahlen in ihrem Haus zu ziehen. Zumindest scheint dies von Pia derart interpretiert zu werden, denn sie expliziert den Zusammenhang „wie bei mir", ohne gleichzeitig die Differenz der Häuser und Zahlenfolgen zu nennen. Anhand der Zeigegeste von Pia ist zu vermuten, dass diese in ihren Zerlegungen auf die erste Ziffer des ersten Summanden fokussiert und hier auch empirisch-konkret die Folge der natürlichen Zahlen sieht. Inwieweit diese Einsicht mit einem dekadischen Verständnis einhergeht, ist aufgrund des Gesamtverlaufes eher unwahrscheinlich.

Für die Schülerinnen scheint die zentrale Struktur die Folge der natürlichen Zahlen bzw. die Folge der Zehnerzahlen zu sein. Dies wird möglicherweise von beiden genutzt, um die Aufgaben zu finden und stellt für die Kinder auch das zentrale Element beim Vergleich dar. Sie fokussieren damit zum einen auf eine Struktur, die eher dem Zählen zugeordnet wird und konzentrieren sich zum anderen auf die Identitäten (vgl. 6.3).

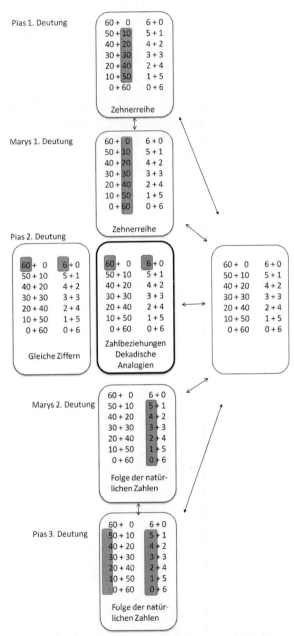

Abbildung 8.4:   Deutungen von Mary und Pia beim Vergleich der Zahlenhäuser 6 & 60

Anschließend bearbeiten beide Mädchen analoge Zahlenhäuser mit der Dachzahl sieben. Obwohl Mary ihr Haus vom Austeildienst deutlich früher erhält als Pia, braucht sie länger um es auszufüllen. Bereits beim Bearbeiten der Zahlenhäuser fällt Pia bei einem Blick auf Marys Zahlenhaus die Beziehung zwischen den beiden Häusern auf: „Sind immer die [gleichen] Ergebnisse andersrum *(tippt mit dem Finger mehrfach auf ihr Zahlenhaus)* immer die Tauschaufgaben." Dies Aussage wird im weiteren Verlauf von Mary aufgegriffen und sowohl in einer kurzen Interaktion mit der Lehrkraft geäußert als auch in der Reflexionsphase von ihr vorgestellt.

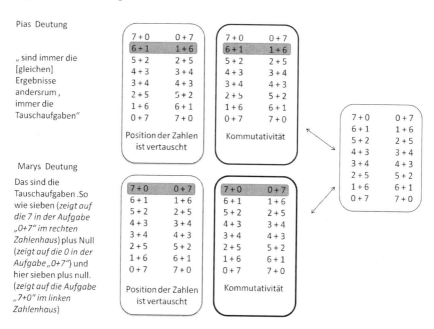

Abbildung 8.5: Deutungen von Mary und Pia zu den analogen Zahlenhäuser zur 7

Beide Schülerinnen argumentieren mit der Position der Zahlen und verwenden den Begriff der Tauschaufgabe, den Pia als erstes einbringt und der dann von Mary aufgegriffen wird. Hier zeigt sich, möglicherweise ähnlich wie in der Szene von Thomas und Max (vgl. 6.1), die von Baroody und Ginsburg (1986, S. 83) beschriebene „Protocommutativity". Jedoch sprechen Pia und Mary beide deutlich von Tauschaufgaben. Sowohl in ihrer Interaktion als auch im Klassengespräch scheint deutlich zu sein, was darunter zu verstehen ist. Insofern ist davon auszugehen, dass die Kinder hier die Kommutativität zwischen den Häusern erkannt haben, ohne dass im Rahmen dieses Bausteins die kardinale Bedeutung von kommutativen Aufgaben fokussiert wird.

Zusammenfassung der Deutungen im Kontext der Ablösung vom zählenden Rechnen

Mit Fokus auf die Ablösung vom zählenden Rechnen werden die beim Bearbeiten der Zahlenhäuser gezeigten Strategien berücksichtigt, als auch die in der Interaktion zwischen den Kindern rekonstruierten Deutungen beim Vergleich der Zahlenhäuser sechs und sechzig sowie der analogen Zahlenhäuser mit der Dachzahl sieben:

Analysefokus	*Rekonstruierte Kompetenzen und Deutungen*
Anzahlerfassung	
	Zahlen werden auf symbolischer Ebene zerlegt
Zahlbeziehung	Die Folge der natürlichen Zahlen wird genutzt, um Summanden für nächste Zerlegungen zu bestimmen
	Zusammenhang zwischen Folge der natürlichen Zahlen und Folge der Zehner auf empirisch-konkreter Ebene
Operationsvorstellung	
Kernaufgaben Rechenstrategien	Zerlegungsaufgaben zu 6 und 7 werden faktennutzend gefunden
Aufgabenbeziehung	Erkennen und Benennen von Tauschaufgaben

Insgesamt zeigt Mary ein faktennutzendes Vorgehen beim Finden der Zerlegungsaufgaben (Abrufen oder Ableiten) und damit auch auf der symbolischen Ebene eine Einsicht in das Teile-Ganzes-Konzept. Die Zahlbeziehungen bleiben im Kontext des Zählens, wobei die benannte Kommutativität darüber hinaus auf eine struktur-fokussierende Deutung von Aufgaben verweist.

8.2.3 Baustein IIIb: Kraft der Fünf

Die Aufgaben zu Baustein »Kraft der Fünf« thematisieren die mentale Veränderung von Zahldarstellungen der 5er-Struktur (also 0, 5, 10, 15 und 20). Die Kinder sollen die in Punktfeldern dargestellten Anzahlen quasi-simultan erfassen und dann mental verändern, indem sie sich vorstellen ein oder zwei Plättchen dazuzulegen oder wegzunehmen. Diese Operation soll nicht mit konkretem Material durchgeführt werden, sondern von den Kindern in der Vorstellung und gestützt durch die Zahldarstellung im Punktfeld erfolgen (Häsel-Weide et al., 2014). Im weiteren Verlauf sollen die Kinder dann zu vorgegebenen Ziel-Anzahlen die gefundenen Aufgaben notieren und noch fehlende Aufgaben ergänzen.

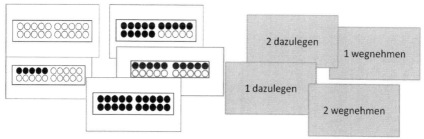

Abbildung 8.6: Karten zur Baustein „Kraft der Fünf"

Marys Deutungen im Einstieg

In der Einführungsphase der Stunde werden exemplarisch Aufgaben an der Tafel gelöst. Nachdem zunächst die Punktekarte »15« und die Handlungskarte »1 dazulegen« umgedreht wurden und die Aufgabe 15+1=16 notiert wurde, dreht Mary die Punktekarte »5« um.

Mary   (*hängt die Punktekarte an die Tafel*)

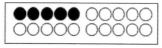

Lehrkraft   Du kommst da ja locker dran. Okay. Wie viel sind es?
Mary   (*schaut an die Tafel*) Vier?
Lehrkraft   Vier?
Schüler   Fünf.
Mary   Nee, fünf.
Lehrkraft   Fünf? Was denn jetzt, vier oder fünf?
Mary   (*schaut zur Lehrkraft*). Fünf.
Lehrkraft   Warum fünf? Wie hast du das so schnell gesehen?
Mary   Weil, ehm (*zeigt auf die Plättchen, die schwarz sind*) hier (*fährt mit dem Finger die schwarzen Plättchen entlang*)
Lehrkraft   Ja.
Mary   Sind ja fünf.
Lehrkraft   Mhm.
Mary   Und fünf plus fünf sind ja zehn (*zeigt auf die fünf Plättchen daneben, die weiß sind*)
Lehrkraft   Mhm.
Mary   Aber hier sind ja keine Punkte (*zeigt erneut auf die fünf weißen Plättchen daneben*)
Lehrkraft   Mhm.
Mary   Also sind das hier fünf (*zeigt auf die fünf schwarzen Plättchen*)

Nachdem Mary zunächst die Anzahl von fünf Punkten nicht quasi-simultan korrekt erkennt, korrigiert sie auf Nachfrage der Lehrkraft ihre Antwort und gibt eine Erläuterung, warum es fünf Punkte sein müssen. Es scheint so zu sein, dass sie beim ersten Bestimmen der Anzahl dem rein visuellen Eindruck vertraut hat und nun erlernte Strukturen heranzieht, um die korrigierte Anzahl zu erläutern. Mary greift hier auf zwei Fakten zurück: Zum einen weiß sie sicher, dass in einer Zeile zehn Punkte dargestellt werden und sie weiß um die Verdopplungsaufgabe 5+5=10. Beide Fakten helfen ihr, um die Anzahl von fünf Punkten als korrekt zu begründen. Bei der Bestimmung der Anzahl nützt ihr dieses Wissen jedoch wenig, da die Verdopplungsaufgabe 5+5=10 nur dann bei der Anzahlbestimmung hilft, wenn wahrgenommen wird, dass genau die Hälfte der Punkte eingefärbt sind und die bekannte Verdopplungsaufgabe auch dann im Sinne Umkehrung genutzt werden kann.

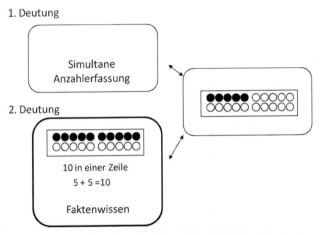

Abbildung 8.7: Marys Deutungen bei der Anzahlbestimmung

Um quasi-simultan zu erkennen, dass fünf Punkte eingefärbt sind, muss demnach entweder Wissen über die Anzahl der Punkte bis zur Fünfer-Lücke bestehen oder fünf muss auf eine Zerlegung zurückgeführt werden können, die simultan zu erkennen ist, wie z. B. 2+3. Die Szene zeigt somit, wie bedeutend Übungen zu quasi-simultanen Anzahlerfassung für zählend rechende Kinder sind, damit diese die im Unterricht Fünfer-Struktur als Faktenwissen abspeichern können.

| Lehrkraft | So könnte es sein. Genau, super. Und eine graue Karte. |
| Mary | *(nimmt eine graue Karte und hängt sie umgedreht neben ihre weiße)* |

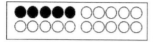

2 wegnehmen

Lehrkraft	Ohh.
Kind	Zwei weniger.
Lehrkraft	Und? Kannst du es lesen?
Mary	Ja, zwei weniger.
Lehrkraft	Zwei wegnehmen steht da, aber okay, zwei weniger.
Mary	Ja.
Lehrkraft	Und wie viel sinds dann?
Alle	*(Gemurmel)*
Mary	Zwei. *(schaut zur Lehrkraft)*
Lehrkraft	Kannst du die Aufgabe mal aufschreiben?
Mary	Ja *(nimmt sich ein Stück Kreide)*
Alle	*(Gemurmel)*
Mary	*(schreibt „5+" an die Tafel)*
Alle	Minus.
Mary	Minus. Oh.
Kind	Mach doch einfach mit Hand.
Mary	*(wischt mit dem Finger das Pluszeichen weg)*
Kind	Ja, mit Finger geht sauber.
Alle	Minus zwei gleich drei.
Mary	*(schreibt hinter die 5, ein „-2")*
Kind	Drei.
Mary	*(schreibt die 3 hinter das Gleichzeichen, dreht sich zur Klasse)* Ja.

In dieser Szene zeigen sich die Schwierigkeiten von Mary beim Übersetzen der Handlungsanweisung »zwei wegnehmen«. Sie scheint entweder über keine Vorstellung zur Operation zu verfügen oder diese falsch auszuführen. Durch die Aufforderung der Lehrkraft, die Aufgabe zu notieren, kann sichtbar werden, ob Mary die Aufgabe richtig übersetzt, aber falsch gelöst hat oder nicht übersetzen kann. Mary notiert statt des Minuszeichens ein »+«. Dies kann daran liegen, dass sie sich an der bereits notierten Aufgabe 15+1=16 orientiert, wäre aber auch ein Indiz dafür, dass sie die Handlungsanweisung »zwei weggenehmen« nur schwer in einen symbolischen Zahlensatz übersetzen kann. Die Schwierigkeit scheint somit nicht auf der Ebene des Rechnens zu liegen, sondern in der Vorstellung.

Die Interaktion zeigt auch, dass Mary an dieser Stelle keine Unterstützung beim Aufbau der Vorstellung bekommt. Geführt durch die Interaktionslogik und die Korrekturen aus der Gruppe erstellt sie letztendlich den richtigen Term. In der Interaktion wird jedoch thematisiert, was ein Wegnehmen von zwei Punkten an der Darstellung bedeuten würde.

Deutungen von Mary und Pia zum ersten Teil der Arbeitsphase

Mary und Pia führen den Arbeitsauftrag so aus, dass abwechselnd je eine Schülerin die Karten umdreht und die andere die Aufgabe notiert. Als erstes dreht Mary die Punktekarte »0« und die Handlungskarte »2 dazulegen« um. Mary bestimmt sofort die Anzahl von null Punkten korrekt, Pia nennt die ausführende Handlung, formuliert und notiert die Aufgabe. Anschließend dreht Mary die Punktekarte »0« und die »Handlungskarte 1« um und sagt: „und einen dazu sind eins". Pia notiert die Aufgabe.

    Als drittes drehen die Schülerinnen die Punktekarte »20« und die Handlungskarte »1 wegnehmen« um.

Pia	*(dreht eine weiße Karte um)*

	Öhh *(schaut zu Mary)*
Mary	Zwanzig.
Pia	Ist das ein weißer? *(schaut auf die Rückseite ihrer Karte)* Ja. *(dreht eine graue Karte um und liest laut vor, was auf ihr steht)* Einen wegnehmen.
Mary	Neunzehn. *(beugt sich runter zu ihrem Heft)*

Bereits bei der vorgehenden Aufgabenstellung schien Mary die Operation selbst ausgeführt zu haben. Während es sich oben jedoch um eine Additionsaufgabe handelte, löst sie in der vorliegenden Szene auch die Subtraktionsaufgabe korrekt. Im Gegensatz zur Subtraktionsaufgabe im Einstieg scheint sie nun die Operation ausführen zu können. Dies kann entweder daran liegen, dass sie vertrauter mit dem Material geworden ist oder am Subtrahend eins. Möglicherweise ist eine Subtraktion um eins einfacher vorstellbar, durch Rückwärtszählen in einem Schritt zu lösen oder gehört bereits zu den automatisierten Aufgaben. Pia diktiert im weiteren Interaktionsverlauf den zu notierenden Aufgabenterm, so dass keine Erkenntnis darüber gewonnen werden kann, inwieweit Mary selbst eine Übersetzung vornehmen kann.

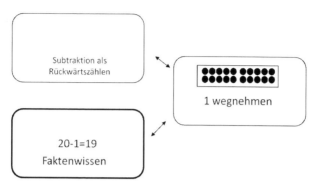

Abbildung 8.8: Mögliches Vorgehens beim Lösen der Subtraktionsaufgabe
20 – 1=19

Als die Mädchen als nächstes Karten ziehen, die zur Aufgabe 15 – 2=13 führen, sind detailliertere Einsichten in Marys Vorstellung möglich.

Pia	Zwei wegnehmen. Fünfzehn und zwei wegnehmen.
Mary	(*legt den Finger mittig unter die schwarzen Punkte der unteren Reihe*) Mmm, fünfzehn (…) dreizehn.
Pia	Also, was war das nochmal? (*schaut rüber zu Mary*)
Mary	Fünfzehn, zwei weniger.
Pia	(*nimmt Stift*)
Mary	sind vierzehn.
Pia	Äh, ich hab hier jetzt 'nen Punkt gemacht (*nimmt sich das Radiergummi und radiert den Punkt weg*). Was nochmal?
Mary	Fünfzehn einen weniger (*streckt Daumen der rechten Hand*)
Pia	Minus
Mary	Äh, zwei weniger (*streckt und Daumen und Zeigefinger der rechten Hand, klappt sie gleichzeitig wieder ein*) gleich vierzehn
Pia	(*beginnt die Aufgabe „15 – 2=13" zu notieren*)
Mary	Äh, dreizehn.
Pia	Genau, dreizehn. Okay, gib her.

An dieser Stelle zeigt sich, dass Mary nun die Handlungskarte »2 wegnehmen« in eine Handlung umsetzen kann. Zu Beginn könnte es sein, dass sie die Darstellung auf der Punktekarte nutzt, um das Ergebnis zu ermitteln. Dabei ist es möglich, dass sie die Subtraktion als Veränderung der Menge auffasst oder zwei Punkte zurückzählt. Da ihr Finger nur undifferenziert unter die Punktereihe deutet bleibt dies spekulativ. Auch im weiteren Verlauf scheint sie zwischen klassischen, zählenden Strategien und entsprechend bekannten Fehlern wie dem +1 Fehler (Radatz, 1980; Scherer & Moser Opitz, 2010) sowie einer kardinalen Deutung und dem Faktenabruf zu schwanken. So streckt sie zwar zwei Finger, klappt diese aber wieder ein, bevor sie das Ergebnis erneut bestimmt hat. Möglicherweise nutzt sie die Finger hier nur als Gedächtnisstütze zur Darstellung des Subtrahenden.

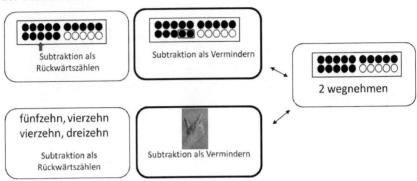

Abbildung 8.9:　Mögliche Deutung von Mary zur Aufgaben 15 − 2 = 13

Die nächsten beiden Aufgaben 10 − 1 = 9 und 10 + 2 = 12 lösen die Mädchen wahrscheinlich durch Faktenabruf. Mary nennt die Lösung der Aufgaben, während Pia federführend bei der Formulierung der Aufgabe ist. Direkt nachdem sie Aufgabe 10 + 2 = 12 notiert haben, drehen sie Punktekarte »20« und die Handlungskarte »2 dazulegen« um.

Pia	(dreht Punktekarte 20 um) cool Zwanzig
Mary	Zwanzig (notiert 20)
Pia	Zwanzig (dreht Handlungskarte um) plus zwei
Mary	Plus zwei gleich(notiert + 2 =; setzt ab, legt Hand an die Stirn) äh
Pia	(steht auf, beugt sich über Marys Heft) #zweiundzwanzig
Mary	#zweiundzwanzig (notiert 22)
Pia	Wenn das zweiundzwanzig sind, guck mal, weil hier sind ja (zeigt auf 1. Summanden) wenn es #zehn wären plus zwei gleich zwölf (setzt sich wieder) aber das sind ja zweiundzwanzig
Mary	# ich weiß (langgezogen, singend)

An dieser Stelle ist Pia nicht nur wieder federführend in der Formulierung der Aufgabe, sondern erkennt und nennt von sich aus eine Beziehung zur vorhergegangenen Aufgabe 10 + 2 = 12. Auch wenn Mary die Äußerung nicht aufgreift und aufgrund ihrer Haltung zweifelhaft ist, inwieweit sie diese tatsächlich nachvollzogen hat, ist an dieser Stelle bemerkenswert, dass Pia von sich aus eine Beziehung zwischen Aufgaben erkennt und in das Gespräch einbringt. Es zeigt sich somit, dass die Aufgabenbeziehung hier von dem leistungsstärkeren Kind erkannt und formuliert wird. Somit bestünde die Chance für Mary eine alternative Deutung kennenzulernen. Sie scheint aber an diesem zusätzlichen Gespräch kein Interesse zu haben oder so schnell keinen Zugang zu der Deutung von Pia zu finden. So bleibt diese im Raum stehen.

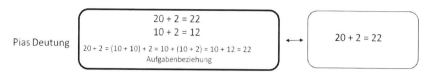

20 + 2 = 22
10 + 2 = 12
20 + 2 = (10 + 10) + 2 = 10 + (10 + 2) = 10 + 12 = 22
Aufgabenbeziehung

Pias Deutung

20 + 2 = 22

Abbildung 8.10: Aufgabenbeziehung formuliert von Pia

Um die Kinder anzuregen, genau diese Art von Beziehungen zwischen den Aufgaben zu erkennen, sollen die Kinderpaare im Anschluss an das Explorieren mit den Karten die gefundenen Aufgaben systematisch notieren. Dazu wird ihnen ein Arbeitsblatt gegeben, auf dem die entstehenden Summen geordnet sind. Auf dieses sollen die bereits gefundenen Aufgaben passend eingetragen und dann die noch fehlenden durch Ausprobieren oder Überlegen gefunden werden (Häsel-Weide et al., 2014, S. 84).

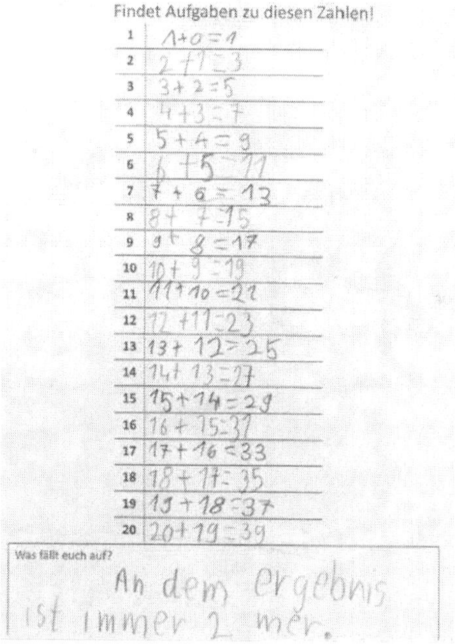

Findet Aufgaben zu diesen Zahlen!

1	1 + 0 = 1
2	2 + 1 = 3
3	3 + 2 = 5
4	4 + 3 = 7
5	5 + 4 = 9
6	6 + 5 = 11
7	7 + 6 = 13
8	8 + 7 = 15
9	9 + 8 = 17
10	10 + 9 = 19
11	11 + 10 = 21
12	12 + 11 = 23
13	13 + 12 = 25
14	14 + 13 = 27
15	15 + 14 = 29
16	16 + 15 = 31
17	17 + 16 = 33
18	18 + 17 = 35
19	19 + 18 = 37
20	20 + 19 = 39

Was fällt euch auf?
An dem Ergebnis ist immer 2 mer.

Abbildung 8.11: Bearbeitung von Mary und Pia

Aufgrund eines nicht ganz deutlich gestellten Arbeitsauftrags interpretierten Mary und Pia diese Aufgaben anders, so dass sie statt Zerlegungsaufgaben zu den Zielzahlen zu finden, Additionsaufgaben mit der Zielzahl als ersten Summanden suchen (vgl. Abb. 8.11). Dabei nutzen sie, wie in den vorgegangenen Bausteinen, die Folge der natürlichen Zahlen, um die Ergebnisse zu ermitteln.

Zusammenfassung der Deutungen im Kontext der Ablösung vom zählenden Rechnen

In dieser Fördereinheit ist das Spannungsfeld zwischen zählenden Vorgehensweisen und Schwierigkeiten beim Operationsverständnis, die für zählend rechnende Kinder als typisch gelten (vgl. Kap. 2) und alternativen Strategien, wie Faktenabruf und kardinales Verständnis von Operationen gut zu sehen. Man gewinnt den Eindruck, dass sich Mary über die Beispiele im Einstieg und die ersten vorrangig von Pia in die Symbolsprache übersetzten Aufgaben nach und nach die Anforderungen der Aufgabenstellung erschließt und zunehmend sicherer in der Lage ist, diese zu bewältigen. Dies betrifft sowohl die in der Arbeitsphase bestimmten Fünfer-Anzahlen als auch die zunehmend eigenständigere Formulierung der Aufgaben. Es scheint hier vor allem die Vorbildfunktion Pias zu sein, die es ihr erlaubt immer selbstbewusster die Aufgaben zu nennen und zu formulieren. Mit Ausnahme der analysierten Szene ist kein zählendes Rechnen zu beobachten, wobei Mary von insgesamt elf bearbeiteten Aufgaben siebenmal das Ergebnis korrekt bestimmt.

Analysefokus	*Rekonstruierte Kompetenzen und Deutungen*
Anzahlerfassung	Im Verlauf der Fördereinheit zunehmend quasi-simultane Erfassung von Fünfer-Anzahlen im Zwanzigerpunktfeld (0,5, 10, 15, 20)
Zahlbeziehung	(An)zahlen werden verändert und die Veränderung quantitativ bestimmt
Operationsvorstellung	Zunehmend (möglichweise regelgeleitetes) Übersetzen der Handlungskarten in Terme
Kernaufgaben Rechenstrategien	Faktennutzung bei Aufgaben +/− 1 Nutzen von Kernaufgaben zur Anzahlbestimmung (5+5=10)
Aufgabenbeziehung	Folge der natürlichen Zahlen wird genutzt, um Aufgabenserien zu entwickeln

Insgesamt zeigt Mary sowohl faktennutzende Vorgehensweisen bei einfachen Aufgaben als auch zählende Strategien. Die Übersetzung auf die symbolische Ebene gelingt regelgeleitet, scheint jedoch nicht selbstverständlich verfügbar. Zentrale Strukturen bleiben die Folge der natürlichen Zahlen und die Verdopplungsaufgaben.

8.2.3 Zusammenfassende Deutung zu den Zahlbeziehungen

In der ersten Hälfte der Bausteine liegt der Schwerpunkt auf dem Erkennen und Nutzen von Zahlbeziehungen, sowie dem Erfassen von strukturierten Anzahlen in Würfeldarstellung, linearer Darstellung sowie im Zwanzigerpunktfeld.

In den exemplarisch analysierten Episoden wurde deutlich, dass sich Mary bei der Erfassung von Anzahlen in einem Spannungsfeld zwischen sicher simultaner Anzahlerfassung von Würfelbildern und linearer Darstellung kleiner/gleich drei sowie noch unsicherer quasi-simultaner Anzahlerfassung von größeren Zahlen in der Felderdarstellung befindet. Während sie einerseits die Tatsache, dass sich in einer Zeile des Zwanzigerfeldes zehn Punkte befinden als Faktenwissen nutzen kann, ist sie andererseits nicht sicher in der Lage, mit Hilfe der Fünferstruktur eine Anzahl von vier Punkten quasi-simultan zu erfassen. Auch die lineare Darstellung von vier Punkten ist noch unsicher.

Anzahlerfassung

Abzählen von
Einzelelementen als
einzige Strategie

Struktur-fokussierende
Deutung von Anzahlen

Ähnliche Differenzen zeigen sich bei Aufgaben zum Zerlegen. Auf der einen Seite ist eine sicherere Kenntnis von Zerlegungsaufgaben auch auf der symbolischen Ebene im Rahmen der Bearbeitung von Zahlenhäusern zu den Dachzahlen sechs und sieben zu beobachten. Auch zeigt Mary, dass sie Verdopplungsaufgaben nutzen kann, um Zahlzerlegungen zu finden. Ebenso lässt sich vermuten, dass sie Fakten abruft, um Fünfer-Anzahlen um eins zu verändern. Gleichzeitig sind Schwierigkeiten im Operationsverständnis der Subtraktion, Nutzen der Finger bei der Subtraktionsaufgabe $15 - 2 = 13$ und Rückgriff auf Abzählen von Einzelelementen bei der Überprüfung der Aufgabe $4 + 4 = 8$ zu sehen.

Kernaufgaben
Rechenstrategien

Zählendes
Rechnen als
einzige Strategie

Faktennutzendes
Lösen von Aufgaben

Im Hinblick auf die erkannten Beziehungen sticht als zentrale Struktur die Folge der natürlichen Zahlen heraus, die sie bei der Bearbeitung der Zahlenhäuser erkennt und die von beiden Schülerinnen genutzt wird, um eigene Zerlegungsaufgaben zu finden. Zudem zeigt sich in Baustein 2 eine Vertrautheit mit den Verdopplungen, die auch von Mary zur Argumentation von Teilmengen benutzt werden. Gerade in der Interaktion mit Pia wird jedoch auch deutlich, welche anderen Strukturen Pia noch erkennt. Dazu gehören dekadische Analogien, was sich sowohl im Rahmen der Zahlenhäuser als auch bei den Aufgaben zur Fünferstruktur zeigt. Während Pia sowohl diese Relationen anspricht, also auch mehrere Möglichkeiten zu Zahlzerlegungen nennt, greift Mary diese Ideen nicht auf. So bleiben sie im Raum stehen, ohne dass in der Interaktion eine Erweiterung der Deutungen sichtbar wird. Inwiefern Mary diese alternativen Deutungen trotzdem aufnimmt und ob diese dazu beitragen, dass Mary wahrnimmt, dass es neben ihrer noch weitere Deutungsmöglichkeiten gibt, bleibt an dieser Stelle spekulativ.

Zahlbeziehungen

Ausschließlich
Deutungen im
Referenzkontext
Zählendes Rechnen

Struktur-fokussierende
Deutungen mit Bezug zu
unterschiedlichen
Mustern & Strukturen

Möglicherweise fordert Pia nicht genug ein, dass Mary sich mit ihren Ideen auseinandersetzt. So zeigte sich bspw. beim Sortieren von Zahlenfolgen in Baustein IVb eine größere inhaltliche Interaktion der Mädchen, vor allem an der Stelle, an der Pia sich selbst nicht sicher war und Mary um Rat fragte. Ähnlich zu den Analysen zu den Chancen kooperativer Deutungen (Kap. 6) zeigt sich möglicherweise auch hier, dass eine inhaltliche Interaktion über die Deutungen vor allem dann zu Stande kommt, wenn beide Kinder ein Interesse daran haben und keines die alleinige Verantwortung für die Ergebnisse übernehmen will.

8.3   Analyse einzelner Episoden zu Beziehungen zwischen Aufgaben

Um möglichst viele Aussagen über sich entwickelnde Kompetenzen machen zu können, wurde aus der zweiten Hälfte der Förderung drei Episoden ausgewählt, die sich mit dem Operationsverständnis zur Subtraktion befassen und auf operative Veränderungen von Additions- und Subtraktionsaufgaben fokussieren. In allen ausgewählten Bausteinen wird mit der Felderstruktur als zentralem Anschauungsmittel gearbeitet.

8.3.1   Baustein VIb: Vermindern zum Zehner

Im Rahmen des Bausteins „Vermindern zum Zehner" werden Subtraktionsaufgaben der Form ZE-E=Z mit Hilfe einer Transparentfolie an Punktfeldern abgedeckt. Ziel für die zählend rechnenden Kinder ist es zum einen auch im größeren Zahlenraum und über die Fünferstruktur hinausgehend Anzahlen quasisimultan zu erfassen. Zum anderen wird durch die Handlung mit der Folie eine Darstellung von Subtraktion gewählt, die es ermöglicht, die Gesamtanzahl, den Subtrahenden und die entstehende Differenz in einer Darstellung zu sehen. Dies kann zur Vorstellungsentwicklung der Subtraktion beitragen. Drittens sollen die Kinder erkennen, dass Aufgaben der Form ZE-E „einfach" und nicht-zählend gelöst werden können, da die Einer in „einem Rutsch" subtrahiert werden können (Häsel-Weide et al., 2014, S. 121).

Im Einstieg werden die beiden Aufgaben $17 - 7 = 10$ und $14 - 4 = 10$ von der Lehrkraft dargestellt. Bevor die Lehrkraft die sieben Punkte abdeckt, bestimmt Mary die dargestellte Zahl richtig und scheinbar quasi-simultan. Zudem deutet sie die Darstellung in Abb. 8.12 richtig als „vierzehn minus vier". Auch hier bestimmt sie die darstellte Anzahl der Punkte richtig und überträgt die Operation aus der vorhergegangenen Aufgabe korrekt auf das neue Beispiel.

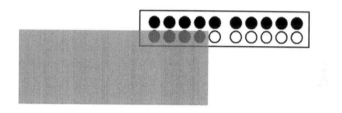

Abbildung 8.12: Darstellung der Aufgabe $14 - 4 = 10$

In der Arbeitsphase erhalten Mary und Pia Punktekarten und eine Abdeckfolie. Abwechselnd decken die Schülerinnen die Einer ab und ermitteln die entstehende Aufgabe. Diese wird von der Partnerin im Heft notiert. Bei der Ermittlung der dargestellten Anzahl nutzt Mary die Zehner-Einer-Struktur, so zählt sie bzw. bei der Punktkarte 38 die Punkte in der letzten Zeile und benennt dann die Anzahl „achtunddreißig" oder zählt bei der Punktekarte 42 die Anzahl der vollständig ausgefüllten Zeilen und nennt dann die Anzahl „zweiundvierzig".

Im Gegensatz zum Einstieg scheint Mary bei Anzahlen im Hunderterraum noch nicht sicher in der quasi-simultanen Erfassung der Anzahlen und greift entsprechend bei größeren Anzahlen auf zählende Strategien zurück, ohne dass sie jedoch alle Einzelelemente zählt. Stattdessen nutzt sie die dekadische Struktur und ihr sicheres Wissen, dass in einer Zeile zehn Punkte sind.

Sowohl das Abdecken der Einer als auch das Übersetzen der Darstellung in verbale Aufgaben bzw. einen symbolischen Aufgabenterm gelingt ihr scheinbar mühelos, wobei natürlich einschränkend berücksichtigt werden muss, dass in der gesamten Unterrichtsstunde ausschließlich Subtraktionsaufgaben behandelt wurden. Allerdings wird auch deutlich, dass sie zur Ermittlung der Differenz Rückgriff auf die Darstellung nimmt, also entweder das Ergebnis der Subtraktionsaufgabe am Material abliest oder sich durch einen Blick auf das Material zumindest noch einmal vergewissert. Als jedoch Pia die Aufgabe $41 - 1$ formuliert, ohne sofort das Ergebnis zu nennen, löst Mary beim Notieren die Aufgabe. Hier zeigen sich somit auch im größeren Zahlenraum ihre sicheren Fähigkeiten bei Aufgaben mit Veränderung um eins, ähnlich wie bereits in Baustein IIIb.

Insgesamt bearbeiten die Kinder ausschließlich Karten im Hunderterraum und finden folgende Aufgaben (Abb. 8.13):

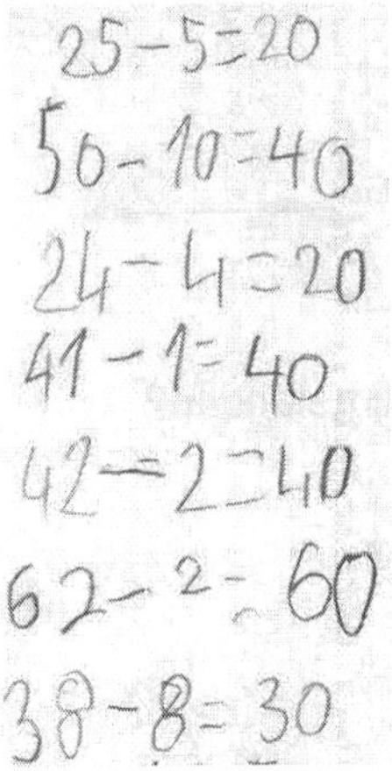

$$25 - 5 = 20$$
$$50 - 10 = 40$$
$$24 - 4 = 20$$
$$41 - 1 = 40$$
$$42 - 2 = 40$$
$$62 - 2 = 60$$
$$38 - 8 = 30$$

Abbildung 8.13: notierte Aufgaben von Mary und Pia

Zur Vorbereitung der Reflexion fordert die Lehrkraft die Kinder auf, eine Aufgabe der Form ZE – E = 10 zu notieren. Da Mary und Pia keine derartige Aufgabe notiert haben, müssen sie nun die möglicherweise erkannte Beziehung im Hunderterraum bzw. Analogien zu den Aufgaben 14 – 4 = 10 und 17 – 7 = 10 aus dem Einstieg nutzen oder die Aufgabenstellung mit Rückgriff auf ihr Wissen lösen. Als die Schülerinnen zunächst keine Aufgabe notieren, wiederholt die Lehrkraft den Arbeitsauftrag für Mary und Pia.

Lehrkraft	*(kommt zum Tisch der Kinder)* Verstanden Pia, was ich meine? Eine Aufgabe, wo zehn raus kommt, eine Minusaufgabe und man darf nur Einer wegnehmen *(entfernt sich vom Tisch)*
Mary	*(schaut zur Tafel)* Ich habe eine
Pia	mit diesen *(zeigt auf die Karten mit den Punktfeldern aus der Arbeitsphase)*
Mary	*(dreht sich zu Pia)* Achtzehn minus acht

In dieser Szene findet Mary eine passende Aufgabe, indem sie sich an den noch an der Tafel stehenden Aufgaben orientiert. Da sie nicht erläutert, wie sie auf die Aufgabe gekommen ist, bleibt unklar, welche Beziehung sie genutzt hat. Was jedoch deutlich wird ist, dass sie die an der Tafel stehenden Aufgaben als passend für den neuen Arbeitsauftrag wahrnimmt und gleichzeitig eine Modifikation vornimmt, um eine neue Aufgabe zu finden.

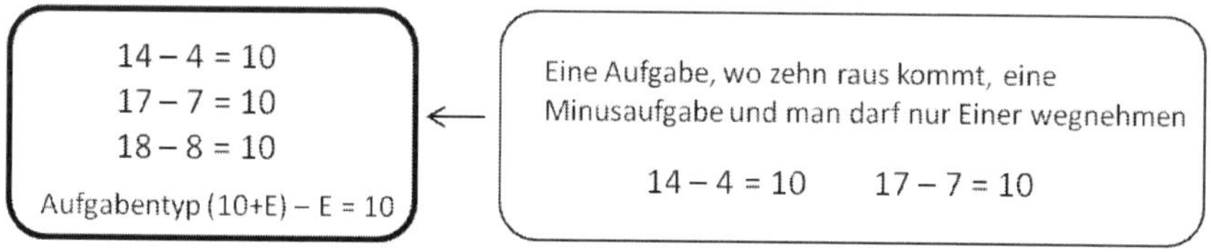

```
┌─────────────────────────┐        ┌──────────────────────────────────────────┐
│  14 – 4 = 10            │        │  Eine Aufgabe, wo zehn raus kommt, eine    │
│  17 – 7 = 10            │  ←     │  Minusaufgabe und man darf nur Einer wegnehmen │
│  18 – 8 = 10            │        │                                            │
│  Aufgabentyp (10+E) – E = 10 │   │     14 – 4 = 10      17 – 7 = 10           │
└─────────────────────────┘        └──────────────────────────────────────────┘
```

Abbildung 8.14: Deutung von Mary beim Finden der Aufgabe $18 – 8 = 10$

Pia nimmt diese Idee nicht auf, da sie darauf konzentriert ist, eine passende Aufgabe zu finden, die mit den Karten aus der Arbeitsphase dargestellt werden kann. Da die Lehrkraft sich bereits wieder von den Kinderpaar entfernt hat, kann auch sie die Idee nicht unterstützen. So setzt sich Pia mit ihrer Idee durch, und beide Schülerinnen betrachten in der Folge die Punktekarten auf der Suche nach einer passenden Karte.

Zusammenfassung der Deutungen im Kontext der Ablösung vom zählenden Rechnen

In den Ausschnitten zu diesem Baustein ist zu erkennen, dass Mary ihre Kompetenzen in der strukturierten Anzahlerfassung weiter ausgebaut hat und auch bei nun größeren Anzahlen nicht auf das Abzählen aller Einzelelemente zurückgreift. Gleichwohl nutzt sie das Zählen von einzelnen Punkten oder Zeilen, um größere Einer- bzw. Zehneranzahlen zu bestimmen.

Im Rahmen der ausschließlichen Behandlung von Subtraktionsaufgaben, ist Mary in der Lage, Aufgaben des Typs ZE – E am Material darzustellen und die passende Aufgabe zu nennen und als Zahlensatz zu notieren. Dabei scheint sie sowohl zur Ermittlung der Aufgabe also auch des Ergebnisses auf die Darstellung zurückzugreifen. In der Vorbereitung der Abschlussreflexion findet Mary eine passende Aufgabe und nutzt dazu wahrscheinlich die Beziehung zu Aufgaben aus dem Einstieg, d.h. sie erkennt und nutzt die den Aufgaben gemeinsame Struktur $(10 + E) – E = 10$.

Analysefokus	*Rekonstruierte Kompetenzen und Deutungen*
Anzahlerfassung	Anzahlerfassung durch Gliederung in Zehner und Einer quasi-simultanes und abzählendes Erfassen der Zehner und Einer
Zahlbeziehung	Zahlzerlegung in Zehner und Einer durch eigenständiges Gliedern der Punktemenge
Operationsvorstellung	Übersetzen von Handlungen in den symbolischen Zahlensatz gelingt
Kernaufgaben	Vermindern zum Zehner wird am Punktefeld abgelesen
Rechenstrategien	
Aufgabenbeziehung	Struktur der Aufgaben $(10+E) – E = 10$ scheint erkannt

Unter Rückgriff auf die Darstellung im Punktfeld ist Mary also in der Lage, einfache Subtraktionsaufgaben im Hunderterraum zu lösen ohne vollständig auf zählende Strategien zurück zu greifen. Die Analysen machen deutlich, dass die »einfachen« Aufgaben für Mary noch keine automatisierten Kernaufgaben sind, deren Ergebnis sie abrufen kann oder im Verlauf der Bearbeitung durch Einsicht in die Struktur abrufen lernt. Sie erarbeitet sich an der Darstellung die Lösung der Aufgaben und scheint gegen Ende der Stunde die Aufgabenstruktur zu erkennen.

Didaktische Anmerkungen zu Lernchancen in dieser Stunde

Das Sortieren der Karten zur „Zieldifferenz" 10 und das Finden weiterer Aufgaben in Kooperation der Schülerinnen (Häsel-Weide et al., 2014, S. 122) wird in dieser Stunde zum Finden einer Aufgabe mit dem Ergebnis 10 für die Reflexion verkürzt. So wird die Gelegenheit, dass die Kinder, durch das Sortieren der Karten weitere Einsichten in die Struktur der Aufgaben des Typs (10 + E) – E = 10 erhalten, nicht weiterverfolgt. Das Potential des Förderbausteins und die möglichen Lernchancen für die Schülerinnen und Schüler werden so nicht voll ausgeschöpft. Dadurch dass Mary und Pia zu Beginn der Arbeitsphase die Aktivitäten, welche die Kinder eigentlich zunächst allein durchführen sollten, bereits gemeinsam gelöst haben, haben sie sich die Gelegenheit geschaffen, miteinander zu arbeiten und von den Ideen der anderen zu profitieren.

8.3.2 Baustein VIIIb: Verwandte Additionsaufgaben

Der Baustein »verwandte Additionsaufgaben« hat zum Ziel, dass die Kinder die Struktur der operativen Aufgabenserien erkennen und beim Lösen schwierigerer Aufgaben nutzen. Der Baustein ist analog zum ausführlich dargestellten Baustein XVIII »verwandte Subtraktionsaufgaben« (vgl. Kap. 7) aufgebaut, d.h. nach einer Einführung bearbeiteten die Kinder eines Paares zunächst vier Karten zur operativen Aufgabenserie und vergleichen im Anschluss die analogen Aufgabenkarten (Häsel-Weide et al., 2014, S. 146).

Bereits im Einstieg wird Mary von der Lehrkraft aufgefordert, die dritte Aufgabe der Serie zu bearbeiten und zu erläutern, wie sie das Ergebnis erhalten hat.

An der Tafel stehen folgende Aufgaben:

$$15 + 4 = 19$$
$$15 + 5 = 20$$
$$15 + 6 =$$
$$15 + 7 =$$

Lehrkraft	Vielleicht kannst du mit Björns Aufgabe (*zeigt auf die zweite Aufgabe an der Tafel*) was anfangen.
Mary	(*geht zur Tafel, kreuzt die dritte Aufgabe an und schreibt als Ergebnis 21 auf*)
Lehrkraft	Klar. Kannst du uns sagen, warum das so ist, was du gemacht hast?
Mary	Ja, hier sind ja immer fünfzehn (*zeigt von oben nach unten über die ersten Summanden bei den drei ersten Aufgaben*) und hier ist ja einer mehr immer (*zeigt auf den die 6*)
Lehrkraft	Einer mehr als wo?
Mary	Als wo.
Lehrkraft	Ist richtig.
Schüler	Also mehr als zwanzig und als neunzehn.
Lehrkraft	(*tippt abwechselnd auf die Summanden 6 und 5*)
Mary	Ja, das hier eins weniger ist (*zeigt auf die 5*) und hier einer mehr (*zeigt auf die 6*)
Lehrkraft	Ja, das ist richtig und was passiert dann am Ende hier im Ergebnis? (*zeigt auf die Ergebnisse der zweiten und dritten Aufgabe*)
Mary	Hier auch wieder mehr oder weniger (*zeigt auch auf die beiden Ergebnisse, wendet sich zum Gehen*)
Lehrkraft	Einverstanden.

Die Szene macht deutlich, dass Mary die Struktur der operativen Aufgabenserie erkannt und möglicherweise auch genutzt hat, um das Ergebnis der Aufgaben 15 + 6 = 21 zu bestimmen. Beim Beschreiben der Struktur fokussiert sie einerseits auf Gleichheiten wie die gleichen ersten Summanden und die Veränderung im zweiten Summanden. Als sie jedoch die Veränderung der zweiten Summanden mit „einer mehr immer" beschreibt, deutet sie ausschließlich auf die Zahl sechs. Die Nachfrage der Lehrkraft scheint sie zu verunsichern, so dass die Lehrkraft zunächst bestätigt, dass die Aussage richtig ist. Mary formuliert dann eine Zahlbeziehung zwischen fünf und sechs und betrachtet diese jeweils aus beiden Richtungen (fünf ist einer weniger als sechs und sechs ist einer mehr als fünf). Ähnlich beschreibt sie auch die Relation der Summen. Bei der Formulierung fällt auf, dass sie keine kausale Beziehung vom sich verändernden Summanden zur Summe zieht, sondern die Strukturen zwischen den Zahlenpaaren betrachtet.

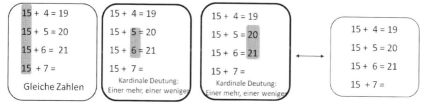

Abbildung 8.15: Marys Deutungen zur operativen Serie

Bei der Bearbeitung der Aufgabenkarten in der Partnerarbeit scheint Mary sowohl zählende Strategien zu benutzen, als auch Aufgaben mental zu bestimmen oder abzuleiten. Zählendes Rechnen ist deutlich zu erkennen als sie die Aufgabenkarten B bearbeitet (vgl. Abb. 8.16). Hier kreuzt sie zunächst die Aufgabe 10+7 als leichteste Aufgabe an und notiert sofort das Ergebnis 17. Dann löst sie von unten nach oben die drei verwandten Aufgaben, tippt dabei mit den Fingern auf dem Tisch und scheint die Ergebnisse abzuzählen. Bei der Bearbeitung der Karte A schaut Mary immer wieder längere Zeit auf die Punktfelder, so dass nicht ausgeschlossen werden kann, dass sie die Aufgaben durch Zählen am Punktfeld löst, jedoch geben die Bewegungen des Körpers keine weitere Indizien. Möglich ist natürlich auch, dass sie die Struktur des Feldes nutzt, was längere Zeit brauchen könnte, da sie die Aufgaben nicht zunächst im Feld dargestellt hat.

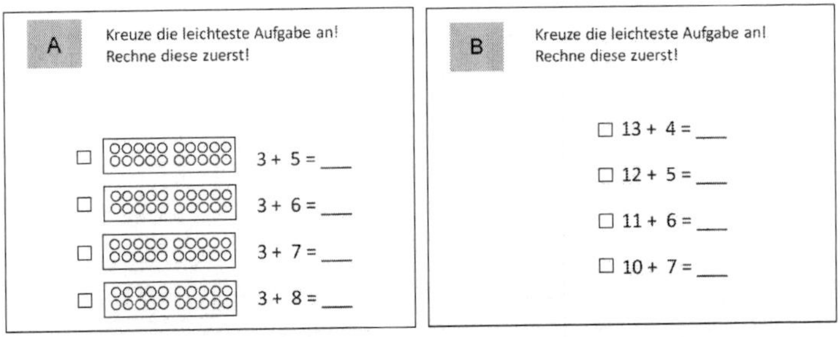

Abbildung 8.16: Karten A & B zu verwandten Additionsaufgaben

Beim Finden von eigenen Aufgabenserien hat Mary zunächst Schwierigkeiten. Dies kann auch darin begründet sein, dass sie mit in der Arbeitsphase mit der Aufgabenkarte D beginnt, ohne zuvor die vorgegebenen Serien A und B gelöst zu haben.

Hier notiert sie zunächst als verwandte Aufgabe zur vorgegebenen und bereits gelösten Aufgabe 19+1=20 die Tauschaufgabe 1+19=20. Sie greift also auf die Kommutativität als bekannte Beziehung zwischen Additionsaufgaben zurück. Dies hilft ihr im Weiteren nicht, die beiden noch fehlenden Aufgaben zu bestimmen. Als die Lehrkraft zum Tisch der beiden Mädchen kommt und Marys Bearbeitung sieht, macht sie deutlich, was hier mit Bezug auf den vorhergegangenen Baustein als „verwandte Aufgaben" zu verstehen sei, nämlich „plus eins, minus eins oder eins umdrehen". Ohne dass Marys Bearbeitung gewürdigt wird, entwickeln die Lehrkraft und Pia eine alternative Weiterführung des Musters, welche von Mary notiert wird (19+1, 19+2, 19+3, 19+4), also wie im Einstiegsbeispiel das Konstantbleiben des ersten Summanden und die Veränderung des zweiten Summanden um plus eins. In dieser Art und Weise führt Mary dann auch das Muster zur Karte C weiter (vgl. Abb. 8.17).

Bei der Lösung der selbst gefundenen Aufgaben auf dieser Karte ist kein zählendes Rechnen zu beobachten. Dies kann mehrere Gründe haben. Zum einen enthalten die entwickelten Aufgaben den ersten Summanden fünf und können deshalb möglicherweise leicht am Punktfeld abgelesen werden, auch wenn keine Darstellung eingezeichnet ist. Zudem kann es sein, dass durch das eigene Finden der verwandten Aufgaben Mary die Struktur bewusst ist und sie diese beim Lösen nutzt. Möglich ist auch, dass die neben dem Tisch stehende Lehrkraft allein durch die Anwesenheit zumindest offensichtliches zählendes Rechnen verhindert. Da jedoch keine Nachfrage über die Strategie erfolgt, bleibt unklar, ob und inwiefern Mary die Struktur genutzt hat.

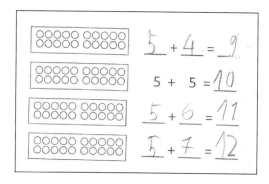

Abbildung 8.17: Marys Bearbeitung der Karte C

Bei der Lösung der selbst gefundenen Aufgaben auf dieser Karte ist kein zählendes Rechnen zu beobachten. Dies kann mehrere Gründe haben. Zum einen enthalten die entwickelten Aufgaben den ersten Summanden fünf und können deshalb möglicherweise leicht am Punktfeld abgelesen werden, auch wenn keine Darstellung eingezeichnet ist. Zudem kann es sein, dass durch das eigene Finden der verwandten Aufgaben Mary die Struktur bewusst ist und sie diese beim Lösen nutzt. Möglich ist auch, dass die neben dem Tisch stehende Lehrkraft allein durch die Anwesenheit zumindest offensichtliches zählendes Rechnen verhindert. Da jedoch keine Nachfrage über die Strategie erfolgt, bleibt unklar, ob und inwiefern Mary die Struktur genutzt hat.

Nach der Bearbeitung der Karten werden die Schülerinnen nicht zum Vergleich der Aufgabenkarten aufgefordert. Die eigentliche kooperative Phase wird von Mary und Pia nicht durchgeführt.

Mary zeigt in der Reflexionsphase, dass sie auch dann eine Aufgabenserie fortführen kann, wenn nicht der zweite, sondern der erste Summand verändert wird und findet zur schon notierten Aufgabenfolge 6+9=15, 7+9=16, 8+9=17 die weitere Aufgabe 9+9=18.

Zusammenfassung der Deutungen im Kontext der Ablösung vom zählenden Rechnen

Bei der Bearbeitung der Aufgabenserien wird deutlich, dass Mary in der Lage ist Zahlbeziehungen zu nutzen, um operative Aufgabenserien zu beschreiben, weiterzuführen und selbst zu erstellen. Sie nutzt die Zahlbeziehung möglicherweise im Einstieg, geht jedoch in der Arbeitsphase eher isoliert vor. Hier zeigt sich, dass durch die Fokussierung auf Zahlbeziehungen im Einstieg und die starke Lenkung in Bezug auf die Fortführung der Muster vor allem die Struktur: „der Summand erhöht sich um je einen" gestärkt wird. Dabei werden Wirkungen dieser operativen Veränderung ebenso wenig expliziert wie alternative Muster oder Zusammenhänge zwischen Mustern besprochen werden.

Ähnlich geringen Stellenwert wie das Erkennen neuer Strukturen hat das Nutzen von Strukturen. Im Einstieg verbleiben Mary und die Lehrkraft bei der Thematisierung von Zahlbeziehungen. In der Arbeitsphase wird bei der Bearbeitung der Aufgabenfolge gemäß der Konstanz der Summe deutlich, dass hier die Zahlbeziehungen nicht ausreichen um die Struktur der Aufgabenserie zu durchschauen. Möglicherweise nutzt Mary deshalb wieder zählendes Vorgehen. Es kann auch sein, dass allein die Darstellung einer Aufgabe als Zahlensatz eng mit zählenden Strategien verknüpft ist, so dass es die Anwesenheit der Lehrkraft braucht, um diese zu unterdrücken und die Aufgaben auf andere Art und Weise zu lösen. Dies gelingt auch und zeigt, dass Mary zählende Strategien nicht nur anwendet, weil sie die Aufgaben sonst nicht lösen kann, sondern vielleicht auch, weil sie es so gewohnt ist.

Analysefokus	Rekonstruierte Kompetenzen und Deutungen
Anzahlerfassung	
Zahlbeziehung	Zahlbeziehungen (einer mehr, einer weniger) und Identitäten werden formuliert
Operationsvorstellung	Übersetzungen ins Punktfeld werden nicht vorgenommen
Kernaufgaben	Aufgaben mit Summand 10; Verdopplungsaufgaben, Aufgaben mit Summand 1 sind verfügbar
Rechenstrategien	Mix aus zählendem Vorgehen, Ableiten, Nutzen der Kommutativität und Abrufen
Aufgabenbeziehung	Beziehungen zwischen Aufgaben als Beziehungen zwischen Zahlen fokussiert

Die Analyse der Episoden macht deutlich, dass bei einer verkürzt durchgeführten Einheit ohne expliziten Auftrag zur Kooperation und Interaktion, die Schülerinnen und Schüler für sich die Aufgaben rechnen. Der Schwerpunkt liegt auf dem Rechnen und nicht auf dem Erkennen und Nutzen von Strukturen – auch wenn es sich dabei um operative Serien handelt. Sowohl das Erkennen der

Strukturen als auch das *Erkennen des Nutzens der Strukturen* ist ohne interaktiven Austausch über den Gegenstand erschwert. Die Bearbeitung von operativen Aufgabenserien allein führt demnach nicht zu einer Ablösung vom zählenden Rechnen und scheint auch kein genügender Anreiz zu sein, alternative Strategien zum Zählen zu verwenden. Ein reines Finden der richtigen passenden Aufgaben oder gar nur richtigen Ergebnisse sagt folglich nichts darüber aus, wie vorgegangen wurde und welche Beziehungen genutzt wurden.

Didaktische Anmerkungen zu dieser Stunde

Da Mary und Pia beide längere Zeit für die Bearbeitung der Karten benötigt haben, erhalten sie in dieser Stunde keine Möglichkeit mehr zum Vergleich. Deshalb können keine Angaben darüber gemacht werden, inwiefern Mary und Pia Strukturen beim Vergleich der analogen Karten erkannt und formuliert hätten. Im Hinblick auf die Durchführung der Förderbausteine ist dies kritisch zu sehen, da hier die Chance auf eine Deutung einer alternativen oder neu erkannten Struktur verloren geht.

8.3.3 Baustein IXb: Verwandte Subtraktionsaufgaben

Der Baustein 18 wurde bereits ausführlich in Kap. 7 vorgestellt und analysiert, deshalb soll hier eine Konzentration auf die von Mary gezeigten Kompetenzen sowie die erkannten und genutzten Strukturen erfolgen.

Im Einstieg zum Baustein wird jeweils ein Aufgabenpaar im Zwanzigerraum ($16 - 6 =$, $16 - 7 =$) und ein analoges Aufgabenpaar im Hunderterraum ($36 - 6 =$, $36 - 7 =$) an die Tafel geschrieben. Die Kinder sollen die Aufgaben lösen und erläutern, inwiefern die »einfache« Subtraktionsaufgabe[19] genutzt werden kann, um das Ergebnis der schwierigeren Aufgaben zu bestimmen. Im Vorfeld der folgenden Szene ist die einfache Aufgabe $16 - 6 = 10$ bereits gelöst und mit der transparenten Abdeckfolie am Punktfeld an der Tafel dargestellt worden. Mary wird nun aufgerufen, um die Aufgabe $16 - 7$ zu lösen.

Lehrkraft	Muss man da rechnen, wenn ja, wie kann man das Ergebnis rauskriegen.
Mary	Das (*zeigt auf Subtrahend 6*) ist ja einer weniger als der hier (*zeigt auf Subtrahend 7*)
Lehrkraft	Und dann?
Mary	Deshalb sind das hier neun (*zeigt auf Platz für Ergebnis der Aufgaben 16 – 7*) und das wieder einer mehr (*zeigt auf 10*).

[19] »Einfache« Subtraktionsaufgaben sind Gegenstand des Bausteins IXa. Hier wird explizit erarbeitet, welche Aufgaben aus welchem Grund als »einfach« betrachtet werden können.

Parallel zur Einstiegsszene des Bausteins 16 »verwandte Additionsaufgabe« löst und erläutert Mary im Einstieg die verwandte Aufgabe. Wieder stehen Zahlbeziehungen im Mittelpunkt der Betrachtung. Mary fokussiert auf die Relation zwischen den Subtrahenden und überträgt die Beziehung auf die Differenz. Durch die Zeigegeste und den Verweis zunächst auf die untere Differenz ist wahrscheinlich der Lehrkraft nicht deutlich, inwieweit Mary implizit aussagen will, dass die Beziehung der Subtrahenden sich umgekehrt zu den Differenzen verhält. An dieser Stelle wird jedoch weder noch einmal nachgefragt, noch die Beziehung am Punktfeld mit der Folie expliziert.

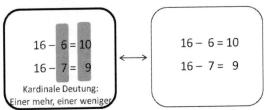

Abbildung 8.18:   Marys Deutung von verwandten Subtraktionsaufgaben im Einstieg

Wie bereits in Kap. 7 bei der Detailanalyse der verwandten Subtraktionsaufgaben aufgezeigt, ist es gerade bei den Subtraktionsaufgaben jedoch von fundamentaler Bedeutung, die Operation mit zu berücksichtigen und sich am Punktefeld zu verdeutlichen wie sich die Differenz verringern wird, wenn sich der Subtrahend erhöht.

In der Arbeitsphase erhält Mary durch einen Fehler beim Austeilen der Aufgabenkarten die Aufgabenkarten im Hunderterraum, während Pia die Karten für den Zwanzigerraum bekommt (vgl. 7.2).

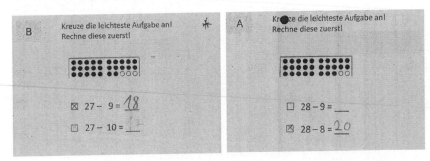

Abbildung 8.19: Verwandte Subtraktionsaufgaben (Karten A & B) bearbeitet von Mary

Mary beginnt mit der Bearbeitung der Karte B und löst rückwärts zählend die oberste Aufgabe. Bevor sie mit der Lösung der zweiten Aufgabe beginnt, sagt sie zu sich „einer weniger", notiert dann aber nicht ein entsprechendes Ergebnis, sondern löst die Aufgabe 27 – 10 = rückwärts zählend unter Benutzung der Finger. Anschließend beginnt sie mit der Aufgabekarte A. Bevor sie den Zählprozess startet, schaut sie auf die Aufgabenkarte B und scheint eine Beziehung zwischen den Aufgaben zu sehen (28 – 9 = und 27 – 9 =) und evtl. nutzen zu wollen. Doch dann beginnt sie mit dem Zählprozess, wird jedoch in ihrem Zählprozess von der Lehrkraft unterbrochen. Diese weist sie darauf hin, immer mit der leichtesten Aufgabe zu beginnen. Darauf löst Mary die Aufgaben 28 – 10 = 18 zählend unter Nutzung der Finger. Die Aufgabe 28 – 9 = bleibt unbearbeitet.

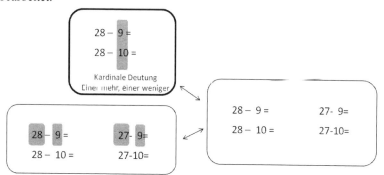

Abbildung 8.20: Deutungen von Mary bei der Bearbeitung der Aufgabenkarten

Obwohl Mary Beziehungen zwischen den Zahlen zu sehen scheint, greift sie bei allen Aufgaben auf zählende Strategien zurück. Sie leitet weder unter Ausnutzung der Zahlbeziehung ab, noch ruft sie zu den »einfachen« Subtraktionsaufgaben Ergebnisse ab. Während im Zwanzigerraum bei »einfachen« Additionsaufgaben ein Abrufen von Ergebnissen zu beobachten war, werden nun alle Aufgaben zählend und unabhängig voneinander gelöst. Die Kernaufgaben scheinen noch nicht verfügbar. Dies zeigt auch, dass sie anders als in Baustein XVIIIb nicht mit den »einfachen« Aufgaben beginnt, sondern mit den obersten Aufgaben. Zudem scheint sie den erkannten Zahlbeziehungen nicht zu vertrauen oder diese nicht sicher unter Berücksichtigung der Operation zum Ableiten nutzen zu können. Obwohl sie also Beziehungen sieht - im Einstieg, auf der Karte B und zwischen den Karten A und B sowie beim Finden passender einfacher Aufgaben auf den Karten C und D – greift sie zur Lösung der Aufgaben zunächst auf zählendes Rechnen zurück.

Auch zur Lösung der Aufgaben auf den Karten C und D nutzt sie das Rückwärtszählen, um die jeweils obere Aufgabe zu lösen (vgl. Abb. 8.21). Dann jedoch nutzt sie die Beziehung zwischen den Aufgaben 38 – 10 = 28 und 38 – 9 = , sagt: „Das ist dann einer weniger" und notiert 27 als Ergebnis von 38 – 9. Mary leitet hier aus der bearbeiteten Aufgabe das Ergebnis der zweiten Aufgabe ab. Möglicherweise ermüdet von den zählenden Prozessen, versucht sie den Rechenweg abzukürzen. Vielleicht hat sie auch bei den vorherigen Aufgaben und den richtig zählend gelösten Ergebnissen gemerkt, dass ihre Idee des Ableitens getragen hätte und traut sich nun, diese auch umzusetzen. Dies kann darauf hindeuten, dass Mary bei schwierigeren Aufgaben, die langwieriger zu bearbeiten sind, mehr Motivation hat, sich vom zählenden Rechnen zu lösen als bei den Additionsaufgaben im Zwanzigerraum. Deutlich wird jedoch auch, dass ein reines Erkennen und Nutzen von Zahlbeziehungen hier nicht ausreicht.

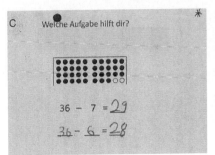 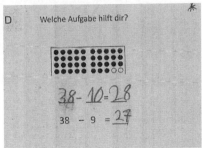

Abbildung 8.21:   Verwandte Subtraktionsaufgaben (Karten C & D) bearbeitet von Mary

Allerdings berücksichtigt sie die umkehrende Funktion der Subtraktion nicht und fokussiert allein auf die Zahlbeziehungen. Wie bereits bei der querschnittlichen Analyse aufgezeigt, ist es notwendig, dass Strukturen zwischen Aufgaben gesehen werden.

     Inwieweit Mary und Pia Beziehungen zwischen Aufgaben erkennen, bleibt unklar, da die Schülerinnen nicht zum Vergleich der Aufgabenkarten aufgefordert werden.

Zusammenfassung der Deutungen

Mary erkennt und formuliert Zahlbeziehungen zwischen den Subtraktionsaufgaben. Dabei bleibt auch in der Interaktion mit der Lehrkraft im Einstieg der Einfluss der Veränderung des Subtrahenden auf die Differenz unkommentiert. Weder sprachlich noch am Punktfeld wird das gegenseitige Verändern von Subtrahend und Differenz thematisiert. Entsprechend leitet Mary bei der Bearbeitung der Aufgabenkarten eine Aufgabe „gleichsinnig" aus der anderen ab. Zum großen Teil löst sie die Aufgaben rückwärts zählend – auch Aufgaben mit Subtrahend zehn, die im vorgehenden Baustein explizit als »einfache« Aufgaben besprochen wurden.

Analysefokus	Rekonstruierte Kompetenzen und Deutungen
Anzahlerfassung	
Zahlbeziehung	Zahlbeziehungen werden genutzt, um verwandte Aufgaben zu finden
Operationsvorstellung	Übersetzungen ins Punktfeld werden nicht vorgenommen
Kernaufgaben	»einfache« Subtraktionsaufgaben (– Einer, – 10) werden nicht abgerufen, sondern zählend gelöst
Rechenstrategien	Größtenteils zählendes Vorgehen, aber auch (falsche) Ableitung unter ausschließlicher Berücksichtigung der Zahlbeziehung
Aufgabenbeziehung	Aufgabenbeziehungen werden als Zahlbeziehungen fokussiert

Didaktische Anmerkungen zu dieser Stunde:

Da die Schülerinnen, zumindest im Vergleich zum anderen in dieser Klasse gefilmten Kinderpaar, längere Zeit benötigen, um die Aufgaben zu lösen, und diese Arbeitsphase auch nicht von der Lehrkraft unterbrochen wird, gibt es keine Gelegenheit zum Vergleich der analogen Aufgabenkarten mehr. Die Phase des kooperativen Lernens, die auf Erkennen und Beschreibung der Aufgabenbeziehungen angelegt ist, findet nicht statt. Es bleibt damit bei einer reinen Berechnung von Aufgaben, ohne dass die Kinder miteinander in Interaktion treten. Dies bedeutet auch, dass keine Deutungserweiterung durch alternative Vorgehensweise oder Ansichten der Partnerin Pia angestoßen werden kann. Marys zählende Vorgehensweisen und Ableitungsversuche bleiben somit unkommentiert und werden nicht durch andere Einsichten ergänzt.

8.3.4 Deutung zur Aufgabenbeziehung

In den analysierten Bausteinen liegt der Fokus einerseits auf dem Erarbeiten von Kernaufgaben mit Bezug auf strukturierte Darstellungen, andererseits auf dem Nutzen dieser Aufgaben – also auf der Anleitung zur Ableitung von Aufgaben.

Strukturierte Darstellungen werden zentral beim »Vermindern zum Zehner« benutzt und in den Einstiegs- und Reflexionsphasen zu den verwandten Aufgaben eingesetzt, wobei dies in den Fördereinheiten in Marys Klasse eher sparsam verwendet wird. Bei der Deutung der Darstellungen zeigt sich, dass Mary sicher in Zehner und Einer am Punktfeld unterscheiden kann und über diese Struktur die Anzahlen bestimmt. Ist sie nicht in der Lage, die Anzahl der Zeilen bzw. der Einerpunkte simultan zu erfassen, werden diese einzeln abgezählt, d.h. die Fünferstruktur wird nicht genutzt, um auch diese Anzahlen quasi-simultan zu erfassen. Alternative Deutungen wurden nicht beobachtet.

Anzahlerfassung

Abzählen von
Einzelelementen als
einzige Strategie

Struktur-fokussierende
Deutung von Anzahlen

In Hinblick auf die »einfachen« Aufgaben scheint es so zu sein, dass Mary für die Addition im Zwanzigerraum einfache Aufgaben erkennen und ihr Ergebnis abrufen kann. Inwieweit dies auf den bekannten Zahlenraum oder die Operation Addition zurückzuführen ist, kann an dieser Stelle nicht beantwortet werden, da die Subtraktionsaufgaben im Hunderterraum gestellt wurden und die Additionsaufgaben im Zwanzigerraum. Dies geht ausschließlich auf einen Irrtum beim Verteilen des Arbeitsmaterials zurück und beinhaltet keine konzeptionelle Überlegung.

Die Erarbeitung der »einfachen« Subtraktionsaufgaben umfasst die Bausteine »Vermindern zum Zehner« und »einfache Subtraktionsaufgaben«. Im letzteren werden die Aufgabentypen »minus 1«; »minus 10« und »minus Einer« thematisiert, dazu liegen jedoch keine Videoaufnahmen vor. Bei den Analysen zum »Vermindern zum Zehner« zeigte sich jedoch, dass Mary sich den Aufgabentyp am Material erarbeitete. Dass diese Aufgaben „einfach" sind, wurde von ihr noch nicht erkannt, entsprechend nutzte sie das Material um die Aufgaben darzustellen und die Ergebnisse abzulesen. Die Aufgaben scheinen zum Zeitpunkt der Durchführung des Bausteins »verwandte Subtraktionsaufgaben« nicht verinnerlicht worden zu sein und werden nicht abrufen. Dabei bleibt aufgrund des Designs der Studie ungewiss, inwieweit die Kernaufgaben im regulären Mathematikunterricht oder im Förderunterricht geübt wurden. Wenn – wie angenommen – die Förderung auf die Durchführung der Förderbausteine beschränkt blieb, sind keine weiteren Übungseinheiten durchgeführt worden.

Kernaufgaben

Zählendes
Rechnen bei
Kernaufgaben im
kleinen
Zahlenraum

Abrufen von
Kernaufgaben im
Zahlenraum bis 100

Im Rahmen der struktur-fokussierenden Deutungen festigt sich Marys Blick auf die Zahlbeziehungen. Obwohl in den Bausteinen zu verwandten Additions- und Subtraktionsaufgaben die eigentliche Phase des Erkennens und Verbalisierens der Strukturen nicht durchgeführt wurde, kann an Aussagen von Mary im Einstieg und Reflexion sowie anhand ihrer Kommentare während der Bearbeitung festgemacht werden, dass sie die Zahlbeziehung bei der Bearbeitung von Mustern erkennt. Sie deutet diese durchweg kardinal, scheint also auch einen Bezug zu den dahinterliegenden Anzahlen vorzunehmen und nicht – wie andere Kinder – ausschließlich das Muster der Folge der natürlichen Zahlen zu sehen. Allerdings bleibt ihre Deutung auf die Zahlbeziehung beschränkt.

Zahlbeziehungen

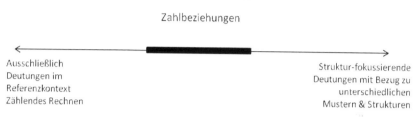

Ausschließlich
Deutungen im
Referenzkontext
Zählendes Rechnen

Struktur-fokussierende
Deutungen mit Bezug zu
unterschiedlichen
Mustern & Strukturen

Wenn allein Zahlbeziehungen betrachtet werden und keine Aufgabenbeziehung, kann das Ableiten von Aufgaben nur unter bestimmten Bedingungen erfolgreich sein. Diese zeigt sich auch bei Mary. In Situationen des Unterrichtsgesprächs und möglicherweise bei Additionsaufgaben scheint sie erfolgreich abzuleiten. In der Einzelarbeit greift sie jedoch auf zählende Vorgehensweisen zurück. Dies kann daran liegen, dass sie den Ableitungsstrategien nicht vertraut und zählendes Vorgehen zumindest im kleinen Zahlenraum sicher und schneller ist. Sowohl im Beisein der Lehrkraft also auch motiviert durch anstrengende Zählprozesse bei der Subtraktion zeigt sie von sich aus die Ableitungsideen.

Rechenstrategien

Zählendes
Rechnen als
einzige Strategie

Faktennutzendes
Lösen von Aufgaben

Die gegensinnige Wirkung der Subtraktion bei Veränderungen des Subtrahenden berücksichtigt sie nicht, dies wird allerdings auch weder im Einstieg noch in der Reflexion der Fördereinheit expliziert. Die Beziehung zwischen den Aufgaben, also die Thematisierung der Wirkung der Veränderung von Zahlen bei einer Operation wird bei der Durchführung der Förderung kaum thematisiert. Zudem erhalten Mary und Pia wenig Gelegenheit, in der Kooperation die Beziehung zwischen Aufgaben zu beschreiben. Ihre vorgenommen Deutungen verbleiben entsprechend auf der Ebene der Zahlbeziehungen.

Aufgabenbeziehungen

←■■■■■■■■■■■■■———————————————————→

Ausschließlich   Struktur-fokussierende
Deutungen im   Deutungen mit Bezug zu
Referenzkontext   unterschiedlichen
Zählendes Rechnen   Mustern & Strukturen

8.4   Zusammenfassende Charakterisierung der Entwicklung von Mary

Anhand der längsschnittlich betrachteten Deutungen der zählend rechnenden Schülerin Mary wurde untersucht, wie sich die Deutungen im Verlauf der Förderung zur Ablösung vom zählenden Rechnen ausdifferenzieren. Ziel der Analysen ist es einerseits, über die rekonstruierten Vorgehensweisen und Deutungen auf die Entwicklung zu schließen. Diese wird zunächst individuell für Mary dargestellt und dann im Beziehung gesetzt zu den anderen vier untersuchten zählend rechenden Kindern, zu denen keine ausführlichen Analysen darstellt werden. Weiter ist es wichtig, auch die noch weiter bestehenden Hürden auszumachen, die zu einer vollständigen Ablösung vom zählenden Rechen noch überwunden werden müssen.

Wie zu Beginn des Kapitels aufgezeigt, lässt sich eine Entwicklung nur in Bezug auf die Inhalte der Bausteine rekonstruieren (vgl. 8.1.1). Da während der ersten drei Bausteine die Beziehungen zwischen Zahlen im Mittelpunkt standen, können die struktur-fokussierende Deutungen zu Aufgaben nur anhand der letzten Bausteine analysiert werden. Ebenso wurde nicht in allen ausführlich analysierten Bausteinen mit Darstellungen und Anschauungsmitteln gearbeitet, so dass auch hier die Entwicklung nicht bis zum Ende der Förderung beschrieben werden kann. Einschränkend wirkt sich auch die unvollständige Durchführung der Förderbausteine »verwandte Additionsaufgaben« und »verwandte Subtraktionsaufgaben« aus. Da der kooperative Vergleich der Aufgabenkarten von Mary und ihre Partnerin Pia nicht durchgeführt wurde, können nur aufgrund der individuellen Bearbeitungen sowie auf dem Hintergrund von Marys Aktivitäten im Einstieg und in der Reflexion Aussagen über evtl. struktur-fokussierende Deutungen gemacht werden.

Entwicklungen

In diesem Rahmen können Entwicklungen von Mary aufgezeigt werden, in Bezug auf die strukturierte Anzahlerfassung, die verfügbaren (Kern)Aufgaben und in eingeschränktem Maße zum Erkennen und Nutzen von Zahl- und Aufgabenbeziehungen.

- *Strukturierte Anzahlerfassung*
Mary zeigte zu Beginn der Förderung, dass sie Mengen in linearer Darstellung bis einschließlich drei Elementen simultan erfassen und Würfelbilder abrufen kann. Im Verlauf der Förderung ist zu erkennen, dass sie zudem die Gliederung einer Punktmenge im Zwanziger- bzw. Hunderterpunktfeld in Zehnern und Einer kennt und bei der Anzahlerfassung nutzt sowie zum Erläutern der „gesehenen" Anzahl heranzieht.
Die Kraft der Fünf scheint sie von Beginn an wenig zu nutzen, so zeigte sich bei den Punktekarten mit Darstellung der Vielfachen von fünf, dass sie die fünf bis zur Lücke markierten Punkte nicht als „Fünferfaktenwissen" verfügbar hatte. Besonders auffällig ist dies, weil sie das Wissen um zehn Punkte in der Reihe als verfügbaren Fakt zur Verfügung hat. Auch wenn sie in der Fördereinheit IIIb »Kraft der Fünf« die Anzahl quasi-simultan erfasst, zeigt sich keine Anwendung dieses „Fünferfaktenwissens" bei der Erfassung größerer Anzahlen im Rahmen des Bausteins »Vermindern zum Zehner«. Die Aktivitäten zum Deutungen und Automatisieren von Darstellungen im Rahmen der Förderung scheinen nicht ausgereicht zu haben, um eine vollständige quasi-simultane Anzahlerfassung zu erreichen. Allerdings zählte Mary nicht in Einzelelementen, sondern gliederte die Punktemenge in Zehner und Einer und nutzte dies.

- *Verfügbarkeit von Kernaufgaben*
Während Mary im ersten Baustein nur das Ergebnis einer Aufgabe abrief, zeigte sie eine Woche später, dass sie im Rahmen des Zahlenhauses auf symbolischer Ebene Zerlegungsaufgaben abrufen oder anhand der Struktur ableiten kann. Möglicherweise hilft ihr bei den Zahlenhäusern das vertraute Aufgabenformat und die Struktur des »Aufzugs«. Für Letzteres spricht, dass Mary im Rahmen der Veränderung von Mengen, Aufgaben mit +/− 1 abrufen konnte.
Die Bearbeitung der ersten Bausteine zeigt bereits, dass Mary nur wenige Aufgaben im Zahlenraum bis 20 faktenmäßig verfügbar hat. Dazu gehören Verdopplungsaufgaben, Additionsaufgaben mit den Summanden eins und zehn und Subtraktionsaufgaben mit dem Subtrahend eins. Die Erarbeitung der einfachen Subtraktionsaufgaben im Hunderterraum zeigt deutlich, dass Mary in diesem Rahmen Verständnis für die Aufgabentypen aufbaute, aber die Aufgaben noch so neu waren, dass sie zumindest bei der individuellen Bearbeitung, dem Abrufen das zählenden Rechnen vorzog.

- *Erkennen und Nutzen von Zahl- und Aufgabenbeziehungen*
Beim Erkennen von Strukturen in arithmetischen Mustern wie »schönen Päckchen« oder geordneten »Zahlenhäusern« fokussierte Mary auf die Beziehung zwischen Zahlen. Ihre struktur-fokussierte Deutung ist dabei ei-

ne kardinale Interpretation der Zahlbeziehung, die sie als „einer mehr, einer weniger" beschreibt. Zahlen, die sich um eins veränderten, wurden von ihr in diesem Sinne rasch erkannt und sie nutzte diese Struktur, um Aufgabenserien weiterzuführen. Inwieweit sie andere Strukturen erkannt hat wie bspw. dekadische Analogien zwischen Aufgabenserien oder sich gegensinnige verändernde Zahlenfolgen, kann nur im Rahmen der Bearbeitung der Zahlenhäuser rekonstruiert werden (vgl. 8.3.2). In den Klassensituationen wurde noch deutlich, dass Mary nicht nur die Veränderung der Einer fokussierte, sondern auch Zahlbeziehungen innerhalb der analogen Aufgaben $18 - 8 = 10$ und $38 - 8 = 30$ wahrnahm, allerdings auf der empirisch konkreten Ebene. Dieses Vorgehen entspricht auch der Deutung im Rahmen der Zahlenhäuser.

Mary nutzte bei einigen operativ veränderten Aufgabenserien (zur Addition, zur Subtraktion und evtl. auch bereits bei den Zahlenhäusern) die Zahlbeziehungen, um Ergebnisse abzuleiten. Dabei scheinen ihre Motivation und ihre Kompetenz, Ableitungen zu nutzen und die Vertrautheit mit der Anwendung von zählenden Strategien miteinander zu konkurrieren. Während Mary bei Additionsaufgaben im Zwanzigerraum als auch bei der Subtraktion im Hunderterraum vorrangig zählenden Strategien verwendet, ist sie in der Klassensituation oder im Beisein der Lehrkraft auch in der Lage Beziehungen zu nutzen.

Kritische Stellen in der weiteren Ablösung vom zählenden Rechnen

Vergegenwärtig man sich die Aspekte, die zur Ablösung vom zählenden Rechnen zentral sind, wird deutlich, dass sich Mary auf dem Weg zur Ablösung befindet, auch wenn das Ziel noch nicht erreicht ist und weitere Begleitung nötig sein wird. Rechtsteiner-Merz (2014, S. 276) stellt in ihrer Studie zur Entwicklung flexiblen Rechnens heraus, dass Kinder, die neben zählenden Strategien beziehungsorientiert vorgehen, möglicherweise den Weg zum flexiblen Rechnen finden. Entscheidend sei, dass die Alternativen zum zählenden Rechnen nicht mechanisch, sondern beziehungsorientiert sind. Hier könnte Mary mit ihrem Fokus auf Zahlbeziehung auf einem guten Weg sein: Bereits von Beginn an scheint sie sowohl erste Einsichten in das Teile-Ganze-Konzept zu haben als auch bei der Anzahlerfassung über Alternativen zum ausschließenden Zählen von Einzelelementen zu verfügen. Zum Ende der Förderung zeigen sich die Motivation und erste Ansätze zum Ableiten sowie einige Aufgaben, die faktenmäßig abgerufen werden können.

Aufgrund der Analyse stellt sich die Frage, ob dem gestützten und dann auch automatisierend, *gestützten Üben von Kernaufgaben* (Wittmann, 1992b) mehr Zeit eingeräumt werden muss. Im Rahmen der Förderbausteine stand die Erarbeitung dieser Aufgaben im Vordergrund und die Lehrkräfte erhielten einige Anregungen zur Vertiefung, diese waren jedoch nicht als Baustein ausgearbeitet.

Es ist demnach offen, inwieweit also derartige Übungen durchgeführt wurden. Gerade bei den Aufgaben im neu erschlossenen Hunderterraum zeigt sich, dass der Erarbeitung, Vertiefung und Übung der Kernaufgaben eine bedeutende Rolle zukommt, damit diese nicht – wie jetzt bei Mary gesehen – zu schnell im Rahmen symbolischer Aufgabensätze mit Rückgriff auf zählende Strategien gelöst werden. Im Rahmen des Bausteins zum Vermindern zum Zehner zeigte sich deutlich, dass Mary die Ergebnisse an der Felddarstellung ablas, während Pia das Ergebnis notierter Aufgaben abrief.

Es bestätigt sich somit, dass die im Rahmen der Förderung konzipierten Lernumgebungen zum Aufbau eines Verständnisses von »einfachen« Aufgaben geeignet sind. Gleichzeitig zeigt sich, dass Mary noch weiterer Unterstützung und Anregung bedarf, die Aufgaben zu automatisieren. Hier war der Zeitraum für eine Automatisierung sowie die fehlende direkte Anleitung nicht ausreichend. Wie lange der Aufbau faktennutzender Strategien braucht, zeigte sich in der Untersuchung von Thornton (1990): In einer Kontrollgruppenstudie wurden Kinder eines ersten Schuljahres zur Nutzung von effizienten Subtraktionsstrategien mit dem Fokus auf Faktennutzen angeregt. In dem, verglichen mit der vorliegenden Untersuchung, deutlich längeren Förderzeitraum von bis zu einem Schuljahr erreichten 60 % der Kinder der Fördergruppe „a new developmental level" (Thornton, 1990, S. 261), d.h. auch hier konnte trotz signifikanter Effekte im Vergleich zur Kontrollgruppe (20% auf einem höheren Level) nicht für alle Kinder eine Entwicklung zum nicht-zählenden Rechnen beobachtet werden. Dabei muss berücksichtigt werden, dass die untersuchte Kohorte nicht ausschließlich aus leistungsschwachen Kindern bestand. Für verfestigt zählend rechnende Kinder ist deshalb innerhalb einiger Wochen keine Automatisierung von Fakten zu erwarten. Auch Baroody, Eiland und Thompson (1985) berichten, dass sie in ihrer Förderung von schwachen Vorschulkindern geplante Förderinhalte nicht thematisieren und damit auch Ziele nicht erreichen konnten, weil „participants started to become confused when these new topics were introduced before previous concepts and skills [...] werde consolidated (Baroody, Eiland, & Thompson, 2009, S. 119). An dieser Stelle soll nicht diskutiert werden, ob oder inwiefern Mathematiklernen als Lernen aufeinander aufbauender Fähigkeiten verstanden werden kann. Vielmehr soll unterstrichen werden, dass in einem Zeitraum von zehn Wochen, der sowohl in der Studie von Baroody und Kollegen als auch in der vorliegenden Untersuchung für die Förderung angesetzt wurde, für Kinder mit mathematischen Lernschwächen eine Zeitspanne ist, in der möglicherweise keine großen Veränderungen zu erwarten sind.

Das Erkennen und Verstehen von *Aufgabenbeziehungen* ist nicht nur für Mary weiterhin eine kritische Stelle (vgl. Kap. 7.3). Die Analysen zeigen, dass Mary die Struktur zwischen Aufgaben, im Sinne der Betrachtung der Wirkung von Veränderungen von Zahlen bei einer Operation, nicht erkannt hat. Während die Veränderung von Mengen zunehmend vorstellbar scheint, wird die Veränderung von Aufgaben bei Darstellungen im Zahlensatz auf die Veränderung von Zahlen reduziert (vgl. Kap. 7.3). Zudem steht die Beziehung zwischen Aufgaben auch nicht im Fokus der Explizierungen durch die Lehrkraft, sondern diese ist mit der Formulierung von Zahlbeziehungen zufrieden.

Eine weitere kritische Stelle scheint bei Mary in der Nutzung der *»Kraft der Fünf«* bei der strukturierten Anzahlerfassung zu liegen (Krauthausen, 1995). Während die Gliederung einer Punktemenge in Zehner und Einer bereits genutzt wurde, scheitert eine vollständige quasi-simultane Erfassung an der nicht vorgenommenen Bündelung von Einern oder Zehnern in simultan erfassbare Teilmengen. Diese muss noch überwunden werden, damit Anzahlen komplett quasi-simultan erfasst werden können.

Vergleich zu anderen zählend rechnenden Kindern

Im Rahmen der vorliegenden Studie wurden neben Mary noch vier weitere zählend rechnende Kinder begleitet und deren Deutungen untersucht. Jedes dieser Kinder zeigte individuelle Entwicklungen; doch gleichzeitig konnten verbindende Entwicklungen ausgemacht werden:

Alle fünf Kinder zeigten im Verlauf der Förderung Alternativen zum zählenden Rechnen, wobei die Spanne von einem hauptsächlich faktennutzenden Vorgehen, also einem Abrufen oder Ableiten, bis zu einem sehr vereinzelten Nicht-Zählen reichte. Dabei wurden zählende Strategien häufig dann beobachtet, wenn die Kinder in einer (scheinbar unbeobachteten) Arbeitsphase mit Aufgaben in Form eines klassischen Zahlensatzes konfrontiert wurden.

Vier der fünf Kinder zeigten sich entwickelnde Kompetenzen bei der strukturierten Anzahlerfassung, während ein Mädchen auch zum Ende der Förderung Anzahlen fast ausschließlich über das Zählen von Einzelelementen bestimmte. Möglicherweise wurde in dieser Klasse außerhalb der Förderung im Rahmen der vorliegenden Untersuchung ein zählender Umgang bei der Anzahlbestimmung toleriert oder gar forciert, da das Partnerkind bei der Anzahlbestimmung auch zählend vorging.

Die Kinder fokussierten zunehmend Strukturen, wobei sich diese auf Beziehungen zwischen Zahlen beschränkten und daneben oft Identitäten oder formale „Strukturen" in den Blick genommen wurden. Wie oben aufgezeigt, scheint die struktur-fokussierende Deutung von Aufgabenbeziehungen für viele Kinder des zweiten Schuljahres, also nicht nur für die verfestigt zählend rechnenden Kinder, eine Herausforderung zu sein. Zudem bedurfte die Identifzierung einer Deutung von Beziehungen der Interaktion der Kinder über die vorliegenden Muster, d.h. zum einen war Voraussetzung, dass die Förderbausteine komplett durchgeführt wurden, was aus unterschiedlichen Gründen nicht immer der Fall war (vgl. 8.2). Zum anderen konnte eine struktur-fokussierende Deutung von Zahlen oder Aufgaben nur dann als solche erkannt werden, wenn die Kinder diese in ihrer Kooperation auch verbalisierten. Für Kinderpaare im ersten Halbjahr des zweiten Schuljahres, die häufig im Rahmen der Förderung zum ersten Mal auf diese Weise über Mathematik sprechen sollten, möglicherweise eine Hürde.

Bei allen zählend rechnenden Kindern und deren Partnerkindern zeigte sich, dass die Darstellung von Aufgaben am Rechenstrich eine zusätzliche Hürde bedeutet. Alle Klassen schienen wenig oder gar nicht mit dieser Darstellung zu arbeiten, so dass die Kinder, auch wenn eine Einführungsstunde „zwischengeschaltet" wurde, vor allem mit dem Verstehen der Darstellung der Aufgaben beschäftigt waren, so dass die Darstellung der Ableitung bzw. Zerlegung von Aufgaben nicht im Fokus der Aufmerksamkeit stand. Hier wurde deutlich, dass die Einführung einer neuen Anschauung immer auch ein neuer Lernstoff ist (Wittmann, 1993).

9 Zusammenfassung und Diskussion der Ergebnisse

In der vorliegenden Arbeit wurden der Gegenstand des zählenden Rechnens und die Ablösung vom zählenden Rechnen theoretisch, konstruktiv und rekonstruktiv betrachtet. Die zentralen Erkenntnisse aus den unterschiedlichen Betrachtungsebenen werden in diesem Kapitel zunächst getrennt voneinander zusammengefasst und dann übergreifend im Hinblick auf die gewonnenen Erkenntnisse und die daraus zu ziehenden Folgerungen diskutiert.

Theoretische Überlegungen

In der mathematischen Entwicklung von Kindern spielt das Zählen eine zentrale Rolle. Vielfältige Studien zeigen, dass mathematisches Verständnis bis zum Grundschulalter durch die Entwicklung der Kompetenzen Zählen, Anzahlbestimmung, Teile-Ganzes-Konzept sowie Strukturerkennung geprägt ist (vgl. 2.1.1). Dabei konnte durch die Diskussion der Forschungslage herausgestellt werden, dass diese in einem wechselseitigen Entwicklungsprozess erworben werden und nicht trennscharf voneinander abzugrenzen sind: Die Entwicklung numerischer Kompetenzen und die Fähigkeit zur Strukturierung stehen in enger Verbindung zueinander, d.h. bei der Entwicklung mathematischer Kompetenzen sind nicht allein numerische Aspekte ausschlaggebend, wie z. B. das Zählen in Schritten, sondern diese sind eng verbunden mit der Fähigkeit Strukturen in und zwischen mathematischen Zeichen und Symbolen zu sehen (vgl. Kap. 2.1.1). Ergebnisse zahlreicher empirischer Untersuchungen zeigen auf (vgl. 2.1.2 & 2.1.3), dass die im Verlauf der Vor- und Grundschulzeit entwicklungsgemäß zunächst vorherrschenden Lösungsstrategien des Alles- und Weiterzählens zunehmend zugunsten von faktennutzenden Strategien wie Abrufen und Ableiten aufgegeben werden. Wie die Analyse der aktuellen Forschungslage zeigt, kann Ableiten dabei sowohl aufgrund eines eher intuitiven Sehens einer Struktur und eines bewussten Nutzens derselben vorgenommen werden. Bei der Entwicklung mathematischer Kompetenzen spielt somit der Blick auf mathematische Muster und Strukturen eine zentrale Rolle.

Diejenigen Kinder, die sich nicht vom zählenden Rechnen lösen, sondern bei denen zählende Lösungsstrategien sich als vorrangige Strategie verfestigten, zeigen in unterschiedlichen Bereichen Schwierigkeiten beim Mathematiklernen. Empirische Studien belegen eine Korrelation zwischen zählendem Rechnen und schwachen Mathematikleistungen, wobei sich dieser Zusammenhang am deutlichsten im Grundschulalter zeigt und dann abnimmt (vgl. 2.2.2). Auch inhaltlich besteht ein enger Zusammenhang zwischen verfestigtem zählenden Rechnen, einseitigem Zahl- und Stellenwertverständnis sowie eingeschränktem Ope-

rationsverständnis (vgl. 2.2.1). In der Konsequenz muss die Ablösung vom zählenden Rechnen als kritische Stelle beim Mathematiklernen aufgefasst werden
und eine Ablösung für alle Kinder angestrebt werden. Tragfähige Zahl- und
Operationsvorstellungen scheinen der Schlüssel für eine Entwicklung alternativer Deutungen zu zählenden Strategien zu sein und stehen deshalb im Mittelpunkt der Förderung. Dabei geht es darum eine Sicht auf Relationen zwischen
Zahlen und Aufgaben einzunehmen, also die Strukturen zu fokussieren und zu
erkennen, so dass diese dann beim Rechnen genutzt werden können (vgl. 2.3 &
5.1).

    Als zentrales Ergebnis der mathematikdidaktischen Analysen zur Ablösung
vom zählenden Rechnen kann herausgestellt werden, dass weder Ziele noch
Inhalte „besondere" Ziele für eine „besondere" Zielgruppe sind, sondern es
findet eine Fokussierung auf diejenigen Grundkompetenzen statt, die zählend
rechnende Kinder nicht oder nicht in ausreichendem Maße erworben haben.
Eine Förderung mit dem Ziel der Ablösung vom zählenden Rechnen muss also
auf die Kompetenzen abzielen, auf die es beim Mathematiklernen grundsätzlich
entscheidend ankommt: auf das *Erkennen und Nutzen von Strukturen*.

    Um Kinder zum Erkennen von Strukturen anzuregen, ist insbesondere ein
Mathematikunterricht geeignet, der eine Deutung mathematischer Zeichen fordert. Dazu sind für Kinder im Grundschulalter insbesondere Interaktionssituati-
onen geeignet, in denen aufkommende oder initiierte Differenzen als Auslöser
für fundamentale Wissensprozesse genutzt werden können (vgl. 3.2). Aufgrund
der Forschungsergebnisse zum kooperativen (mathematischen) Lernen (vgl. 3.1)
scheinen sich formale Kooperationssettings zu eignen, d.h. kooperative Methoden, die die Art und Weise der Zusammenarbeit methodisch strukturieren, so
dass alle Kinder sich einbringen können und gemeinsam die Verantwortung für
die Lernergebnisse tragen. Dieses methodische Vorgehen sollte begleitet werden
von Aufgabenformaten, die inhaltlich reichhaltige und unterschiedliche mathematischen Deutungen in Bezug auf Zahlen und Operationen anregen, damit
»produktive Irritationen« (Nührenbörger & Schwarzkopf, 2013b) entstehen
können.

Konstruktives Forschungsinteresse

Aufbauend auf theoretischen Ausführungen zur Bedeutung von Kooperation
und Interaktion beim Lernen von Mathematik wurde die Annahme generiert,
dass eine unterrichtsintegrierte, kooperativ angelegte Förderung bezogen auf
spezifische Inhalte zu einer Ablösung vom zählenden Rechnen führen kann. Im
Rahmen dieser Arbeit wurde der Frage nachgegangen, wie Lernumgebungen für
eine unterrichtsintegrierte, kooperativ ausgerichtete Förderung konzipiert werden können, so dass

    ■ zählend rechnende Kinder zentrale Kompetenzen erwerben und zu-
       gleich leistungsstärkere Kinder weiterführende Ziele erreichen.

- kooperierende Kinder zu Deutungen angeregt und produktive Deutungsdifferenzen in der Interaktion initiiert werden.

Die für die Förderung entwickelten Bausteine greifen die empirischen Erkenntnisse auf, dass formales kooperatives Lernen wirksam ist und in der Interaktion neues mathematisches Wissen entwickelt werden kann (vgl. Kap. 3). Bei der Entwicklung der Lernumgebungen wurden inhaltliche Analysen des Lerngegenstandes im Sinne des Spiralprinzips, mathematikdidaktisch einschlägige Konzeptionen zur Differenzierung wie »natürliche Differenzierung« und »Parallelisierung« mit Methoden kooperativen Lernens verknüpft. Ergebnisse des Konstruktionsprozesses sind 20 Lernumgebungen, die durch ein gegenseitiges Nutzbarmachen der Konzeptionen entstanden sind. Dabei wurden die zentralen didaktisch-methodischen Zugänge nicht additiv kombiniert, sondern so verknüpft, dass kooperierende Kinder z. B. durch die entwickelten Methoden »Wippe« und »Weggabelung« im Wechselspiel mit den diskursiven Aufgaben angeregt wurden, Deutungen vorzunehmen und zu besprechen (vgl. Kap. 5.1 & Kap. 7). Die am Spiralprinzip ausgerichteten und konsequent differenzierten, zentralen Inhalte zur Ablösung vom zählenden Rechnen ermöglichen den verfestigten zählend rechnenden Kindern eine Auseinandersetzung mit kritischen Stellen ihres Lernprozesses, während zugleich leistungsstärkere Kinder durch strukturfokussierende Deutungen ihre Einsichten zu Beziehungen zwischen Zahlen, Operationen und Aufgaben vertiefen, verallgemeinern und versprachlichen konnten.

Die Design-Prinzipien der Lernumgebungen sind geeignet, unterrichtsintegrierte Förderbausteine mit dem Fokus auf der Ablösung vom zählenden Rechnen zu kreieren (vgl. Kap. 5.2 & 5.3). Auch über den Inhaltsschwerpunkt der Ablösung vom zählenden Rechnen hinaus sind sie verwendbar, um Lernumgebungen zu entwickeln, in denen ein gemeinsames Lernen von Kindern mit unterschiedlichen Kompetenzen in Kooperation miteinander möglich ist. Da Mathematiklernen im Spiegel von Inklusion zunehmend in heterogenen Gruppen erfolgt, liegen mit den Design-Prinzipien Leitideen vor, um zu unterschiedlichen Inhaltsbereichen Lernumgebungen für heterogene Gruppen zu entwickeln, mit denen zentrale mathematische Inhalte differenziert und doch gemeinsam behandelt werden können.

Rekonstruktives Forschungsinteresse

Empirische Studien im Kontext der Ablösung vom zählenden Rechnen erheben die Daten i.d.R. in Form von Tests oder Interviews zu Additions- und Subtraktionsaufgaben. In dieser Untersuchung wurden die Daten nicht begleitend oder überprüfend zur Förderung erhoben, sondern die unterrichtsintegrierte Förderung selbst wurde als Datensatz nutzbar gemacht. Dazu wurden fünf zählend rechnende Kinder und ihre Partnerkinder bei der Bearbeitung der Förderbaustei-

208 Zusammenfassung und Diskussion der Ergebnisse

ne videographiert und die Aufnahmen wurden transkribiert und interpretiert (vgl. 4.3.1). Vor der Durchführung der Studie war noch wenig darüber bekannt, wie zählend rechnende Kinder mathematische Muster und ihre Strukturen im Detail erkennen. Deshalb lag ein Schwerpunkt der vorliegenden Untersuchung auf der Analyse der (struktur-fokussierenden) Deutungen zählend rechnender Kinder. Im Mittelpunkt des Interesses stand die Frage, inwieweit sich die von zählend rechnenden Kindern vorgenommenen Deutungen von Zahlen auf die Referenzkontexte Zählen bzw. Anzahlen beziehen bzw. wie Operationen gedeutet und mit welchen Strategien diese bearbeitet werden. Über die Analyse individueller Deutungen hinaus wurde in einem abduktiven Prozess eine Theorie zur strukturfokussierenden Deutung bei der Ablösung vom zählenden Rechnen gebildet.

Der Blick auf das einzelne Kind erfordert die Analyse der Interaktion in der Kooperation der Kinder bzw. in den Gesprächen mit der Lehrkraft. Dabei wurde neben der Analyse der (struktur-fokussierenden) Deutungen auch in den Blick genommen, inwieweit die Aushandlung von Deutungen zu einer Erweiterung der Perspektiven bei den zählend rechnenden Kindern und ihrer Partner führt. Im Hinblick auf die aufgezeigten Chancen des kooperativen Lernens ermöglicht die Analyse der Kooperations- und Interaktionsprozesse zwischen zählend rechnenden Kindern und Kindern, die nicht-zählend rechnen, Erkenntnisse darüber, inwiefern ein Austausch für beide Seiten zu einer Erweiterung individueller Deutungen führt – ggf. zu einer (vertieften) strukturfokussierenden Sicht auch beim zählend rechnenden Kind.

Bei der Analyse standen somit folgende Fragestellungen im Fokus, deren zentrale Ergebnisse im Weiteren dargestellt und diskutiert werden sollen:

(1) Welche struktur-fokussierenden Deutungen nehmen Kinder ein und wie differenzieren sie diese im Laufe des Einsatzes der Unterrichtsbausteine aus?

(2) Inwiefern werden struktur-fokussierende Deutungen durch den Diskurs mit Mitschülern oder durch die Lehrkraft geprägt?

- *Anlässe für eine Deutungsaushandlung in der Kooperation*

Die analysierten Szenen zeigen, dass zählend rechnende Kinder in der kommunikativ-kooperativen Auseinandersetzung mit einem Partnerkind angeregt werden, Deutungen zu mathematischen Zeichen vorzunehmen. Durch das kooperative Setting erhalten zählend rechnende Kinder eine Anregung zur Aufmerksamkeitsfokussierung elementarer mathematischer Zusammenhänge. Dabei zeigen sich *die Tätigkeiten des Vergleichens und des Sortierens* als besonders *produktiv für die Deutungsaushandlung* – also die durch die formale Kooperation initiierten gemeinsamen Tätigkeiten (vgl. Kap. 6). Die didaktischmethodischen Überlegungen bei der Konstruktion der Lernumgebungen werden demnach durch die rekonstruierten Deutungen der Kinder bestätigt.

Doch auch informelle kooperative Settings können sich zu produktiven, kooperativen Lernsituationen entwickeln, vor allem wenn durch diese Situationen ein gemeinsamer, möglicherweise für die formale Kooperationssituation angedachter Blick auf Strukturen bereits vorwegnehmend eingenommen wird. Auch hierin zeigt sich die Güte der Aufgabenkonstruktion, da die Kinder bereits vor der formalen Phase der Kooperation über die struktur-analogen Aufgaben zu Deutungsdifferenzen kommen können. Es wird deutlich, dass die zählend rechnenden Kinder ebenso wie ihre Partner Ideen und eigene Deutung in die Interaktion einbringen und sie bereichern. Eine starre Rollenverteilung ist vor allem dann zu sehen, wenn gemeinsame Überlegungen notiert werden sollten. Hier zogen sich die leistungsschwächeren Kinder zurück, was natürlich auch dazu führt, dass eine Ausdifferenzierung der Überlegungen dann ggf. von dem Partnerkind allein vorgenommen wird.

- *(struktur-fokussierende) Deutungen zählend rechnender Kinder*

a) Zahlbeziehungen

Zählend rechnende Kinder nehmen im Diskurs mit ihren Partnerkindern Strukturen innerhalb mathematischer Aufgabenstellungen wahr. Dabei zeigen sich erwartungsgemäß viele Deutungen, die dem Referenzkontext des zählenden Rechnens zugeordnet werden können, bspw. wenn Beziehungen zwischen Zahlen im Sinne der Folge der natürlichen Zahlen gesehen werden, d.h. eine eher ordinale Deutung eingenommen wird (vgl. Kap. 7). Die Analysen machen jedoch auch deutlich, dass zählend rechnende Kinder eine *struktur-fokussierende Sicht auf Zahlen einnehmen, indem sie diese relational oder kardinal deuten.* Die Kinder interpretieren also Strukturen zwischen Zahlen als Beziehungen zwischen Anzahlen.

b) Aufgabenbeziehungen

Beziehungen zwischen Aufgaben werden auf die Beziehungen zwischen Zahlen reduziert. Mit Blick auf die Beziehung zwischen Aufgaben wird zwar die Veränderung von Zahlen betrachtet, aber ihre Wirkung auf die Objekte nicht explizit fokussiert. Beispielsweise wird im Sinne eines operativen Musters festgestellt, dass der Summand einerseits um eins erhöht wird und die Summe andererseits um eins erhöht wird. Dass die Erhöhung der Summe eine Folge der Veränderung des Summanden ist, wird nicht formuliert. Im Hinblick auf ein Lösen von Aufgaben durch Ableitung ist es jedoch entscheidend, die Wirkung einer Veränderung von Zahlen bei einer Operation zu betrachten. Nur dann kann von einer *struktur-fokussierenden Deutung von Aufgaben* gesprochen werden. Die Ergebnisse bestätigen damit die vorliegenden empirischen Befunde, dass leistungsschwächere Kinder bei der Deutung von mathematischen Strukturen

Schwierigkeiten zeigen (vgl. Kap. 2) und differenzieren diese gleichzeitig aus. Die Analysen machen deutlich, dass zählend rechnende Kinder struktur-fokussierende Deutungen vornehmen, allerdings mit Blick auf Zahlbeziehungen. Dies zeigt sich sowohl im querschnittlichen Blick als auch in der längsschnittlich angelegten Fallstudie.

Der Fokus auf Zahlbeziehungen ist nicht nur bei zählend rechnenden Kindern, sondern auch bei ihren Partnerkinder und den Lehrkräften zu beobachten. Während im Hinblick auf die leistungsschwächeren Kinder die Struktur-fokussierung auf die Zahlbeziehung nachvollziehbar scheint, trägt diese Erklärung mit Blick auf die leistungsstärkeren Partnerkinder nicht. Die struktur-fokussierende Deutung von Aufgabenbeziehung scheint somit für Kinder im zweiten Schuljahr insgesamt eine Herausforderung zu sein und einer intensiven Thematisierung zu bedürfen. Zum aktuellen Zeitpunkt können nur Vermutungen darüber angestellt werden, ob die konzipierten Lernumgebungen keine ausreichende Fokussierung auf die Veränderung zwischen Aufgaben gelegt haben oder im ersten Halbjahr des zweiten Schuljahres eine Sicht auf operative Zusammenhänge zwischen Aufgaben noch nicht zu erwarten ist und es sich bei der Fokussierung auf Zahlbeziehung um eine »proto-struktur-fokussierende Deutung« von Aufgabenbeziehungen handelt. Diese Fragen müssten in sich anschließenden Studien geprüft werden.

c) Identitäten

Beim Vergleich von arithmetischen Mustern liegt neben einer struktur-fokussierenden Deutung von Zahlen ein häufig erkennbarer Fokus auf Identitäten, d.h. auf gleichen Aufgaben, gleichen Zahlen und gleichen Ziffern. Dies entspricht den Ergebnissen anderer Studien (vgl. 7.3) und ist insofern interessant, da die Partnerkinder sich auf diese Deutung eines Musters im Rahmen einer klassischen Fragestellung wie z.B. „Vergleicht. Was fällt euch auf?" einließen und diese mit verfolgten. Die Sicht auf Identitäten scheint eine Deutung zu sein, die auch von leistungsstärkeren Kindern leicht wieder eingenommen werden kann, auch wenn sie möglicherweise (auch) eine struktur-fokussierende Deutung einnehmen könnten. Dazu benötigen sie aber ihrerseits eine Anregung oder bringen diese Deutung nicht ein, in der Annahme sich so (besser) mit ihrem zählend rechnenden Partnerkind verständigen zu können.

d) Nutzen von Strukturen / Rechenstrategien

Strukturen werden häufig genutzt, um neue Aufgaben bei einer Weiterführung eines Musters zu finden. Die Struktur wird somit erkannt und kann von den zählend rechnenden Kindern weitergeführt werden. Bei der Lösung dieser Aufgaben nutzen die Kinder jedoch die Zahlbeziehungen, was bei Additionsaufgaben zum Erfolg führt, bei Subtraktionsaufgaben jedoch nicht zwangsläufig. Das

Lösen der Aufgaben geschieht auch, ohne Bezug auf die verwandten, bereits gelösten Aufgaben zu nehmen. Der didaktischen Annahme, dass arithmetische Muster wie »Schöne Päckchen« zum Ableiten anregen (vgl. 2.3.1), wird von den Kindern nur zum Teil entsprochen. Selbst wenn die Muster unter Ausnutzung der Strukturen selbst erfunden werden, kann z. T. ein isoliertes Lösen von Aufgaben beobachtet werden. Hier scheint möglicherweise eine gezieltere Anregung zur Anleitung oder ein bewussteres Unterbrechen der automatisierend ablaufenden Verknüpfung von Zahlensätzen mit Zählprozeduren notwendig zu sein.

So lösen die Kinder im letzten Drittel der Förderung Aufgaben, welche in Form eines Zahlensatzes vorlagen und individuell gelöst werden sollten, auch durch zählendes Rechnen. Bei allen fünf begleiteten Kindern sind neben zählenden Strategien alternative Vorgehensweisen zu erkennen, die jedoch im Umfang stark differierten.

- *Fallbezogene Entwicklung und Ausdifferenzierung der Deutungen*

Auch wenn nicht alle Ziele der unterrichtsintegrierten Förderung zur Ablösung vom zählenden Rechnen bei allen Kindern erreicht wurden, lassen sich auf der *individuellen Ebene bei allen Kindern Entwicklungen* sehen. Analysiert wurden exemplarisch am „Fall Mary" die Art und Weise der Anzahlerfassung, die Verfügbarkeit von Kernaufgaben, die verwendeten Rechenstrategien sowie das Erkennen und Nutzen von Zahl- und Aufgabenbeziehungen.

Dabei wird deutlich, dass innerhalb der Förderung eine Entwicklung in Bezug auf die strukturierte Anzahlerfassung beobachtet werden konnte: Zunehmend werden dekadische Strukturen gesehen und genutzt. Dabei liegt der Fokus auf der Zerlegung in Zehner und Einer. Zu einer quasi-simultanen Anzahlerfassung ist es jedoch notwendig auch weitere Gliederungen vorzunehmen, z.B. gemäß der Kraft der Fünf. Diese scheint von vielen zählend rechnenden Kindern bei größeren Zahlen, insbesondere bei der Erweiterung zum Hunderterraum noch aufgebaut werden zu müssen und nicht als verlässliche und bekannte Struktur aus dem ersten Schuljahr bekannt zu sein.

In Bezug auf die Verfügbarkeit der Kernaufgaben können, bedingt durch das Design der vorliegenden qualitativen Studie, nur eingeschränkt Aussagen darüber gemacht werden, ob und inwiefern sich die Anzahl der als Faktenwissen verfügbaren Aufgaben im Rahmen der Förderung erhöht hat (vgl. 8.3). Sowohl bei Mary als auch bei den anderen zählend rechnenden Kindern zeigt sich, dass alle einige Kernaufgaben faktenmäßig verfügbar haben. Im Fall von Mary gehören Verdopplungsaufgaben, Additionsaufgaben im Zahlenraum bis zwanzig mit Summanden eins und zehn sowie Subtraktionsaufgaben mit Subtrahend eins dazu. Deutlich wird, dass zum Aufbau von Faktenwissen nach einer Phase des grundlegenden Verstehens am Material genügend Zeit gegeben werden muss, um diese Aufgaben gestützt zu üben. Ein zu schnelles Übersetzen auf die symbolische Ebene scheint dazu zu führen, dass auch »einfache« Aufgaben wie ZE – E zählend gelöst werden (vgl. 8.3). Die Analysen der Fallstudie stützen den aus der Forschung durch punktuelle Datenerhebungen bekannten Befund (vgl. Kap. 2.1.2), dass *unterschiedliche Strategien zur gleichen Zeit zum Lösen von Aufgaben benutzt* werden. Dabei scheinen sowohl das soziale Setting der Aufgabenbearbeitung (individuelles Lösen vs. Lösen im Klassenverband) als auch die Art und Weise der Aufgabenpräsentation (Darstellung als klassische Aufgabe vs. alternative Aufgabenpräsentation) die Lösungsstrategie zu beeinflussen. Dies zeigt das unterschiedliche Vorgehen der zählend rechnenden Kinder bei ein und demselben Baustein.

Bei der struktur-fokussierenden Deutung von Mustern stehen Beziehungen zwischen Zahlen im Vordergrund während Beziehungen zwischen Aufgaben nicht ausreichend erkannt und formuliert wurden. Die Fallstudie zeigt, wie Mary Zahlbeziehungen struktur-fokussierend als Beziehungen zwischen Zahlen kardinal interpretiert, diese beschreiben kann und die erkannten Strukturen weiterführt um bspw. operative Muster zu bilden. Diese beziehungsorientierten, struktur-fokussierenden Deutungen sind ein Hinweis darauf, dass erste Schritte zur Ablösung vom zählenden Rechnen stattgefunden haben (vgl. 8.3).

Darüber hinaus macht die Fallstudie deutlich, dass im Verlauf des Unterrichtsgeschehens nicht immer alle Elemente der Bausteine von allen Kinderpaaren bearbeitet wurden. Während in den ersten Förderbausteinen Mary und ihre Partnerin ausreichend Zeit und den klaren Auftrag hatten, auf die Muster zu schauen, verkürzte sich diese Phase im Verlauf der Förderung und fiel sogar aus. Dadurch hatte Mary in einigen Förderbausteinen kaum Gelegenheit von den Deutungen ihrer Mitschülerin zu profitieren und über die Aushandlungen von Differenzen ihre Sicht auf Zahlbeziehungen zu erweitern. Das Design der Studie spiegelt damit alltägliches Unterrichtshandeln. Gerade für leistungsschwächere Schülerinnen und Schüler ist jedoch zentral, dass sie auch bei einem evtl. langsamen Bearbeiten von Aufgabenstellungen zu Phasen des Austausches mit anderen kommen, da gerade hier das Potential für die individuelle Weiterentwicklung liegt.

Fazit und Ausblick

Zentrales Ergebnis der vorliegenden Studie ist, dass eine Förderung zur Ablösung vom zählenden Rechnen im regulären Mathematikunterricht erfolgen kann. Es konnte gezeigt werden, dass durch unterrichtsintegrierte, kooperativ angelegte Förderbausteine ein Erkennen und Nutzen von Strukturen initiiert werden kann, was wiederum eine Ablösung vom zählenden Rechnen begünstigt.

Dabei wurde deutlich, dass im Rahmen einer zehnwöchigen Förderung zu Beginn der zweiten Klasse *erste Entwicklungen einer Ablösung* rekonstruiert werden können, der *Ablöseprozess aber in dieser Zeit nicht abgeschlossen wird.* Studien zur Initiierung flexiblen Rechnens (Rechtsteiner-Merz, 2014) oder zur

Faktennutzung bei der Subtraktion (Thornton, 1990) umfassen einen deutlich längeren Förderzeitraum von bis zu einem Schuljahr. Während die Förderung im Rahmen des Projekts „Zusammenhänge erkennen und besprechen – Rechnen ohne Abzählen" in kurzer Zeit erste Ansätze bei den zählend rechnenden Kindern sichtbar macht, braucht es für eine tragfähige Verwendung derartiger Strategien eine intensivere Förderung.

Ob eine längere unterrichtsintegrierte Förderung zu einer Ablösung vom zählenden Rechnen für *alle* Schülerinnen und Schüler führt, kann nicht beantwortet werden und ist im Hinblick auf Thorntons Ergebnisse eher unwahrscheinlich. Sicherlich wird es immer Kinder geben, deren Schwierigkeiten so umfassend sind, dass eine zusätzliche Förderung in Kleingruppen oder Einzelsituationen hilfreich oder auch notwendig ist. Die Ergebnisse der vorliegenden Untersuchung sprechen jedoch dafür, dass eine Förderung der Ablösung vom zählenden Rechnen durch den Einsatz der entwickelten Förderbausteine angeregt werden kann. Zudem können diese bereits präventiv im ersten Schuljahr eingesetzt werden oder im Sinne einer »remedialen Strategie« (Wember, 2013, S. 386) genau dann, wenn in einem diagnosegeleiteten Unterricht auffällt, über welche Kompetenzen ein Kind nicht ausreichend verfügt.

Obwohl die unterrichtsintegrierte Förderung vor allem auf die verfestigt zählend rechnenden Kinder abzielt, zeigen die Analysen, dass die entwickelten Lernumgebungen auch für leistungsstärkere Kinder Anlässe zum vertieften Verstehen und Erkennen geben. Zu Beginn des zweiten Schuljahres weisen die differenzierten Aufgaben in den Lernumgebungen für die Partnerkinder ausreichend Potential auf, so dass geschlussfolgert werden kann, dass die unterrichtsintegrierte Förderung der Heterogenität der Kinder gerecht zu werden scheint. Vor allem die Aufgabenstellungen mit Fokus auf prozessbezogene Kompetenzen wie dem Erkennen und Verbalisieren von Gemeinsamkeiten und Unterschieden, dem Beschreiben von Mustern und Begründen von Passungen, waren für alle Kinder herausfordernd (Kap. 6).

Die kooperativ angelegten Bausteine sind geeignet, um strukturfokussierende Deutungen anzuregen. Dabei war es vor allem die Kombination aus kooperativer Methode und diskursiver Aufgabenstellung, die zum Erkennen und Verbalisieren von Strukturen zwischen Zahlen herausforderte. Parallel zu Erkenntnissen zum jahrgangsübergreifenden Unterricht (Nührenbörger, 2009) kann festgehalten werden, dass zählend rechnende Kinder gemeinsam mit anderen in kooperativen Lernsituationen über mathematische Aufgaben kommunizieren können. Wie auch bei Studien zum Aufbau flexibler Rechenkompetenzen (Rathgeb-Schnierer, 2010, S. 279) kommt der Interaktion eine zentrale Rolle zu.

Förderung der struktur-fokussierenden Deutungen

Struktur-fokussierende Deutungen zwischen Zahlen und zwischen Aufgaben anzuregen, muss zentrale Aufgabe des regulären Mathematikunterrichts sein.

Nicht nur für zählend rechnende Kinder ist eine Sicht auf mathematische Strukturen bei der Ablösung vom zählenden Rechnen zentral und steht somit zu Recht im Zentrum der Förderung. Darüber hinaus muss sie, wie im Lehrplan vorgesehen, den gesamten Mathematikunterricht als durchgängiges Prinzip bestimmen (*Richtlinien und Lehrpläne für die Grundschule in Nordrhein-Westfalen*, 2008).

Die struktur-fokussierende Sicht auf (An)Zahlen und auf Zahlbeziehungen kann mit den vorliegenden Lernumgebungen, wie aufgezeigt, gut angeregt werden. Zur Fokussierung von Aufgabenbeziehungen scheinen jedoch die Lernumgebungen verstärkter auf die *Veränderung von Aufgaben* zielen zu müssen. Dazu eignen sich »Schöne Päckchen« nur in eingeschränktem Maße, da hier in ein mathematisches Muster die Veränderung zunächst hineingesehen werden muss und diese dann mit der Operation in Verbindung gebracht werden muss. Alternativ ist Veränderung von Aufgaben durch konkrete oder mental vorgestellte Handlungen am Material im Sinne des operativen Prinzips (Häsel-Weide, 2014). Die Veränderung von Aufgaben sollte ihren Ausgangspunkt bei leichten Aufgaben nehmen die zu schwierigen verändert werden (Wittmann & Müller, 2012a, S. 55). Die Veränderung muss ausführlich am Material und an der Anschauung durchgeführt, verbalisiert und zunehmend mental vorgestellt werden. Dies wurde punktuell in Bausteinen der vorliegenden Studie umgesetzt (Baustein IIIb und VIIIa). Im Anschluss kann und sollte eine struktur-fokussierende Deutung von Aufgaben auch in Muster wie »Schöne Päckchen« hineingesehen werden.

Einsatz im inklusiven Mathematikunterricht

Im Hinblick auf einen inklusiven Mathematikunterricht können die entwickelten *Lernumgebungen als Beispiel für ein am Fach orientiertes, differenziertes und gemeinsames Lernen* dienen. Lernen „miteinander am gleichen Gegenstand auf verschiedenen Stufen" (Freudenthal, 1974, S. 166) könnte so initiiert werden. Dabei muss einschränkend gesagt werden, dass die entwickelten Lernumgebungen nicht im Sinne Feusers (2008) für Kinder aller Entwicklungsstufen Möglichkeiten zum Lernen bieten, sondern für eine Spanne von Kindern geeignet und konzipiert sind, die mindestens elementare Erfahrungen des Mathematikunterrichts aus dem ersten Schuljahr mitbringen und die Relationen zwischen Aufgaben im Hunderterraum noch nicht vollständig erschlossen haben (Häsel-Weide & Nührenbörger, 2013b). In der vorliegenden Studie zeigte die Durchführung im »Gemeinsamen Lernen«, dass Kinder mit sonderpädagogischem Förderbedarf im Lernen, die verfestigt zählten, mit den Bausteinen arbeiten können, während gleichzeitig andere leistungsstarke Kinder ebenfalls in den Lernumgebungen tätig sind. Voraussetzung dafür ist eine Nutzung der inhärenten Differenzierung. Ähnliche Konzeptionen werden für den inklusiven Mathematikunterricht für den Inhaltsbereich Multiplikation (Transchel, 2014; Transchel, Häsel-Weide, & Nührenbörger, 2013) sowie zu Dezimalzahlen

(Mosandl, 2013) und für die halbschriftliche Addition und Subtraktion entwickelt und erforscht (Pfister, Stöckli, Moser Opitz, & Pauli, 2015; Stöckli, Moser Opitz, Pfister, & Reusser, 2014).

Entwicklungsforschung im Feld

Die vorliegende Studie verbindet die Entwicklung von Lernumgebungen mit ihrer Erforschung im Feld. Sie ist damit der Entwicklungsforschung zuzuordnen, wobei kein iteratives Vorgehen im engeren Sinne (Prediger & Link, 2012), sondern ein eher klassisches Design im Sinne von Entwicklung, Erprobung und Erforschung im realen Unterricht erfolgte. Die Umsetzung der Lernumgebungen von Lehrkräften hatte zur Folge, dass nicht alle Planungen eins-zu-eins umgesetzt werden konnten, sondern die Lernumgebungen den alltäglichen Bedingungen von Unterricht angepasst wurden. Dies erscheint jedoch als Vorteil, da dadurch die „Nebenbedingungen" realen Unterrichts bei der Erforschung der Lernumgebungen einbezogen werden konnten. So zeigte z. B. die Fokussierung auf die Zahlbeziehung auch unter Beteiligung bzw. Moderation der Lehrkräfte am Unterrichtsgespräch, dass die (nur ansatzweise thematisierte) fokussierten Aufgabenbeziehungen auch dadurch mitbeeinflusst wurden, dass sich Lehrkräfte mit der Formulierung von Zahlbeziehungen zufrieden gaben. Diese für die Implementierung der Lernumgebungen und Fortbildung von Lehrkräften wichtige Erkenntnis hätte möglicherweise nicht gewonnen werden können, wenn der Unterricht von der Entwicklerin selbst durchgeführt worden wäre.

Weiterer Vorteil dieses Vorgehens ist, dass die entwickelten Lernumgebungen über einen ersten „Prototyp" (Gravemeijer, 2001, S. 159) hinausgehend bereits so weit entwickelt werden mussten, dass sie von Lehrkräften direkt durchgeführt werden konnten. Nach Einarbeitung der Rückmeldung der Lehrkräfte und unter Berücksichtigung der Forschungsergebnisse können die Lernumgebungen nun in der Praxis implementiert werden bzw. stehen für weitere Forschungsprojekte zur Verfügung. Im Rahmen der Gesamtstudie ZebrA (Zusammenhänge erkennen und besprechen – rechnen ohne Abzählen) versprechen die Ergebnisse der quantitativen Studie (Wittich et al., 2010) weiteren Aufschluss über die Wirksamkeit der Lernumgebungen und können dann triangulierend betrachtet werden. Damit stünden zu einem zentralen mathematikdidaktischen Themenfeld konstruktive Entwicklungsprodukte sowie qualitative und quantitative Forschungsergebnisse zur Verfügung.

10   Literaturverzeichnis

Aebli, H. (1985). Das operative Prinzip. *Mathematik lehren, 11*, 4-6.
Anders, K. & Oerter, A. (2009). *Forscherhefte und Mathematikkonferenzen in der Grundschule. Konzept und Unterrichtsbeispiele.* Seelze: vpm.
Andersson, U. (2010). Skill Development in Different Components of Arithmetic and Basis Cognitive Functions: Findings From a 3-Year Longitudinal Study of Children With Different Types of Learning Difficulties. *Journal of Educational Psychology, 102*(1), 115-134.
Ashcraft, M. H. (1982). The development of mental arithmetic. A chronometric approach. *Developmental Review, 2*, 213-236.
Baroody, A. J. (1983). The Development of Procedural Knowledge: An Alternative Explanation for Chronometric Trend of Mental Arithmetic. *Developmental Review, 3*, 225-230.
Baroody, A. J. (1985). Mastery of Basic Number Combinations: Internalization of Relationships or Facts? *Journal for Research in Mathematics Eduction, 16*(2), 83-98.
Baroody, A. J., Eiland, M. & Thompson, B. (2009). Fostering at-risk preschoolers' number sense. *Early Education and development, 20*(1), 80-128.
Baroody, A. J. & Ginsburg, H. P. (1986). The relationship between initial meaningful and mechanical knowledge of arithmetic. In J. Hiebert (Ed.), *Conceptual and procedural knowledge: the case of mathematics (S. 75-112).* Hillsdale: Lawrence Erlbaum.
Bartnitzky, H. (2012). Fördern heißt Teilhabe. In H. Bartnitzky, U. Hecker & M. Lassek (Eds.), *Individuell fördern – Kompetenzen stärken in der Eingangsstufe (Kl. 1 und 2). Heft 1. Fördern – warum, wer, wie, wann? (S. 6-36).* Frankfurt a. M.: Arbeitskreis Grundschule.
Beck, C. & Maier, H. (1993). Das Interview in der mathematikdidaktischen Forschung. *Journal für Mathematik-Didaktik, 14*, 147-179.
Beck, C. & Maier, H. (1994). Zu Methoden der Textinterpretation in der empirischen mathematikdidaktischen Forschung. In H. Maier & J. Voigt (Eds.), *Verstehen und Verständigung. Arbeiten zur interpretativen Unterrichtsforschung (S. 43-76).* Köln: Aulis.
Bettencourt de, L. U., Putnam, R. T. & Leinhardt, G. (1993). Learning Disabled Students' Unterstanding of Derived Fact Strategies in Addition and Subtraction. *Focus on Learning Problems in Mathematics, 4*, 27-43.
Bikner-Ahsbahs, A. (2003). Empirisch begründete Idealtypenbildung. Ein methodisches Prinzip zur Theoriekonstruktion in der interpretativen mathematikdidaktischen Forschung. *ZDM, 35*(5), 208-222.
Boaler, J. (2002). *Experiencing school mathematics. Traditional and reform approaches to teaching and their impact on student learning (rev. and exp. edition).* Mahwah: Lawrence.

Boaler, J. (2008). Promoting 'relational equity' and high mathematics achievement through an innovative mixed ability approach. *British Educational Research Journal, 34*(2), 167-194.

Brandt, B. (2009). Kollektives Problemlösen – eine partizipationstheoretische Perspektive. *Beiträge zum Mathematikunterricht.*

Brandt, B. & Höck, G. (2011). Brandt, B. und G. Höck (2012): Mathematical Joint Construction at Elementary Grade – A Reconstruction of Collaborative Problem Solving in Dyads. *Proceedings of CERME 7. Rzeszów, Polen (09.-13.02.2011).*

Brandt, B. & Krummheuer, K. (2000). Das Prinzip der Komparation im Rahmen der Interpretativen Unterrichtsforschung in der Mathematikdidaktik. *Journal für Mathematik-Didaktik, 3/4,* 193-226.

Brandt, B. & Nührenbörger, M. (2009). Kinder im Gespräch über Mathematik. Kommunikation und Kooperation im Mathematikunterricht. *Die Grundschulzeitschrift, 222.223,* 28-33.

Brandt, B. & Tatsis, K. (2009). Using Goffman's concepts to explore collaborative interaction processes in elementary school mathematics. *Research in Mathematics Education, 11*(1), 39-55.

Bryant, D. P., Bryant, B. R., Gersten, R., Scammacca, N. & Chavez, M. M. (2008). Mathematics Intervention for First- and Second-Grade Students with Mathematics Difficulties. *Remedial and special education, 29*(1), 20-32.

Büchter, A. (2011). Funktionales Denken entwickeln – von der Grundschule bis zum Abitur. In A. S. Steinweg (Ed.), *Medien und Materialien. Tagungsband des AK Grundschule in der GDM 2011(S. 9-24).* Bamberg: University of Bamberg Press.

Carpenter, T. P. & Moser, J. M. (1982). The Development of Addition and Subtraction Problem-Solving Skills. In T. P. Carpenter, J. M. Moser & T. A. Romberg (Eds.), *Addition and Subtraction: A Cognitive Perspective.* Hillsdale: Lawrence.

Carpenter, T. P. & Moser, J. M. (1984). The acquisition of addition and subtraction concepts in grades one through three. *Journal for Research in Mathematics Education, 3,* 179-202.

Clarke, B., Clarke, D., Grüßing, M. & Peter-Koop, A. (2008). Mathematische Kompetenzen von Grundschulkindern. Ergebnisse eines Ländervergleichs zwischen Australien und Deutschland. *Journal für Mathematik-Didaktik, 29*(3/4), 259-286.

Dekker, R. & Elshout-Mohr, M. (1998). A process model for interaction and mathematical level raising. *Educational Studies in Mathematics, 36,* 303-314.

Dekker, R. & Elshout-Mohr, M. (2004). Teacher intervention aimed at mathematic level raising during collaborative learning. *Educational Studies in Mathematics, 56,* 36-65.

Dekker, R., Elshout-Mohr, M. & Wood, T. (2006). How children regulate their own collaborative learning. *Educational Studies in Mathematics, 62,* 57-70.

den Bos, I. F.-v., van der Ven, S. H. G., Kroesbergen, E. H. & van Luit, J. E. H. (2013). Working memory and mathematics in primary school children. A meta-analysis. *Educational Research Reviews, 10,* 29-44.

Desoete, A., Ceulemans, A., Roeyers, H. & Huylebroek, A. (2009). Subitizing or couting as possible screening variables for learning disabitlities in mathematics education or learning. *Educational Research Reviews, 4*, 55-66.

Dörfler, W. (1986). Zur Entwicklung mathematischer Operationen aus konkreten Handlungen. *Beiträge zum Mathematikunterricht*, 88-91.

Dowker, A. (2001). Numeracy recovery: A pilot scheme for early intervention with young children with numeracy difficulties. *Support for Learning, 16*, 6-10.

Dowker, A. (2008). Numeracy recovery with children with arithmetical difficulties. In A. Dowker (Ed.), *Mathematical Difficulties: Psychology and Intervention (S. 182-202)*. Amsterdam: Elservier.

Eckstein, B. (2011). *Mit 10 Fingern zum Zahlverständnis. Optimale Förderung für 4-8 Jährige*. Göttingen: Vandenhoeck & Rupprecht.

Ehlert, A., Fritz, A., Arndt, D. & Leutner, D. (2013). Arithmetische Basiskompetenzen von Schülerinnen und Schülern in den Klassen 5 bis 7 der Sekundarstufe. *Journal für Mathematik-Didaktik, 34*(2), 237-263.

Ennemoser, M. (2010). Training mathematischer Basiskompetenzen als unterrichtsintegrierte Maßnahme in Vorklassen. *Empirische Pädagogik, 24*(4), 336-352.

Ennemoser, M. & Krajewski, K. (2007). Effekte der Förderung des Teil-Ganzes-Verständnisses bei Erstklässlern mit schwachen Mathematikleistungen. *VHN, 76*, 228-240.

Feuser, G. (2008). Lernen am „gemeinsamen Gegenstand". In K. Aregger & E. M. Waibel (Eds.), *Entwicklung der Person durch offenen Unterricht. Das Kind im Mittelpunkt: Nachhaltiges Lernen durch Persönlichkeitserziehung (S. 151-165)*. Augsburg: Brigg.

Fischer, B. (2011). Untersuchung der Blicksteuerung und der Mengenerfassung bei Lernproblemen. *Heilpädagogische Forschung, 2*, 83-90.

Flick, U. (2012). *Qualitative Sozialforschung. Eine Einführung (5. Aufl.)*. Reinbeck: Rowohlt.

Freesemann, O. (2014). *Schwache Rechnerinnen und Rechner fördern. Eine Interventionsstudie an Haupt,- Gesamt- und Förderschulen*. Wiesbaden: Springer Spektrum.

Freudenthal, H. (1974). Die Stufen im Lernprozeß und die heterogene Lerngruppe im Hinblick auf die Middenschool. *Neue Sammlung, 14*, 161-172.

Fritz, A. & Ricken, G. (2009). Grundlagen des Förderkonzepts „Kalkulie". In A. Fritz, G. Ricken & S. Schmidt (Eds.), *Handbuch Rechenschwäche (2. Aufl., S. 374-395)*. Weinheim: Beltz.

Fritz, A., Ricken, G. & Gerlach, M. (2007). *Kalkulie. Diagnose- und Trainingsprogramm für rechenschwache Kinder. Handreichungen zur Durchführung der Diagnose*. Berlin: Cornelsen.

Fuchs, L. S., Compton, D. L., Fuchs, D., Paulsen, K., Bryant, J. B. & Hamlett, C. L. (2005). The Prevention, Identification, and Cognitive Determinants of Math Difficulty. *Journal for Educational Psychology, 97*(3), 493-513.

Führer, L. (2004). Fehler als Orientierungshilfe. *Mathematik lehren, 125*, 4-8.

Fuson, K. C. (1988). *Children's counting and concepts of number*. New York: Springer.

Fuson, K. C. (1992a). Relationship between counting and cardinality from age 2 to age 8. In J. Bideuad, C. Meljac & J.-P. Fischer (Eds.), *Pathways to number. Children's developing numerical abilities (S. 127-149)*. Hillsdale: Erlbaum.

Fuson, K. C. (1992b). Research on learning and teaching addition and subtraction of whole numbers. In G. Leinhardt, R. Putnam & H. R. A. (Eds.), *Analysis of arithmetic for mathematics teaching (S. 53-187)*. Hillsdale: Lawrence Erlbaum Associates.

Gaidoschik, M. (2009a). Didaktogene Faktoren bei der Verfestigung des „zählenden Rechnens". In A. Fritz, G. Ricken & S. Schmidt (Eds.), *Handbuch Rechenschwäche (2. Auflage, S. 166-180)*. Weinheim: Beltz.

Gaidoschik, M. (2009b). *Rechenschwäche verstehen – Kinder gezielt fördern. Ein Leitfaden für die Unterrrichtspraxis (3. Aufl.)*. Buxtehude: Persen.

Gaidoschik, M. (2010). *Wie Kinder rechnen lernen – oder auch nicht. Eine empirische Studie zur Entwicklung von Rechenstrategien im ersten Schuljahr.* Frankfurt a. M: Peter Lang.

Galperin, P. J. (1979). Die geistige Handlung als Grundlage für die Bildung von Gedanken und Vorstellungen. In P. J. Galperin & A. N. Leontjew (Eds.), *Probleme der Lerntheorie (5. Aufl., S. 29-42)*. Berlin: Volk und Wissen.

Geary, D. C., Brown, S. C. & Samaranayke, V. A. (1991). Cognitive Addition: A Short Longitudinal Study of Strategy Choice and Speed-of-Processing Differences in Normal and Mathematically Disabled Children. *Developmental Psychology, 27*(3), 787-797.

Geary, D. C., Hoard, M. K., Nugent, L. & Bailey, D. H. (2012). Mathematical Cognition Deficits in Children With Learning Disablilities and Persistent Low Achievement: A Five-Year Prospective Study. *Journal for Educational Psychology, 104*(1), 206-223.

Gellert, A. & Steinbring, H. (2012). Dispute in Mathematical Classroom Discourse – "No go" or Chance for Fundamental Learning? *Orbis scholae, 6*(2), 103-118.

Gellert, A. & Steinbring, H. (2013). Students constructing meaning for the number line in small-group discussions: negotiation of essential epistemological issues of visual representations. *ZDM, 46*, 15-27.

Gellmann, C. R. & Gallistel, C. R. (1978). *The Child's Understanding of Numbers.* Cambridge: Harvard University Press.

Gerlach, M., Fritz, A., Ricken, G. & Schmidt, S. (2007). *Trainingsprogramm Kalkulie. Diagnose- und -Trainingsprogramm für rechenschwache Kinder. Baustein 1.* Berlin: Cornelsen.

Gersten, R., Chard, D. J., Jayanthi, M., Baker, S. K., Morphy, P. & Flojo, J. (2009). Mathematics instruction for students with learning disabilities. A meta-analyses of instructional components. *Review of Educational Reseach, 79*(3), 1201-1242.

Gerster, H.-D. (1996). Vom Fingerrechnen zum Kopfrechnen – Methodische Schritte aus der Sackgasse des zählenden Rechnens. In G. Eberle & R. Kornmann (Eds.), *Lernschwierigkeiten und Vermittlungsprobleme im Mathematikunterricht an Grund- und Sonderschulen. Möglichkeiten der Vermeidung und Überwindung (S. 137-162)*. Weinheim: Deutscher Studien Verlag.

Gerster, H.-D. (2009). Schwierigkeiten bei der Entwicklung arithmetischer Konzepte im Zahlenraum bis 100. In A. Fritz, G. Ricken & S. Schmidt (Eds.), *Handbuch Rechenschwäche (2. Auflage, S. 248-268)*. Weinheim Beltz.

Gerster, H.-D. & Schultz, R. (2004). Schwierigkeiten beim Erwerb mathematischer Konzepte im Anfangsunterricht. Bericht zum Forschungsprojekt Rechenschwäche –

Erkennen, Beheben, Vorbeugen. http://nbn-resolving.de/urn:nbn:de:bsz: frei129-opus-161.

Gester, H.-D. (2013). Anschaulich rechnen – im Kopf, halbschriftlich, schriftlich. In M. von Aster & J. H. Lorenz (Eds.), *Rechenstörungen bei Kindern. Neurowissenschaft, Psychologie, Pädagogik (2. überarb. und erw. Aufl.) (S. 195-229).* Göttingen: Vandenhoeck & Ruprecht.

Gillies, R. M. & Ashman, A. F. (2000). The Effects of Cooperative Learning on Students with Learning Difficulties in the Lower Elementary School. *The Journal of specials education, 34*(3), 19-27.

Ginsburg-Block, M. D., Rohrbeck, C. A. & Fantuzzo, J. W. (2006). A Meta-Analytic Review of Social, Self-Concept, and Behavioral Outcomes of Peer-Assisted Learning. *Journal of Educational Psychology, 98*(4), 732-749.

Goos, M., Galbraith, P. & Renshaw, P. (1996). When does Student Talk Become Collaborative Mathematical Discussion? In P. C. Clarkson (Ed.), *Technology in mathematics education (S. 237-244).*

Götze, D. (2007). *Mathematische Gespräche unter Kindern. Zum Einfluss sozialer Interaktion von Grundschulkindern beim Lösen komplexer Aufgaben.* Hildesheim: Franzbecker.

Götze, D. & Meyer, M. (2010). Vielfalt und Mehrdeutigkeit im Mathematikunterricht. *PM, 36*, 1-8.

Gravemeijer, K. (2001). Fostering a dialectic relation between theory and practice. In J. Anghileri (Ed.), *Principles and practices in arithmetic teaching. Innovative approaches for the primary classroom (S. 147-161).* Philadelphia: Open University Press.

Gravemeijer, K. & Cobb, P. (2006). Design research from the learning design perspective (S. 45-85). In K. van den Akker, K. Gravemeijer, S. McKenney & N. Nieveen (Eds.), *Educational Design research: The design, development and evaluation of programs, processes and products.* London: Routledge.

Gray, E., Pitta, D. & Tall, D. (1999). Objects, actions and images: a perspective on early number development. *Journal of Mathematical Behavior, 18*(4), 1-19.

Gray, E. M. (1991). An analysis of diverging approaches to simple arithmetic: Preference and its consequences. *Educational Studies in Mathematics, 22*, 551-574.

Green, N. & Green, K. (2007). *Kooperatives Lernen im Klassenraum und im Kollegium. Das Trainingsbuch.* Seelze-Velber: Kallmeyer.

Groen, G. J. & Parkman, J. M. (1972). A chronometric analyses of simple addition. *Psychological Review, 79*, 329-343.

Grube, D. & Barth, U. (2004). Rechenleistung bei Grundschülern. Zur Rolle von Arbeitsgedächtnis und basalem Faktenwissen. *Zeitschrift für Pädagogische Psychologie, 18*(3/4), 245-248.

Grünke, M. (2006). Zur Effektivität von Fördermethoden bei Kindern und Jugendlichen mit Lernstörungen. Eine Synopse vorliegender Metaanalysen. *Kindheit und Entwicklung, 15 (4),* 239-254.

Hartkens, J. (2011). Reflexion durch Gespräche. Entwicklung einer Kommunikationskultur im Mathematikunterricht. *Grundschule, 11,* 20-23.

Häsel, U. (2001). *Sachaufgaben im Mathematikunterricht der Schule für Lernbehinderte. Theoretische Analyse und empirische Studien.* Hildesheim: Franzbecker.

Häsel-Weide, U. (2011). Einblick in unterrichtsintegrierte Förderprozesse zur Ablösung vom zählenden Rechnen. *Beiträge zum Mathematikunterricht*, 339-342.

Häsel-Weide, U. (2013a). Ablösung vom zählenden Rechnen: Struktur-fokussierende Deutungen am Beispiel von Subtraktionsaufgaben. *Journal für Mathematik-Didaktik, 34*(1), 21-52.

Häsel-Weide, U. (2013b). Strukturen in „schönen Päckchen". Eine kooperative Lernumgebung zur Ablösung vom zählenden Rechnen. *Grundschulunterricht Mathematik, 60*(1), 24-27.

Häsel-Weide, U. (2014). Additionsaufgaben verändern. *Die Grundschulzeitschrift, 28*(280), 42-45.

Häsel-Weide, U. & Nührenbörger, M. (2012). Fördern im Mathematikunterricht. In H. Bartnitzky, U. Hecker & M. Lassek (Eds.), *Individuell fördern – Kompetenzen stärken in der Eingangsstufe (Kl. 1 und 2). Heft 4*. Frankfurt a. M.: Arbeitskreis Grundschule e. V.

Häsel-Weide, U. & Nührenbörger, M. (2013a). Kritische Stellen in der mathematischen Lernentwicklung. *Grundschule aktuell, 122*, 8-11.

Häsel-Weide, U. & Nührenbörger, M. (2013b). Mathematiklernen im Spiegel von Heterogenität und Inklusion. *Mathematik differenziert, 2*, 6-8.

Häsel-Weide, U., Nührenbörger, M., Moser Opitz, E. & Wittich, C. (2014). *Ablösung vom zählenden Rechnen. Fördereinheiten für heterogene Lerngruppen (2. Aufl.)*. Seelze: Klett Kallmeyer.

Hasemann, K. & Gasteiger, H. (2014). *Anfangsunterricht Mathematik (3. überarb. u. erw. Aufl.)*. Heidelberg: Spektrum.

Hasselhorn, M., Mähler, C., Grube, D., Büttner, G. & Gold, A. (2010). Die Rolle von Gedächtnisdezifiten bei der Entstehung schulischer Lern- und Leistungsstörungen. In H.-P. Trolldenier, W. Lenhard & P. Marx (Eds.), *Brennpunkte der Gedächtnisforschung. Entwicklungs- und pädagogisch-psychologische Perspektiven (S. 247-262)*. Göttingen: Huber & Co.

Hecht, T., Sinner, D., Kuhl, J. & Ennemoser, M. (2011). Differenzielle Effekte eines Trainings der mathematischen Basiskompetenzen bei kognitiv schwachen Grundschülern und Schülern der Förderschule mit dem Schwerpunkt Lernen – Reanalyse zweier Studien. *Empirische Sonderpädagogik, 4*, 308-323.

Hess, K. (2012). *Kinder brauchen Strategien. Eine frühe Sicht auf mathematisches Verstehen*. Seelze: Klett Kallmeyer.

Hirt, U. & Wätli, B. (2008). *Lernumgebungen im Mathematikunterricht. Natürliche Differenzierung für Rechenschwache bis Hochbegabte*. Seelze: Klett Kallmeyer.

Jansen, P. (2004). *Basiskurs Mathematik. Ein Lehrgang zur Vermeidung und Überwindung der Rechenschwäche*. Heinsberg: Dieck.

Johnson, D. W., Johnson, R. T. & Holubec, E. (2005). *Kooperatives Lernen – kooperative Schule*. Mühlheim a.d. Ruhr: Verlag a.d. Ruhr.

Johnson, D. W., Johnson, R. T. & Stanne, M. B. (2000). Cooperative Learning Methods: A Meta-Analysis.

Jungwirth, H. (2003). Interpretative Forschung in der Mathematikdidaktik – ein Überblick über Irrgäste, Teizieher und Standvögel. *ZDM, 35*(5), 189-200.

Jungwirth, H., Steinbring, H., Voigt, J. & Wollring, B. (1994). Interpretative Unterrichtsforschung in der Lehrerbildung. In C. Beck & J. Voigt (Eds.), *Verstehen und*

Verständigung. Arbeiten zur interpretativen Unterrichtsforschung (S. 12-41). Köln: Aulis.

Kaufmann, S. & Wessolowski, S. (2006). *Rechenstörungen. Diagnose und Förderbausteine.* Seelze: Klett Kallmeyer.

Krajewski, K. & Ennemoser, M. (2010). Die Berücksichtigung begrenzter Arbeitsgedächtnisressourcen in Unterricht und Lernförderung. In H.-P. Trolldenier, W. Lenhard & P. Marx (Eds.), *Brennpunkte der Gedächtnisforschung. Entwicklungs- und pädagogisch-psychologische Perspektiven (S. 337-365).* Göttingen: Hogrefe.

Krajewski, K. & Ennemoser, M. (2013). Entwicklung und Diagnostik der Zahl-Größen-Verknüpfung zwischen 3 und 8 Jahren. In M. Hasselhorn, A. Heinze, W. Schneider & E. Trautwein (Eds.), *Diagnostik mathematischer Kompetenzen. Tests und Trends. Neue Folge. Band 11 (S. 41-65).* Göttingen: Hogrefe.

Krajewski, K., Nieding, G. & Schneider, W. (2008). Kurz- und langfristige Effekte mathematischer Frühförderung im Kindergarten durch das Programm „Mengen, zählen, Zahlen". *Zeitschrift für Entwicklungspsychologie und pädagogische Psychologie, 40 (3),* 135-146.

Krajewski, K., Renner, A., Nieding, G. & Schneider, W. (2008). Frühe Förderung von mathematischen Kompetenzen im Vorschulalter. *Zeitschrift für Erziehungswissenschaft, 11*(91-103).

Krajewski, K. & Schneider, W. (2006). Mathematische Vorläuferfertigkeiten im Vorschulalter und ihre Vorhersagekraft für die Mathematikleistungen bis zum Ende der Grundschulzeit. *Psychologie in Erziehung und Unterricht, 53,* 246-262.

Krämer-Kilic, I. K. (2001). Zur Bedeutung kooperativen Lernens in integrativen Klassen dargestellt an Hand eines Unterrichtsbeispiels. *Zeitschrift für Heilpädagogik, 1,* 22-27.

Krauthausen, G. (1995). Die „Kraft" der Fünf und das denkende Rechnen. In G. N. Müller & E. C. Wittmann (Eds.), *Mit Kindern rechnen.* Hannover: Beltz.

Krauthausen, G. & Scherer, P. (2007). *Einführung in die Mathematikdidaktik (3. Aufl.).* Heidelberg: Spektrum.

Krauthausen, G. & Scherer, P. (2010). Umgang mit Heterogenität. Natürliche Differenzierung im Mathematikunterricht der Grundschule. *Handreichungen des Programms SINUS an Grundschulen.*

Krauthausen, G. & Scherer, P. (2014). *Natürliche Differenzierung im Mathematikunterricht. Konzepte und Praxisbeispiele aus der Grundschule.* Seelze: Klett Kallmeyer.

Kroesbergen, E. & van Luit, J. (2003). Mathematics Interventions for Children with Special Educational Needs. *Remedial and special education, 24*(2), 97-114.

Krummheuer, G. & Naujok, N. (1999). *Grundlagen und Beispiele interpretativer Unterrichtsforschung.* Opladen: Leske & Buderich.

Krummheuer, G. & Voigt, J. (1991). Interaktionsanalysen im Mathematikunterricht – Ein Überblick über Bielefelder Arbeiten. In H. Maier & J. Voigt (Eds.), *Interpretative Unterrichtsforschung (S. 13-32).* Köln: Aulis.

Kuhn, D. (1995). Microgenetic study of change: What is it told us? *Psychological Science, 6*(3), 133-139.

Link, M. (2012). *Grundschulkinder beschreiben operative Zahlenmuster. Entwurf, Erprobung und Überarbeitung von Unterrichtsaktivitäten als ein Beispiel für Entwicklungsforschung.* Wiesbaden: Vieweg.

Lorenz, J. H. (1992). *Anschauung und Veranschaulichungsmittel im Mathematikunterricht.* Göttingen: Hogrefe.

Lorenz, J. H. (1996). Ursachen für gestörte mathematische Lernprozesse. In G. Eberle & R. Kormann (Eds.), *Lernschwierigkeiten und Vermittlungsprobleme im Mathematikunterricht an Grund- und Sonderschule. Möglichkeiten der Vermeidung und Überwindung (S. 19-36).* Weinheim: Deutscher Studien Verlag.

Lorenz, J. H. (2003a). *Lernschwache Rechner fördern.* Berlin: Cornelsen.

Lorenz, J. H. (2003b). Rechenschwäche – ein Problem der Schul- und Unterrichtsentwicklung. In M. Baum & H. Wielpütz (Eds.), *Mathematik in der Grundschule. Ein Arbeitsbuch (S. 103-119).* Seelze: Kallmeyer.

Lorenz, J. H. (2003c). Überblick über Theorien zur Entstehung und Entwicklung von Rechenschwächen. In A. Fritz, G. Ricken & S. Schmidt (Eds.), *Rechenschwäche. Lernwege, Schwierigkeiten und Hilfen bei Dyskalkulie (S. 144-162).* Weinheim: Beltz.

Lorenz, J. H. (2009a). Aspekte der Diagnose und Therapie einer Rechenschwäche – Überlegungen an einem Fallbeispiel. In A. Fritz, G. Ricken & S. Schmidt (Eds.), *Handbuch Rechenschwäche. Lernwege, Schwierigkeiten und Hilfen bei Dyskalkulie (S. 354-372).* Weinheim: Beltz.

Lorenz, J. H. (2009b). Zur Relevanz des Repräsentationswechsels für das Zahlenverständnis und erfolgreiche Rechenleistungen. In A. Fritz, G. Ricken & S. Schmidt (Eds.), *Handbuch Rechenschwäche (2. Auflage) (S. 230-247).* Weinheim: Beltz.

Lorenz, J. H. (2013). Grundlagen der Förderung und Therapie. Wege und Irrwege. In M. von Aster & J. H. Lorenz (Eds.), *Rechenstörungen bei Kindern. Neurowissenschaft, Psychologie, Pädagogik (2. überarb. und erweiter. Aufl.) (S. 181-193).* Göttingen: Vandenhoeck & Ruprecht.

Lorenz, J. H. & Radatz, H. (1993). *Handbuch des Förderns im Mathematikunterricht.* Hannover: Schroedel.

Lüken, M. (2010). Ohne „Struktursinn" kein erfolgreiches Mathematiklernen – Ergebnisse einer empirischen Studie zur Bedeutung von Mustern und Strukturen am Schulanfang. *Beiträge zum Mathematikunterricht,* 573-576.

Lüken, M. (2012). *Muster und Strukturen im mathematischen Anfangsunterricht. Grundlegung und empirische Forschung zum Struktursinn von Schulanfängern.* Münster: Waxmann.

Maier, H. & Beck, C. (2001). Zur Theoriebildung in der interpretativen mathematikdidaktischen Forschung. *Journal für Mathematik-Didaktik,* 22(1), 29-50.

Marx, A. & Wessel, J. (2010). Die Entwicklung des Operationsverständnisses bei der Subtraktion. *Grundschule Mathematik,* 25, 40-43.

Meyer, H. (1993). *Leitfaden zur Unterrichtsvorbereitung.* Frankfurt a. M.: Cornelsen.

Meyerhöfer, W. (2008). Vom Konstrukt der Rechenschwäche zum Konstrukt der nicht bearbeiteten stofflichen Hürden. *Beiträge zum Mathematikunterricht,* 601-604.

Meyerhöfer, W. (2009). Lob des Fingerrechnen. *Sache Wort Zahl,* 37(104), 42-47.

Meyerhöfer, W. (2011). Vom Konstrukt der Rechenschwäche zum Konstrukt der nicht bearbeiteten stofflichen Hürden. *Pädagogische Rundschau,* 65(4), 401-426.

Miller, M. (1986). *Kollektive Lernprozesse. Studien zur Grundlegung einer soziologischen Lerntheorie.* Frankfurt a.M.: Suhrkamp.

Miller, M. (2006). *Dissens. Zur Theorie diskursiven und systemischen Lernens.* Bielefeld: transcript.

Moog, W. (1993). Schwachstellen beim Addieren – eine Erhebung bei lernbehinderten Sonderschülern. *Zeitschrift für Heilpädagogik, 8,* 534-554.

Moog, W. (1995). Flexibilisierung von Zahlbegriffen und Zählhandlungen – Ein Übungsprogramm. *Heilpädagogische Forschung, 11*(3), 113-121.

Moog, W. & Schulz, A. (1997). Flexibilisierung von Zahlbegriffen und Zählhandlungen – Ein Übungsprogramm. *Heilpädagogische Forschung, 21,* 113-121.

Moog, W. & Schulz, A. (2005). *Zahlen begreifen. Diagnose und Förderung bei Kindern mit Rechenschwäche (mit Test- und Trainingsverfahren) (2. überarb. Aufl.).* Neuwied: Luchterhand.

Mosandl, C. (2013). Das Stellenwertverständnis am Ende der Grundschulzeit. Wie können rechenschwache Lernende gefördert werden? *Grundschule aktuell, 122,* 15-17.

Moser Opitz, E. (2008). *Zählen, Zahlbegriff, Rechnen. Theoretische Grundlagen und eine empirische Untersuchung zum mathematischen Erstunterricht in Sonderklassen (3. Aufl.).* Bern: Haupt.

Moser Opitz, E. (2013). *Rechenschwäche / Dyskalkulie. Theoretische Klärungen und empirische Studien an betroffenen Schülerinnen und Schülern (2. Aufl.).* Bern: Haupt.

Moser Opitz, E. & Ramseier, E. (2012). Rechenschwach oder nicht rechenschwach? Eine kritische Auseinandersetzung mit Diagnosekonzepten, Klassifikationssystemen und Diagnoseinstrumenten unter besonderer Berücksichtigung von älteren Schülerinnen und Schülern. *Lernen & Lernstörungen, 1*(2), 99-117.

Müller, G. N. & Wittmann, E. C. (1984). *Der Mathematikunterricht in der Primarstufe (3. neu bearb. Aufl.).* Braunschweig: Vieweg.

Mulligan, J. (2011). Towards understanding the origins of children's difficulties in mathematics learning. *Australian Journal of Learning Difficulties, 16*(1), 19-39.

Mulligan, J. (2013). Inspiring young children's mathematical thinking through pattern and structure. *Proceedings of SEMT 13. Tasks and tools in elementary mathematics. Prag (18.-23.08.2013),* 45-55.

Mulligan, J. & Mitchelmore, M. (2009). Awareness of Pattern and Structure in Early Mathematical Development. *Mathematics Education Research Journal, 21*(2), 33-49.

Mulligan, J., Mitchelmore, M., English, L. D. & Crevensten, N. (2013). Reconceptualizing early mathematics learning: The fundamental role of pattern and structure. In L. D. English (Ed.), *Reconceptualizing early mathematics learning (S. 47-68).* Dortrecht: Springer.

Naujok, N. (2000). *Schülerkooperation im Rahmen von Wochenplanunterricht. Analyse von Unterrichtsausschnitten aus der Grundschule.* Weinheim: Deutscher Studien Verlag.

Nührenbörger, M. (2009). Interaktive Konstruktionen mathematischen Wissens – Epistemologische Analysen zum Diskurs von Kindern im jahrgangsgemischten Anfangsunterricht. *Journal für Mathematik-Didaktik, 30*(2), 147-172.

Nührenbörger, M. (2010a). Differenzierung und Jahrgangsmischung. In C. Cottmann (Ed.), *Start in den Unterricht. Mathematik Anfangsunterricht (S. 13-17).* Seelze: Friedrich Verlag.

Nührenbörger, M. (2010b). Einsichtsvolles Mathematiklernen im Kontext von Heterogenität. In A. Lindmeier & S. Ufer (Eds.), *Beiträge zum Mathematikunterricht (S. 641-644).* Münster: WTM-Verlag.

Nührenbörger, M. & Bräuning, K. (2009). Teachers' reflections of their own mathematics teaching processes. An analytical tool for interpreting teachers` reflections. *ERME Proceedings (CERME 6, Lyon).*

Nührenbörger, M. & Pust, S. (2011). *Mit Unterschieden rechnen. Lernumgebungen und Materialien im differenzierten Anfangsunterricht Mathematik (2. Auflage).* Seelze: Kallmeyer.

Nührenbörger, M. & Schwarzkopf, R. (2010a). Die Entwicklung mathematischen Wissens in sozial-interaktiven Kontexten. In C. Böttinger, K. Bräuning, M. Nührenbörger, R. Schwarzkopf & E. Söbbeke (Eds.), *Mathematik im Denken der Kinder. Anregungen zur mathematikdidaktischen Reflexion (S. 73-81).* Seelze: Kallmeyer.

Nührenbörger, M. & Schwarzkopf, R. (2010b). Diskurse über mathematische Zusammenhänge. In C. Böttinger, K. Bräuning, M. Nührenbörger, R. Schwarzkopf & E. Söbbeke (Eds.), *Mathematik im Denken der Kinder. Anregungen zur mathematikdidaktischen Reflexion (S. 169-215).* Seelze: Klett Kallmeyer.

Nührenbörger, M. & Schwarzkopf, R. (2013a). Gleichheiten in operativen Übungen. Entdeckungen an Pluspfeilen. *Mathematik differenziert, 4*(1), 23-28.

Nührenbörger, M. & Schwarzkopf, R. (2013b). Gleichungen zwischen „Ausrechnen" und „Umrechnen". In G. Greefrath, F. Käpnick & M. Stein (Eds.), *Beiträge zum Mathematikunterricht. Vorträge auf der 47. Tagung für Didaktik der Mathematik vom 4. bis 8. März 2013 in Münster (S. 716-719).* Münster: WTM.

Nührenbörger, M. & Steinbring, H. (2009). Forms of mathematical interaction in different social settings: examples students´, teachers´and teacher-students´ communication about mathematics. *Journal of mathematics Teacher Education, 12 (2),* 111-132.

Nührenbörger, M. & Verboom, L. (2005). Eigenständig lernen – gemeinsam lernen. *Sinus Grundschule.*

Oehl, W. (1935). Psychologische Untersuchungen über Zahlendenken und Rechnen bei Schulanfängern. *Zeitschrift für angewandte Psychologie und Charakterkunde, 49,* 305-351.

Ostad, S. A. (1998). Developmental Differences in Solving Simple Arithmetic Word Problems and Simple Number-fact Problems: A Comparision of Mathematically Normal and Mathematically Disabled Children. *Mathematical Cognition, 4 (1),* 1-19.

Ostad, S. A. (2008). Children with and without Mathematics Difficulties. Aspect of Learner Characteristics in a Developmental Perspective. In A. Dowker (Ed.), *Mathematical Difficulties. Psychology and Intervention (S. 146-154).* Amsterdam: Elsevier.

Papic, M. M., Mulligan, J. & Mitchelmore, M. (2011). Assessing the development of preschoolers´ mathematical patterning. *Journal for Research in Mathematics Education, 42,* 237-268.

Peltenburg, M., van den Heuvel-Panhuizen, M. & Doig, B. (2009). Mathematical power of special-needs pupils: An ICT-based dynamic assessment format to reveal weak pupils'learning potential. *British Journal of Educational Technology, 40*(2), 273-284.

Peltenburg, M., van den Heuvel-Panhuizen, M. & Robitzsch, A. (2012). Special education students' use of indirect addition in solving subtraction problems up to 100 – A proof of the didactical potential of an ignored procedure. *Educational Studies in Mathematics, 79*(3), 351-369.

Peter-Koop, A., Grüßing, M. & Schmitman gen. Pothmann, A. (2008). Förderung mathematischer Vorläuferfähigkeiten: Befunde zur vorschulischen Identifizierung und Förderung von potenziellen Risikokindern in Bezug auf das schulische Mathematiklernen. *Empirische Pädagogik, 22*(2), 209-224.

Pfister, M., Stöckli, M., Moser Opitz, E. & Pauli, C. (2015). Inklusiven Mathematikunterricht erforschen: Herausforderungen und erste Ergebnisse aus einer Längsschnittstudie. *Unterrichtswissenschaft, 43*(1), 53-66.

Pijls, M., Dekker, R. & van Hout-Wolters, B. (2007). Reconstruction of a collaborative mathematical learning process. *Educational Studies in Mathematics, 65,* 309-329.

Prediger, S. & Link, M. (2012). Fachdidaktische Entwicklungsforschung – Ein lernprozessfokussierendes Forschungsprogramm mit Verschränkung fachdidaktischer Arbeitsbereiche. In H. Bayrhuber, U. Harms, B. Muszynski, B. Ralle, M. Rothgangel, L.-H. Schön, H. Vollmer & H.-G. Weigand (Eds.), *Formate Fachdidaktischer Forschung. Empirische Projekte – historische Analysen – theoretische Grundlegungen. Fachdidaktische Forschungen. Band 2 (S. 29-46).* Münster: Waxmann.

Prediger, S., Link, M., Hinz, R., Hussmann, S., Ralle, B. & Thiele, J. (2012). Lehr-Lernprozesse initiieren und erforschen. Fachdidaktische Entwicklungsforschung im Dortmunder Modell. *MNU, 65*(8), 452-457.

Prediger, S. & Scherres, C. (2012). Niveauangemessenheit von Arbeitsprozessen in selbstdifferenzierenden Lernumgebungen. Qualitative Fallstudie am Beispiel der Suche aller Würfelnetze. *Journal für Mathematik-Didaktik, 1*(33), 143-173.

Probst, H. & Waniek, D. (2003). Kommentar: Erste numerische Kenntnisse von Kindern und ihre didaktische Bedeutung. In A. Fritz, G. Ricken & S. Schmidt (Eds.), *Rechenschwäche. Lernwege, Schwierigkeiten und Hilfe bei Dyskalkulie (S. 65-79).* Weinheim: Beltz.

Radatz, H. (1980). *Fehleranalysen im Mathematikunterricht.* Braunschweig: Vieweg.

Radatz, H. (1991). Einige Beobachtungen bei rechenschwachen Grundschülern. In J. H. Lorenz (Ed.), *Störungen beim Mathematiklernen.* Köln: Aulis.

Radatz, H. & Schipper, W. (1983). *Handbuch für den Mathematikunterricht an Grundschulen.* Hannover: Schroedel.

Rathgeb-Schnierer, E. (2006). *Kinder auf dem Weg zum flexiblen Rechnen. Eine Untersuchung zur Entwicklung von Rechenwegen bei Grundschulkindern auf der Grundlage offener Lernangebote und eigenständiger Lösungsansätze.* Franzbecker.

Rathgeb-Schnierer, E. (2010). Entwicklung flexibler Rechenkompetenzen bei Grundschulkindern des 2. Schuljahres. *Journal für Mathematik-Didaktik, 31*(2), 257-284.

Rathgeb-Schnierer, E. & Rechtsteiner-Merz, C. (2010). *Mathematiklernen in der jahrgangsübergreifenden Eingangsstufe. Gemeinsam, aber nicht im Gleichschritt.* München: Oldenbourg.

Ratz, C. (2011). Zur Bedeutung einer Fächerorientierung. In C. Ratz (Ed.), *Unterricht im Förderschwerpunkt geistige Entwicklung. Fachorientierung und Inklusion als didaktische Herausforderungen (S. 9-38).* Oberhausen: Athena.

Rechtsteiner-Merz, C. (2014). *Flexibles Rechnen und Zahlenblickschulung. Entwicklung und Förderung von Rechenkompetenzen bei Erstklässlern, die Schwierigkeiten beim Rechnenlernen zeigen.* Münster: Waxmann.

Resnick, L. B. (1983). A Developmental Theory of Number Understanding. In H. Ginsburg (Ed.), *The development of mathematical thinking (S. 109-151).* New York: Academic Press.

Richtlinien und Lehrpläne für die Grundschule in Nordrhein-Westfalen. (2008). Frechen: Ritterbach.

Ritterfeld, U., Starke, A., Röhm, A., Latschinske, S., Wittich, C. & Moser Opitz, E. (2013). Über welche Strategien verfügen Erstklässler mit Sprachstörungen beim Lösen mathematischer Aufgaben? *Zeitschrift für Heilpädagogik, 4,* 136-143.

Röhr, M. (1995). *Kooperatives Lernen im Mathematikunterricht der Primarstufe.* Wiesbaden: Deutscher Universitätsverlag.

Schäfer, J. (2005). *Rechenschwäche in der Eingangsstufe der Hauptschule. Lernstand, Einstellungen und Wahrnehmungsleistungen. Eine empirische Studie.* Hamburg: Kovac.

Scherer, P. (1994). Fördern durch Fordern. *Zeitschrift für Heilpädagogik, 11,* 761-773.

Scherer, P. (1995). *Entdeckendes Lernen im Mathematikunterricht der Schule für Lernbehinderte. Theoretische Grundlegung und evaluierte unterrichtspraktische Erprobung.* Heidelberg: Schindele.

Scherer, P. (1997). Substantielle Aufgabenformate (Teil 1-3). *Grundschulunterricht, 1, 4,* 6, 34-38, 36-38, 54-56.

Scherer, P. (2009a). Diagnose ausgewählter Aspekte des Dezimalsystems bei lernschwachen Schülerinnen und Schülern. *Beiträge zum Mathematikunterricht.*

Scherer, P. (2009b). *Produktives Lernen für Kinder mit Lernschwächen. Fördern durch Fordern. Band 1: Zwanzigerraum (5. Aufl.).* Horneburg: Persen.

Scherer, P. & Moser Opitz, E. (2010). *Fördern im Mathematikunterricht der Primarstufe.* Heidelberg: Spektrum.

Scherer, P. & Steinbring, H. (2006). Noticing children's learning processes – teachers jointly reflect on their own classroom interaction for improving mathematics teaching. *Journal of mathematics Teacher Education, 9*(2), 157-185.

Schipper, W. (2002). Thesen und Empfehlungen zum schulischen und außerschulischen Umgang mit Rechenstörungen. *Journal für Mathematik-Didaktik, 3/4,* 243-261.

Schipper, W. (2005). Lernschwierigkeiten erkennen – verständnisvolles Lernen fördern. Modul 4 Sinus Transfer. http://sinus-transfer-grundschule.de/fileadmin/Materialien/Modul4.pdf

Schipper, W. (2007). Handlung – Vorstellung – Operation. In A. Filler & S. Kaufmann (Eds.), *Kinder fördern – Kinder fordern: Festschrift für Jens Holger Lorenz zum 60. Geburtstag (S. 117-127).* Hildesheim: Franzbecker.

Schmassmann, M. & Moser Opitz, E. (2007). *Heilpädagogischer Kommentar 1 zum Schweizer Zahlenbuch. Hinweise zur Arbeit mit Kindern mit mathematischen Lernschwierigkeiten.* Zug: Klett und Balmer.

Schmidt, S. (2003). Arithmetische Kenntnisse am Schulanfang – Befunde aus mathematikdidaktischer Sicht. In A. Fritz, G. Ricken & S. Schmidt (Eds.), *Rechenschwäche. Lernwege, Schwierigkeiten und Hilfen bei Dyskalkulie (S. 26-47).* Weinheim: Beltz.

Schmidt, S. & Weiser, W. (1982). Zählen und Zahlverständnis von Schulanfängern: Zählen und der kardinale Aspekt natürlicher Zahlen. *Journal für Mathematik-Didaktik*(3), 227-236.

Schülke, C. & Söbbeke, E. (2010). Die Entwicklung mathematischer Begriffe im Unterricht. In C. Böttinger, K. Bräuning, M. Nührenbörger, R. Schwarzkopf & E. Söbbeke (Eds.), *Mathematik im Denken der Kinder. Anregungen zur mathematikdidaktischen Reflexion (S. 18-28).* Seelze: Klett Kallmeyer.

Schütte, S. (2004a). *Die Matheprofis 1.* München: Oldenbourg.

Schütte, S. (2004b). Rechenwegnotation und Zahlenblick als Vehikel des Aufbaus flexibler Rechenkompetenzen. *Journal für Mathematik-Didaktik, 25*(2), 130-148.

Schütte, S. (2008). *Qualität im Mathematikunterricht der Grundschule sichern. Für eine zeitgemäße Unterrichts- und Aufgabenkultur.* München Oldenbourg.

Schwarzkopf, R. (2000). *Argumentationsprozesse im Mathematikunterricht. Theoretische Grundlagen und Fallstudien.* Hildesheim: Franzbecker.

Schwätzer, U. (2013). Zur Relevanz komplementbildender Strategien bei der Subtraktion im Tausenderraum. In G. Greefrath, F. Käpnick & M. Stein (Eds.), *Beiträge zum Mathematikunterricht.Vorträge auf der 47. Tagung für Didaktik der Mathematik vom 4. bis 8. März 2013 in Münster (S. 942-945).* Münster: WTM.

Selter, C., Prediger, S., Nührenbörger, M. & Hußmann, S. (2011). Taking away and determing the difference – a longitudinal perspective on two models of subtraction and the inverse relation to addition. *Educational Studies in Mathematics, 79*(3), 389-408.

Shrager, J. & Siegler, R. S. (1998). SCADS: A Model of Childrens's Strategy Choices and Strategy Discoveries. *Psychological Science, 9*(5), 405-410.

Siegler, R. S. (2001). *Das Denken von Kindern (3. Aufl.).* München: Oldenbourg.

Siegler, R. S. & Shrager, J. (1984). Strategy Choices in Addition and Subtraction: How Do Children Know What to Do? In C. Sophian (Ed.), *Origins of Cognitive Skills (S. 229-294).* Hillsdale: Erlbaum.

Sinner, D. (2011). *Prävention von Rechenschwäche durch ein Training mathematischer Basiskompetenzen in der ersten Klasse* Retrieved from http://geb.uni-giessen. de/geb/volltexte/2011/8198/pdf/SinnerDaniel_2011_05_25.pdf

Slavin, R. E. (1996). *Education for all.* Lisse: Swets & Zeitlinger Publishers.

Slavin, R. E., Madden, N. A. & Leavey, M. (1984). Effects of cooperative learning and individualized instruction on mainstreamed students. *Expetional Children, 50*(5), 434-443.

Söbbeke, E. (2005). *Zur visuellen Strukturierungsfähigkeit von Grundschulkindern – Epistemologische Grundlagen und empirische Fallstudien zu kindlichen Strukturierungsprozessen mathematischer Anschauungsmittel.* Hildesheim: Franzbecker.

Steffe, L. P. (1992). Learning stages in the construction of the number sequences. In J. Bideuad, C. Meljac & J.-P. Fischer (Eds.), *Pathways to number. Children's developing numerical abilities (S. 83-98)*. Hillsdale: Lawrence.

Steinberg, R. M. (1985). Instruction on derived facts strategies in addition and subtraction. *Journal for Research in Mathematics Education, 16*(5), 337-335.

Steinbring, H. (1994). Die Verwendung strukturierter Diagramme im Arithmetikunterricht der Grundschule. *Mathematische Unterrichtspraxis, 3*, 7-19.

Steinbring, H. (2000a). Die Entstehung mathematischen Wissens im Unterrichtsprozess – Folge individueller Erkenntnis oder Ergebnis einer sozialen Konstruktion? In M. Neubrandt (Ed.), *Beiträge zum Mathematikunterricht. Vorträge auf der 34. Tagung für Didaktik der Mathematik vom 28. Februar bis 3. März 2000 in Potsdam (S. 635-638)*. Hildesheim: Franzbecker.

Steinbring, H. (2000b). Mathematische Bedeutung als eine soziale Konstruktion – Grundzüge der epistemologisch orientierten mathematischen Interaktionsforschung. *Journal für Mathematik-Didaktik, 1*, 28-49.

Steinbring, H. (2005). *The Construction of New Mathematical Knowledge in Classroom Interaction – An Epistemological Perspective.* Berlin: Springer.

Steinbring, H. (2006). What makes a sign a *mathematical sign?* An epistemological perspective on mathematical interaction. *Educational Studies in Mathematics, 61*(1-2), 133-162.

Steinbring, H. & Nührenbörger, M. (2010). Mathematisches Wissen als Gegenstand von Lehr-/Lerninteraktionen. Eigenständige Schülerinteraktionen in Differenz zu Lehrerinterventionen. In U. Dausendschön-Gray, C. Domke & S. Ohlhus (Eds.), *Wissen in (Inter-)Aktion (S. 161-188)*. Berlin/New York: De Gruyter.

Steinweg, A. S. (2001). *Zur Entwicklung des Zahlenmusterverständnisses bei Kindern. Epistemologisch-pädagogische Grundlegung.* Münster: LIT-Verlag.

Steinweg, A. S. (2009). Rechnest du noch mit Fingern? – Aber sicher! *MNU PRIMAR, 4*, 124-128.

Steinweg, A. S. (2011). Einschätzung der Qualität von Lehr- Lernsituationen im mathematischen Anfangsunterricht – ein Vorschlag. *Journal für Mathematik-Didaktik, 32*, 1-26.

Stöckli, M., Moser Opitz, E., Pfister, M. & Reusser, L. (2014). Gezielt fördern, differenzieren und trotzdem gemeinsam lernen. Überlegungen zum inklusiven Mathematikunterricht. *Sonderpädagogische Förderung heute, 59*(1), 44-56.

Strakey, P. & Cooper, R. G. (1995). The development of subitizing in young children. *British Journal of Developmental Psychology, 13*, 399-420.

Sundermann, B. & Selter, C. (2013). *Beurteilen und Fördern im Mathematikunterricht (4. überarb. Aufl.)*. Berlin: Cornelsen.

Tarim, K. (2009). The effects of cooperative learning on preschoolers' mathematics problem-solving ability. *Educational Studies in Mathematics, 72*, 325-340.

Tarim, K. & Akdenzi, F. (2008). The effects of cooperative learning on Turkish elementary students' mathematics achievement and attitude towards mathematics using TAI and STAD methods. *Educational Studies in Mathematics, 67 (1)*, 77-91.

Thornton, C. A. (1990). Solution strategies: subtraction number facts. *Educational Studies in Mathematics, 21*, 241-263.

Transchel, S. (2014). Entwicklung und Erforschung multiplikativer Aufgabenformate für den Gemeinsamen Unterricht. In J. Roth & A. J. (Eds.), *Beiträge zum Mathematikunterricht (S. 1131-1134)*. Münster: WTM.

Transchel, S., Häsel-Weide, U. & Nührenbörger, M. (2013). Zahlen treffen. Kooperation und Kommunikation im gemeinsamen Mathematikunterricht *Mathematik differenziert, 2*, 22-25.

Ulm, U. (2008). Einführung: Mit guten Aufgaben arbeiten. In U. Ulm (Ed.), *Gute Aufgaben Mathematik: Heterogenität nutzen – 30 gute Aufgaben für die Klassen 1 bis (S. 8-11)*. Berlin: Cornelsen.

van Luit, J. E. H., van de Jijt, B. A. M. & Hasemann, K. (2001). *OTZ Osnabrücker Test zur Zahlbegriffsentwicklung*. Göttingen: Hogrefe.

Voigt, J. (1994). Entwicklung mathematischer Themen und Normen im Unterricht. In H. Maier & J. Voigt (Eds.), *Verstehen und Verständigung. Arbeiten zur interpretativen Unterrichtsforschung (S. 77-111)*. Köln: Aulis.

Voigt, J. (2000). Abduktion. In M. Neubrand (Ed.), *Beiträge zum Mathematikunterricht. Vorträge auf der 34. Tagung für Didaktik der Mathematik vom 28. Februar bis 3. März 2000 in Potsdam (S. 694-697)*. Hildesheim: Franzbecker.

Wartha, S. (2011). Handeln und Verstehen. Förderbaustein Grundvorstellungen aufbauen. *Mathematik lehren, 166*, 8-14.

Wartha, S. & Schulz, A. (2011). Aufbau von Grundvorstellungen (nicht nur) bei besonderen Schwierigkeiten im Rechnen. *Handreichungen des Programms SINUS an Grundschulen (23.05.2011)*.

Webb, N. M. (1989). Peer interaction and learning in small groups. *International Journal of Educational Research., 13*(1), 21-39.

Weißhaupt, S. & Peucker, S. (2009). Entwicklung arithmetischen Vorwissens. In A. Fritz, G. Ricken & S. Schmidt (Eds.), *Handbuch Rechenschwäche. Lernwege, Schwierigkeiten und Hilfe bei Dyskalkulie (S. 52-76)*. Weinheim: Beltz.

Wellenreuther, M. (2009). *Forschungsbasierte Schulpädagogik. Anleitung zur Nutzung empirischer Forschung für die Schulpraxis*. Hohengehren: Schneider

Wember, F. B. (1999). Mathematik unterrichten – eine subsidiäre Aktivität? Nicht nur bei Kindern mit Lernschwierigkeiten! In P. Scherer (Ed.), *Produktives Lernen für Kinder mit Lernschwächen. Fördern durch Fordern. Bd.1: Zwanzigerraum (S. 270-287)*. Leipzig: Klett.

Wember, F. B. (2003). Die Entwicklung des Zahlbegriffs aus psychologischer Sicht. In A. Fritz, G. Ricken & S. Schmidt (Eds.), *Rechenschwäche. Lernwege, Schwierigkeiten und Hilfen bei Dyskalkulie (S. 48-64)*. Weinheim: Beltz.

Wember, F. B. (2013). Herausforderung Inklusion: Ein präventiv orientiertes Modell schulischen Lernens und vier zentrale Bedingungen inklusiver Unterrichtsentwicklung. *Zeitschrift für Heilpädagogik, 64*(1), 380-388.

Winter, H. (1984). Entdeckendes Lernen im Mathematikunterricht. *Die Grundschule, 16*(4), 26-29.

Wittich, C., Nührenbörger, M. & Moser Opitz, E. (2010). Ablösung vom zählenden Rechnen – Eine Interventionsstudie für die Grund- und Förderschule. In A. Lindmeier & S. Ufer (Eds.), *Beiträge zum Mathematikunterricht. Vorträge auf der 44. Tagung für Didaktik der Mathematik. Gemeinsame Jahrestagung der Deutschen Mathematiker-Vereinigung und der Gesellschaft für Didaktik der*

Mathematik vom 08.03. bis 12.03.2010 in München (S. 935-938). Hildesheim: Franzbecker.

Wittmann, E. C. (1985). Objekte – Operationen – Wirkungen. *Mathematik lehren, 11*, 7-11.

Wittmann, E. C. (1990). Wider der Flut der „bunten Hunde" und der „grauen Päckchen": Die Konzeption des aktiv-entdeckenden Lernens und des produktiven Übens. In E. C. Wittmann & G. N. Müller (Eds.), *Handbuch produktiver Rechenübungen. Bd 1. Vom Einspluseins zum Einmaleins (S. 152-166)*. Stuttgart: Klett.

Wittmann, E. C. (1992a). Mathematikdidaktik als „design science". *Journal für Mathematik-Didaktik, 13*(92), 55-70.

Wittmann, E. C. (1992b). Üben im Lernprozeß. In E. C. Wittmann & G. N. Müller (Eds.), *Handbuch produktiver Rechenübungen. Bd. 2. Vom halbschriftlichen zum schriftlichen Rechnen (S. 175-182)*. Stuttgart: Klett.

Wittmann, E. C. (1993). „Weniger ist mehr": Anschauungsmittel im Mathematikunterricht der Grundschule. *Beiträge zum Mathematikunterricht*, 394-397.

Wittmann, E. C. (1995a). Aktiv-entdeckendes und soziales Lernen im Arithmetikunterricht. In G. N. Müller & E. C. Wittmann (Eds.), *Mit Kindern rechnen (S. 10-41)*. Frankfurt a. M.: Arbeitskreis Grundschule.

Wittmann, E. C. (1995b). Mathematics Education as a Design Science. *Educational Studies in Mathematics, 29*, 355-374.

Wittmann, E. C. (1998). Design und Erforschung von Lernumgebungen als Kern der Mathematikdidaktik. *Beiträge zur Lehrerbildung, 3*(16), 329-342.

Wittmann, E. C. (2001). Ein alternativer Ansatz zur Förderung „rechenschwacher" Kinder. In G. Kaiser (Ed.), *Beiträge zum Mathematikunterricht. Vorträge auf der 35. Tagung für Didaktik der Mathematik vom 5. bis 9. März 2001 in Ludwigsburg (S. 660-663)*. Hildesheim: Franzbecker.

Wittmann, E. C. (2003). Was ist Mathematik und welche pädagogische Bedeutung hat das wohlverstandene Fach auch für den Mathematikunterricht der Grundschule? In M. Baum & H. Wielpütz (Eds.), *Mathematik in der Grundschule (S. 18-46)*. Seelze: Kallmeyer.

Wittmann, E. C. (2004). Design von Lernumgebungen zur mathematischen Frühförderung. In G. Faust, M. Götz, H. Hacker & G. Roßbach (Eds.), *Anschlussfähige Bildungsprozesse im Elementar- und Primarbereich (S. 49-63)*. Bad Heilbrunn: Klinkhardt.

Wittmann, E. C. (2008). Vom Sinn und Zweck des Kopfrechnens. *Die Grundschulzeitschrift, 211*, 30-33.

Wittmann, E. C. (2010). Natürliche Differenzierung im Mathematikunterricht der Grundschule – vom Fach aus. In P. Hanke, G. Möves-Buschko, A. K. Hein, D. Berntzen & A. Thielges (Eds.), *Anspruchsvolles Fördern in der Grundschule (S. 63-78)*. Münster: Waxmann.

Wittmann, E. C. (2011). „Hast du sechs Bienen?" Über das „rechnende Zählen" zum „denkenden Rechnen". *Grundschulzeitschrift, 248.249*, 52-55.

Wittmann, E. C. (2013). Strukturgenetische didaktische Analysen – die empirische Forschung erster Art. *Beiträge zum Mathematikunterricht*, 1094-1097.

Wittmann, E. C. & Müller, G. N. (1990). *Handbuch produktiver Rechenübungen. Bd. 1. Vom Einspluseins zum Einmaleins*. Stuttgart: Klett.

Wittmann, E. C. & Müller, G. N. (1992). *Handbuch produktiver Rechenübungen. Bd. 2. Vom halbschriftlichen zum schriftlichen Rechnen.* Stuttgart: Klett.

Wittmann, E. C. & Müller, G. N. (2006). *Blitzrechnen 1. Basiskurs Zahlen.* Leipzig: Klett.

Wittmann, E. C. & Müller, G. N. (2008). Muster und Strukturen als fachliches Grundkonzept. In G. Walther, M. van den Heuvel-Panhuizen, D. Granzer & O. Köller (Eds.), *Bildungsstandards für die Grundschule: Mathematik konkret (S. 42-65).* Berlin: Cornelsen.

Wittmann, E. C. & Müller, G. N. (2009). *Das Zahlenbuch. Handbuch zum Frühförderprogramm.* Seelze: Klett.

Wittmann, E. C. & Müller, G. N. (2012a). *Das Zahlenbuch 1.* Stuttgart: Klett.

Wittmann, E. C. & Müller, G. N. (2012b). *Das Zahlenbuch 1. Begleitband.* Stuttgart: Klett.

Wocken, H. (1998). Gemeinsame Lernsituationen. Eine Skizze zur Theorie des gemeinsamen Unterrichts. In A. Hildeschmidt & I. Schnell (Eds.), *Integrationspädagogik: Auf dem Weg zu einer Schule für alle (S. 37-52).* Weinheim: Juventa.

Wocken, H. (2000). Leistung, Intelligenz und Soziallage von Schülern mit Lernbehinderungen. Vergleichende Untersuchung an Förderschule in Hamburg. *Zeitschrift für Heilpädagogik, 12,* 492-503.

Wollring, B. (2007). Zur Kennzeichnung von Lernumgebungen für den Mathematikunterricht in der Grundschule. *Handreichungen des Programms SINUS an Grundschulen.*

Wood, T. (1999). Creating a context for argument in mathematics class. *Journal for Research in Mathematics Education, 30*(2), 171-191.

Yackel, E., Coob, P. & Wood, T. (1993). Developing a basis for mathematical communication within small groups. *Journal for Research in Mathematics Education. Monograph, 6,* 33-44 + 115-122.

11 Abbildungsverzeichnis

Printed in Poland
by Amazon Fulfillment
Poland Sp. z o.o., Wrocław